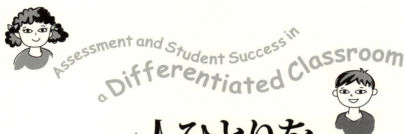

一人ひとりをいかす評価

学び方・教え方を問い直す

C.A.トムリンソン／T.R.ムーン　著
山元隆春／山崎敬人／吉田新一郎　訳

北大路書房

Translated and published by Kitaohji Shobo with permission from ASCD
through The English Agency (Japan) Ltd.
This translated work is based on
Assessment and Student Success in a Differentiated Classroom
by Carol Ann Tomlinson and Tonya R. Moon.
© 2013 ASCD. All Rights Reserved.
ASCD is not affiliated with Kitaohji Shobo or
responsible for the quality of this translated work.

はじめに

　誰かの評価を始めるときには、その人を正しく評価しなさい。子どもも正しく評価しなさい。その人が、いま、たとえどんなところにいようとも、そこに至る前にどんな丘を越え、谷を渡ってきたかをしっかり考慮しなさい。

　　　　　　　　　　ロレイン・ハンズベリー『日なたの干しぶどう』◆26

　たぶん多くの教師がそうだったのではないかと思いますが、私が教師となったはじめの頃は、自分が生徒や学生だったときの経験に基づいて教師としての仕事をしていました。その経験の影響力は、教師教育のプログラムで学んだこと以上であり、そして間違いなく、授業や学習を構成する本質的なものは何かということについて理解したこと以上でした[注1]。つまり、私は、ほとんど、私を教えてくれた教師たちがしていたのと同じことをしていたのです。子どもたちが「ままごとをする」ことで大人になるのを学ぶのとほとんど同じやり方で、私は「学校ごっこをする」ことによって教え方を学んでいたのでした。そして、ままごと遊びと巧みな子育てとの間に明らかな違いがあるのと同じように、私が教師として演じていたことは巧みな教え方とは大きな隔たりのあるものでした。

　教えることについて私が考え、計画を立ててきたことと、生徒たちの将来性を有意義に高めるために私がすべきこととの間の隔たりが最も明らかになったのは、評価について自分が何を理解しているか、何を理解していないかを考えたときでした。実際のところ、この評価という言葉が、私にとって教師としていつでも使えるような語彙だったかどうかを思い出せないのです。評価を定義

注1：要するに、授業や学習を構成するものは理論的に何かということよりも、自分の生徒・学生時代の経験の方が、教師となったはじめの頃は大きなウェートを占めていた、ということです。かなりの数の教師は、この状態が（できるだけ避けなければならないのですが）退職まで続いてしまっていると言えるかもしれません。

するように人から求められたら、これまでの私は「そうね。それはテストとか、成績とか、通知表のことでしょ」と答えてきたように思います。これら三つは、私の考えの中に明確に存在してはいました。成績や通知表は嫌悪すべきものであり、テストは点数をとるゲームみたいなものだと、私は思っていたのです。

私のテストづくりの方法は、次のようなものでした。ユニット[注2]や学期の節目で、私は成績を出す必要があるというか、生徒に結果責任を負わせる必要がありました。節目とは、私が教えているユニットのそれなりの区切りの地点（サブテーマの終わり、ユニットの終わり、学期の中間、評価のサイクルの終わりなど）のことです。そういう節目で、私はテストをつくりました。そして、私は、生徒たちと一緒に高い得点を目指して取り組んできたことを振り返りました。

私は、テストの問いが、知識や概念を単にオウム返しするだけではなくて、それらを使って生徒が思考できる問いとなるように努力しました。そして、生徒たちがしっかり注意を払っていた場合にだけ答えることができるような問い[注3]も二つ三つ含めました。

私は、テストの長さについても考えました。私の考え方は、テストはテストの時間の間ずっと集中して取り組むことを生徒に要求すべきだというものです。このことは、生徒たちがテストを終えるために自分の時間を賢明に使わなければならず、「早くテストを終える」生徒はほとんどいないということを意味します。私は生徒たちがテストでよい成績をあげることを望んでいますが、よい成績をあげるためには、学んできたことに対して生徒たちが力を注がなければならないということを、彼らに理解してもらいたいとも思っていました。

生徒の成長を評価することに関する私の考えはかなり的外れなものでしたが、テストをつくること自体は私には気になりませんでした。テストをつくることは少しばかり創造的なことであり、ゲームのような側面がありました。ただ、私にとってのテストのゲームは生徒たちを打ち負かすためのものではなくて、伸ばすことを目標にしているという点にあったと思っています。

注2：原語は unit です。ここで語られている「ユニット」とは教師自らが考え出すものを意味しています。「単元」と訳した場合は教科書単元が想起されてしまうため、それとは区別する意味で、本書では「ユニット」という語を用いることにします。
注3：それほど重要ではない細かな点に関する問いで、適切に解答するためにはそれなりに注意を要する問いであるということを意味していると思われます。

しかし、テストをやらせて成績を出すことは、評価プロセスの全体としてみれば満足度の低い側面でした。テストの時間に神経質になり、敗北感を感じる生徒もいました。テストではよい成績をとるけれども、テストをあまりに短時間で終わらせてしまう生徒もいました（そうした生徒たちにとってテストのチャレンジ度の低いことが問題であると私がわかるまでには、かなり長い時間がかかりました。また、一つのテストだけで、私のクラスのすべての生徒にとって適切なチャレンジのレベルにはなり得ないかもしれないということがわかるまでには、もっと時間がかかりました）。

さらに、私は採点することを決して好きになれませんでした。読んでコメントを書くのに長い時間を費やしたにもかかわらず、生徒は私からのフィードバックを理解し、自分のものにするために時間を使っているようには思えなかったからです。

評価に対する私の否定的な感情は、成績の平均を出すとき、通知表に書き込むとき、通知表を見たときの生徒の反応を心に思い描くとき、生徒の親と話をするときの4回、ピークに達しました。いずれも痛みを伴う時間でしたから、できるだけ早く過ぎてくれればいいと思っていました。

私にとって最も居心地が悪かったのは、通知表を生徒に渡すときに、生徒を裏切るような行為をしていると感じたことでした。私が大切にしていたのは、生徒に対してオープンであり、誠実でいようとすることです。一部の生徒にとって、通知表は秘密主義的に感じられるものでしたし、通知表が生み出したメッセージは生徒にとって驚きとは言わないまでも、予期し得ないものでした。

しかし、それよりもまずかったことは、生徒の学びの可能性を信じていて、生徒の成功のために精一杯教えるつもりでいるということを私が生徒に誠実に伝えてきたということは確かであったのに、それが、通知表とつながっていないことでした。自信をもつことや強固な連帯感を築くことについて私が生徒たちにメッセージを送ってきたにもかかわらず、それとは正反対の判定が下されるという意味で、通知表渡しは多くの生徒たちにとって矛盾を感じる瞬間になっているようでした。

私は、教職3年目のときのことを、痛みを伴ってはっきりと思い出します。ある期間の成績を記した通知表を完成した日の翌朝、生徒が教室に入ってきた

とき、私は教室のドアの所に立っていました。生徒たちは自分の成績をまだ知りません。でも、通知表がその日の最後に配られるとき、何人かの生徒が失望感を味わうであろうことを私は知っていたので、とても不快な思いをもちました。私は、熱意と肯定感をもって生徒たちを迎え入れていたのですが、同時に不誠実であるとも感じました。読むことについて非常に大きな困難を抱えた一人の生徒が、私に微笑みながら呑気な様子で教室に入ってきたとき、私は生徒に対する裏切り行為をしているという罪悪感を強烈に感じていました。

　その瞬間、私は稲妻に打たれたように、ある考えに至りました。それは、これから学習することが通知表にはまだ反映されていないにもかかわらず、前夜のうちに、その年度の残りすべてについて 95 パーセントの正確さで通知表を書き上げることができたのではないだろうか、というものでした。^{注4}人の成長を誘うというよりも、むしろ現状を強化するような何かが、通知表にはあるのです。このショッキングな発見が、次のような気づきを生み出したのです。それは、私が教師として成功することができ、私の生徒たちが学習者として成功するためには、ずっと後になって「一人ひとりをいかす（Differentiation）」と私が名づけることになったことが是非とも必要であるという気づきでした。^{注5}残念ながら、その気づきは気づきのままに終わり、長い間、評価についてのよりよいアプローチを再考したり、考え出したりすることには至りませんでした。

　そして評価には、居心地が悪くても、自分を正当化してしまう要素があります。それは、テストを行って成績をつけるプロセスの最後にやってきます。私は保護者から情報や意見が提供されることを、いつも喜んで受け入れました（ある意味、好んでそうしました）。私は生徒たちをよりよく理解するために提供される保護者との夜の懇談の機会を楽しみにしていました。しかしながら、そうしたイベントは、自分自身を正当化する要素も大いに含んでいました。自分の教え方に関してはそれほどでもなかったのですが、少なくとも成績をつけることに関しては多少の自己正当化をもたらすものだったのです。

注4：まだ年度の途中であるにもかかわらず、その年度の最終的な成績が出ている、という矛盾に気づいたのだと思います。学ぶことで生徒たちが成長していく可能性に向き合っていない自分や、生徒たちにレッテルを貼ってしまっている自分に気づいたのだと思います。

注5：つまり、この気づきとは、一人ひとりの生徒に寄り添うことこそを大切にしたいという気づきです。成績や通知表は、それとは逆のものとして存在しているということの気づきです。

はじめに　vii

　私は保護者との夜の懇談会に、成績が書き込まれた出席簿を持って行きました。私は「高いウェートづけのある評点」（それらを総括的評価と呼ぶことは知りませんでした）」を赤で、そして、「低いウェートづけの評点」（簡単なクイズ、ジャーナル、宿題）を黒か青で記入していました。子どもの名前の横に12か15か17といった評点を書いたものを保護者に示し、それぞれの評点がどのテーマに関するものを示しているのかを説明し、通知表の成績を出すまでにどのように評点を平均したのか解説する用意をしていました。それらはすべて、正確さ、気配り、的確さを反映したものであり、それによって子どもたちの成績が信頼に値するものであることを保護者に示すことを期待してのものでした。

　どのように考えてみても、評価は授業と学習の流れを定期的に断ち切るものでしかなく、私はそれに対して憤慨していました。それは、生徒たちと私にとってあってほしい教室の姿とは正反対のものでした。けれども私は他に選択肢がなかったので、我慢して評価しました。それは教えることを選んだ私にとっての必要悪でした。

成長のための余地

　教職の最初の数年間、私の評価に関する理解は欠陥だらけでした。どんなに努力しても、まるでそれは裸の王様の服を選ぶような、見通しのない理解だったのです。私は自分がしていることが何なのかわかっていませんでした。当時、私が理解していたことは、以下のようにまとめることができるでしょう。

・評価の大部分は、成績と通知表だった。
・評価は、生徒の能力を形成するための仕組みというよりは、むしろその形成を阻害するものだと思えた。
・評価は、安心で支持的な学習環境をつくるための手段[注6]というよりは、むし

注6：生徒が学習を進め、その能力を向上させていくために必要な十分なサポートが、評価を行うことによって得られることを意味します。これこそが、日本では授業でも教員研修でも最も欠落しているのではないかと思われます。

ろその環境をつくることにとっての障害であった。

・評価は、生徒の能力を向上するのに直接役立つというよりは、それを害するおそれがあるものだった。

・評価は、潜在的に、教師と生徒の間に敵対的な関係をつくり、生徒を文字や数字やパーセント[注7]に還元してしまう可能性があった。

・評価は、力強い学習の機会をつくり出すというよりも、むしろその機会をダメにしてしまった。

・私の授業と学習の目標は、いくらひいき目に見ても曖昧だった。生徒は学習目標を理解するために、そこにあらわされていない私の意図を読み取らなければならなかった。

・評価は、私の不明確な目標に漠然とつながっているだけであった。

・生徒たちは評価を下されることなく練習する必要があるということを私は理解せずに、彼らがしていたことすべてに成績をつけていた。

・私は、成績が生徒の学習を動機づけると当然視していた。

・私はそうするのが好きでないにもかかわらず、時々、成績をアメやムチとして使っていた。

・私からのフィードバックは、「よくできました」「いい考えです」「あなたのやり方が気に入りました」といった類のものが、あまりに多かった。

・通知表の成績は、学業成績、態度、授業への参加度、教室の一員としてのあり方、勉強のやり方、長所などを無分別に寄せ集めたものであった。

・私は、生徒たちに彼ら自身の評価の結果を学習目標に関連づけて考えさせることを、まれにしかしなかった。

・私は、生徒たちに彼ら自身の学びを吟味したり、評価が示していることに基づいて学習目標を設定したりすることを、めったに求めていなかった。

・教職の最初の頃で最も残念なことは、私は成績をつけるために評価を用い、成績簿を埋めるために成績を用いていたことだった。

注7：アメリカでの成績の出し方は、上から順に、A（4.0、94～100％：Aはグレード、4.0はグレードポイント、94～100％得点率を示す。以下同様）、A−（3.7、90～93％）、B+（3.3、87～89％）、B（3.0、83～86％）、B−（2.7、80～82％）、C+（2.3、77～79％）、C（2.0、73～76％）、C−（1.7、70～72％）、D+（1.3、67～69％）、D（1.0、60～66％）、F（0.0、0～59％）となっています。

はじめに　ix

・生徒の学習のニーズにしっかり向き合うために私の授業実践を変えるよう
　にと、評価が私に大声を出して叫んでいたことを、私はまったく理解して
　いなかった。[注8]

　評価を効果的に用いることがどのようなことなのかを理解するようになり、
評価が授業と学習を向上させる大きな可能性をもっていると最終的に認識でき
るように私が変化していく様子は、氷河のようにゆっくりとしたものでした。
私は、生徒たちを元気づけるような学習環境をつくることに一生懸命に努力し、
カリキュラムについて考えるためのよりよいモデルを求め、生徒たちを前進さ
せるのに役立つ教え方のアプローチをつくり出していました。そのような前向
きな（あるいは少なくとも徐々に発展しつつある）風景の中で場違いなものと
して、私は評価を捉え続けていました。そのような理由で（しかも、私が自分
の評価嫌いを再考したくなるような提案を誰もしてくれなかったので）、私は
評価を回避し、自分の教育上の課題の端っこへと押しやり続けていました。私
が無意識に出していた結論は、もしすべて他のことがうまくいっているのなら、
評価は阻害要因にはならないだろうというものでした。確かに私は、公立学校
の教室で過ごした20年以上の間、効果的な評価のやり方を自分の思考と実践
に統合することでそれなりの進歩はあったと思います。しかし、そうは言って
も、評価について私はごくわずかしか理解しておらず、ほとんど無視してきた
ので、取り組むべきこととして残されたままであることも認識していました。

　私はことあるごとに、また教室に戻って、やり直したいと思うことがありま
す。より効果的な方法で教えたり、ある学習課題について得たより深い理解を
活用したり、複雑な問題を生徒たちと学習したいと考えるようになったのです。
このようなやり直しモードに入ってみたいという願いには、とても強い思い入
れがあります。それは、公立学校の教師を辞めてから学んできたことが既知の
ことであったなら、評価についてどんな違った考え方ができるかを検討するこ
となのです。[注9]本書は、評価について自分が知っていたなら、必ず実践していた
と思うことを、教室の実践者と共有するための機会なのです。

注8:ここに書かれていることの多くが、日本の学校でも当てはまるように思われます。それは、評価が、
　子どもたちが成長していくためにいかされていないということを意味します。

さらに成長するための余地

　私は、効果的な評価ができることを理解する必要性は、今日の教室においてもとても重要であると考えます。教室はこれまで以上に幅広く多様な生徒で構成され、そこにいるすべての生徒が複雑で変化の激しい世界で生きていくための備えを必要としています。それと同時に、評価を誤って用いる圧力も高まっていると思っています。

　教職の初期の頃、評価についての私の理解は無気力なものでした。それは、少なくとも部分的に、評価のことについて意味ある話し合いがなかったり、あるいはそれについての研修の機会がその頃は不十分だったりしたことが原因でした[注10]。

　今日の教師は、評価に対する軽視に悩んでいるというよりも、むしろ、これは私の推測ですが、評価についての不幸なゆがみに過剰にさらされていることに悩んでいます。評価は、現在では、学力テストなどの標準化されたテストや学期末テストを意味するようになっています。教師と生徒は両者とも、ときに悲劇的な結果に終わることのある、正しい回答に○をつける単純なテストの結果に基づいて判断されています。その他の評価には、もちろん、口述でのやり取りによるものが部分的に含まれています。それらの評価もまた、パッケージ化され標準化された「ベンチマーク」テストや暫定的な評価となる傾向があり、年度末の最終的な評価で生徒がよい成果をあげることを保証する上で重要だと思われています。そして、現在の議論の多くは、評価によって測定される、生徒が情報を習得している程度を、通知表がどの程度反映すべきなのか、あるいはすべきではないのかということに関するものです。

　共通基礎スタンダード[注11]の時代が米国では進行中です。複合的な思考がスタンダード（以下、「到達目標」とする）において繰り返し唱えられることで、生

注9：筆者の一人（トムリンソン氏）自身、中学校の教師を辞めてから評価についての知識を高めたわけですが、もし、中学校の教師時代にそれらの知識をもっていたなら、自分はどのような行動をとっただろうかを考えたい、それが本書を書くベースになっているということです。

注10：日本では，この悲しい状況が今でも続いています。それが教え方がいっこうに改善しない理由の一つです。

徒が教科を理解できるようになり、生徒たちが、学んだことをその授業以外でも学年末テストが終わっても使えるようになるという事実は、評価を含めた教えることと学ぶことについてのよりよい理解の前兆となります。[注12]

しかしながら、評価に関するいくつかのゆるぎない原則が、教えることと学ぶことの中核に残っています。私たちが従事している教育システムが、これらの原則を日々の実践において実行する教師の能力を養うことができなければ、私たちの学校、私たちの職業、私たちの生徒たちには物足りない結果に終わるでしょう。これらの原則のうちで、以下のことが最も重要なことです。

・授業は、私たちを取り巻く世界を理解したいという人間の欲求を持続させるためにある。それによって、私たちが教える生徒たちは世界にますます関与し、十分な知識をもった自立した主体になっていく。
・生徒自身が学習していることに関心があり、学ぶリスクを取ることに関して安心と支援を感じているときに、学習は成り立つ。
・人が学ぶことを自分の生活や経験と関連づけようとするとき、そしてまた、それによって理解へと導かれるとき、より容易に、より効率的に学ぶ。
・学習は人の中で生じるものであり、人に対して行うものではない。それゆえ、学習は極めて複雑なプロセスであり、予め決められたスケジュールやすべての人に同じやり方でいつも進むことはあり得ない。[注13]
・学習の重要な要素の一つは、学習の能力に対して学習者一人ひとりがもっている考えである。
・学習がうまくできる人は、学習のプロセスを理解し、そのプロセスが時間や努力を費やす価値のあるものだと受け止め、学習がうまくいくためには自分自身の果たす役割が重要であることを認識している。

注11：米国には、日本の学習指導要領のように学校の教育課程の基準を国家として規定したものはなく、州ごとにそれぞれの到達目標（「スタンダード」や「コア・カリキュラム」など）が示されています。しかし、2008年以降、全米州知事会と州教育長協議会が中心となり、全州に共通的なスタンダードを策定する動きが始まっています。
注12：日本流に言うと、「主体的・対話的で深い学び」を繰り返し唱えていたら、複雑な学びが得られるとの風潮があるのと似たような状況を、暗に批判していると思われます。
注13：なんと、見事なぐらいに指導案による一斉指導を否定しています！

・ 教師が学習者や学習をどのように捉えているかが、生徒が自分自身を人として、そして学習者としてどのように捉えるかに影響する[注14]。
・ 教室のすべての要素は、互いに関係しあっている。学習環境、カリキュラム、評価、教え方、学級経営は、相互に大きく依存しあっている。それらの要素の一つが強化されれば、他のすべてが有利になる。一つの要素が弱められれば、他のすべてが弱くなる。

　これらの原則を、授業について検討したり，計画を立てたり，授業を実践したりする際の中心に位置づけることは，難しい注文です。しかし、教えることは生徒たちの人生にかかわる専門職であると考えるのであれば、それは追究するに値する目標です。
　教室の評価を上記の原則の観点から考えることは、私たちの多くにとってパラダイム・シフト（価値観の180度の転換）です。私にとっても確かにそうでした。そのためには、次のような問いに答えることを教師に求めることになります。

・ 教える教科に関する生徒たちの好奇心や興味関心を、評価することによって弱めるのではなく、どのようにして刺激することができるのか？
・ これから探究する教科や科目やテーマで最も重要なことは何かについての理解は、評価することによってどのように鮮明にできるのか？
・ 学習していることについての生徒の理解や応用を促進する評価の特徴とは何か？
・ 評価することは、教科で最も重要なことを学ぶ能力はどの生徒にもあるという信念に、どのように役立つのか？
・ 生徒に自分は学ぶ能力があることを信じ、その能力を用いるように支援できる積極的な力となる評価の特徴とはどんなものか？
・ 生徒たちが教室の中や外で学習者として成功するのを評価はどのように支

注14：日本の授業において、ここまでの3項目はどれだけ意識されているでしょうか？　かなり欠落していると思うのは、私たち訳者だけでしょうか？　これらの点について興味のある方は、『言葉を選ぶ、授業が変わる！』を参考にしてください。

援できるのか？
・評価は、生徒たちが授業に持ち込んでくる類似点や相違点の理解（つまり、生徒たち一人ひとりを個人として知ること）にどのように役立つのか？
・より多くの生徒に、より効果的に手を差し伸べるやり方で教えようとする際に、役立つ評価の情報とはどんなものか？

　これらは本質的な問いです。これらの問いは、評価がかつての生徒や私が耐えなければならなかったものであった、私の教職の初期の感覚とはまったく異なっています。私は、自分の仕事においてこれらの問いをもっと早くしておけばよかったと思っています。

本書の内容

　本書は、実際の教室で、生徒とともに、まさに毎日学校で様々なプレッシャーを感じながら仕事をしている教師のためにデザインした実践書です。共著者のトンヤ・ムーンと私は、本書が、評価と、生徒（と教師）が成功するために評価が果たす役割について考える際の明確で有益な枠組みを提供することを期待しています。その意味で、本書は「ハウ・ツー」の本です。けれども、私たちはまた、評価とその役割について研究する教師たちが、持続的な成長と豊かな意味をもつ専門職としての実践へと導く本質的な問いに対して答える際に役立つことも期待しています。その意味で、私たちは「なぜ」にしっかり答えられる本をつくることも目指しています。他のすべての専門職と同じように、教育もまた、実践家が自分の仕事の下支えとなる「わざ」と学問の両方から最善のものを引き出すときに実現すると私たちは思っています。
　冒頭の二つの章では、一人ひとりの生徒をいかすことの本質的な要素について検討します。そこでは、評価を、教師や生徒という要素を含めた、教室を構成する諸要素が相互依存の関係にあるということの意識を促進する構造の中にしっかり位置づけます。[注15]
　それに続く四つの章では、診断的評価、形成的評価、総括的評価、[注16]成績と通知表について見ていきます。

本書の中で扱われている様々な考えは、バージニア大学の同僚であるトンヤ・ムーンとの共著によって、その基礎がより確かなものとなっています。測定と評価はトンヤ・ムーンの専門分野です。彼女はこの分野での私の教師であり、メンターの一人です。私たちは、一人ひとりをいかす教え方に関連した研究、発表、授業について協力して仕事をしてきました。本書を書くに際し、彼女は一人ひとりをいかす教え方と評価のテーマに対して、深み、厳密さ、信頼性をもたらすことに多大な貢献をしてくれました。大学で協力して行っている仕事でもそうなのですが、今回の共同執筆における彼女の協力に感謝します。

キャロル・トムリンソン

注15：この部分は、『ようこそ、一人ひとりをいかす教室へ』のダイジェスト版とも言えます。したがって、詳しくはそちらを読んでいただきたいです。なお、評価に興味のある方や一人ひとりをいかす教え方になじみのない方は第3章〜第7章を先に読まれた後で、この二つの章を読んだ方がわかりやすいかもしれません。

注16：著者たちは、診断的評価の代わりに事前評価、形成的評価の代わりに継続的評価を使っていることもありますが、紛らわしいので、原著への忠実さよりも、わかりやすさを優先して、この訳書では診断的評価、形成的評価、総括的評価の三つのみを使います。

・本文中に出てくる小さめの◆数字は，巻末の文献の番号を表しています。
・注1などは，訳者が読者の理解と読みやすさを考えて，そのページの下につけた訳注です。訳注で紹介した文献は，英文文献の後にリストアップしました。
・各章の扉に使われているのは，オーストラリア・ブリスベンのギャップ小学校の6年生のクラスで撮った一枚です。訪問当日は，四つのセンター（理科，国語，算数，コンピューター）が設定されていました。

目　次

はじめに …………………………………………………………………………iii

　　成長のための余地　　vii
　　さらに成長するための余地　　x
　　本書の内容　　xiii

第 1 章
一人ひとりをいかす教え方：概要………………………………………… 1

　　学習環境と一人ひとりをいかす教え方　　2
　　カリキュラムと一人ひとりをいかす教え方　　8
　　評価と一人ひとりをいかす教え方　　13
　　指導と一人ひとりをいかす教え方　　13
　　学級経営と一人ひとりをいかす教え方　　23

第 2 章
評価と一人ひとりをいかす教え方：理解のための枠組み……………… 29

　　評価の種類　　30
　　評価のいつ、何を、なぜ　　33
　　評価のための計画　　36
　　評価と教室の他の要素とのつながり　　44

第 3 章
診断的評価：ユニットの開始時における生徒の実態把握……………… 45

　　学習目標としての知識・理解・スキルに立ち戻る　　47
　　柔軟に思考すること　　48
　　生徒のレディネスについて診断的評価を行う　　50
　　生徒の興味関心と学習履歴の診断的評価　　65
　　生徒による違いを考慮して評価を計画する　　72
　　診断的評価の計画と活用〜まとめ　　74
　　二つの事例　　76

目　次　xvii

第**4**章

形成的評価：ユニットが展開されている間に生徒がどこにいるかを知る…87

形成的評価の特徴と影響　　90
形成的評価、採点、フィードバック　　93
形成的評価における生徒の役割　　99
形成的評価と一人ひとりをいかすための他の主な要素　　101
形成的評価のための方法　　103
形成的評価の情報を理解する　　104
生徒による違いを考慮して評価を計画する　　115
形成的評価の計画と活用〜まとめ　　116
二つの事例　　119

第**5**章

総括的評価：生徒の学びをユニットの主要なポイントで測る………　133

総括的評価の特徴　　135
総括的評価の形態　　137
質の高い総括的評価の指標　　139
総括的評価と多様な生徒：三つの原則　　143
総括的評価の計画と活用〜まとめ　　149
三つの事例　　151

第**6**章

一人ひとりをいかす評価と成績……………………………………………　171

背景的なことを少々　　174
効果的な成績の基盤　　177
評価、成績、そして一人ひとりをいかす教え方に関連する課題　　180
効果的な成績の原則　　183
成績と一人ひとりをいかす教え方についての再度の確認　　197
一人ひとりをいかす教室での効果的な成績〜まとめ　　198
四つの事例　　199

第**7**章

後ろを振り返り、前を見る……………………………………………………　203

文　献　213
索　引　218
訳者あとがき　224

第1章

一人ひとりをいかす教え方：概要

　　一人ひとりをいかす教え方とは、単に異なった（グループの）生徒たちに別々の活動を提供する教え方ではなくて、初級から中級、そして上級までの生徒の学習の様々な段階に応じる教え方であると、心に刻んでおくことだ。

　　　　『学習に何が最も効果的か：メタ分析による学習の可視化』ジョン・ハッティ[29]

　一人ひとりをいかす教え方は、しばしば誤解されています[注1]。一人ひとりをいかす教え方を、生徒たちの様々なレディネス・レベル[注2]、興味関心、学び方の好みに合わせ、多様な学習の選択肢を教師がつくり出すことを通じて行われる指導の際の意思決定と捉えると、とてもわかりやすいです。しかしながら、このような捉え方は教師の思考や管理職のフィードバックや教員研修の計画を簡素化してくれるので魅力的ですが、あまり有効なものではありませんし、危険

注1：下訳を読んでくれた協力者から、この「誤解」は「注意深く読まなければ、読者は「一人ひとりをいかす教え方」一般においての誤解であると思うのではないでしょうか」という指摘がありました。確かに著者は「一人ひとりをいかす教え方」という確固たる教え方がすでにあって、それが「誤解」されているとは言っていません。次の段落で述べられている「五つの要素」がお互いに関連し合って「一人ひとりをいかす教え方」が導かれると言っています。むしろ、「一人ひとりをいかす教え方」という独立した教え方があるという想定が「誤解」であると著者はこの段落で言っているのです。

注2：本書での「レディネス」とは、「特定の知識や理解やスキルに関して生徒が学習し始める時点の状態」のことで、「レディネス・レベル」とは、その生徒の「レディネス」の状態がどういう水準にあるかということです。詳しくは、本章の15～16ページ以降や、『ようこそ、一人ひとりをいかす教室へ』の22～23ページを参照してください。

ですらあります。その理由は、一人ひとりをいかす教え方を、それだけで独立した要素として捉えてしまい、教えることを、全体からまったく切り離されて機能する、バラバラの要素の寄せ集めにしてしまうからです。そこからはっきりしてくるのは、効果的な教え方とは個々の独立した要素を束ねる一つのシステムだということです。どのようなシステムであっても、それぞれの部分は他の部分が高められたときにそれに応じて高められ、どこかの部分が弱くなれば、他の部分も衰えてしまいます。

　しっかりとした教え方は、教室の五つの要素を関連させ、それぞれの要素が互いに他の要素から影響され、高め合っています。ここで言う五つの要素[注3]とは、学習環境、カリキュラム、評価、指導（教え方）、そして学級経営です[◆56]。本章では、こうした要素がお互いに関連し合って一人ひとりをいかす教え方を導いていく模様を俯瞰します。すぐれた教師たちがそれぞれの要素をどのように関連させるのか理解すれば、一人ひとりをいかす評価の役割についてさらに議論するための場が生まれます。図1.1 は、一人ひとりをいかす教え方の鍵となる要素がどのように関連するのかということを示す概念図です。

学習環境と一人ひとりをいかす教え方

　学習環境という言葉には物理的な意味もありますが、教室の中の感情的な雰囲気を指す場合もあります。そこで起こることすべてに影響を及ぼす「天候」みたいなものです。新学年が始まるときに、「「文法」（あるいは、「周期表」や「筆記体」や「惑星」）について何を教えてくれるの？」などと言いながら教室に入ってくる生徒はまずいません。むしろ、次のようなもっと重要な問いを抱きながら入ってくるのです。「ここは自分にとってどんな場所になるのかな？」。どのような学習環境をつくり出すのかということが、この問いに答えることになります。

　年齢に関係なく、学習者は次のような質問をします[◆53]。

注3：図1.1では2列目の欄に示されている五つの「原則」のことです。

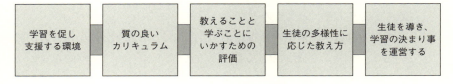

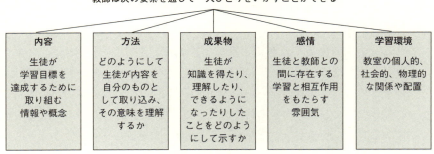

図 1.1　一人ひとりをいかす教え方

- **ここが気に入るかな？**（ここでは受け入れてもらえるかな、つまり、私を受け入れてもいいと思ってもらえるかな？ 安心していられるかな？ 私の言うことを聞き入れてもらえるかな？ 私のやり方や感じ方を理解してくれる人がいるかな？ 気にかけてくれるかな？ 私が興味をもっていることや夢見ていることを大事に思ってくれるかな？ 私のものの見方を尊重してもらえたり、認めてもらえたりするかな？ ここの人たちは私のことや私の力を信じてくれるかな？）

- **この場に自分は何か貢献できるかな？**（ここで行われている学習に何か新しいことを加えることができるかな？ 自分たちがしなければならないことについて、私は自分らしく力を発揮できるかな？ クラスの他の人やみんなを助けて、私がいないときにはできなかったような、いい学習をしたり重要なことをやり遂げたりできるかな？ 共通の目標を目指しながら、他の人たちとうまくやっていくことができるかな？）

- **ここで力をつけることができるかな？**（いま学んでいることは、いまだけでなくて後になってからも自分の役に立つかな？ うまくやるためには、何をどのように選択したらいいのかを学べるかな？ この場がどんなふうに機能して、自分に何が期待されているかを理解できるかな？ 求められているレベルがどんなもので、どうすればそれを達成することができるのか、わかるかな？ 自分の学習の過程で頼りになるサポートは得られるかな？）

- **ここで自分たちがやることの目的ははっきりしているかな？**（何を学ぶように求められているのかがわかるかな？ 自分たちのやるべきことの意味と意義がわかるかな？ 自分たちの学ぶことには、自分や身の周りの世界がきちんと反映されているかな？ その学習は、夢中になって取り組めるものかな？）

- **ここで私の可能性は広がり、意欲をかき立てられるかな？**（学習は自分の能力に合っているかな？ 一生懸命、賢く学習するように求められているかな？ 自分自身の成長に徐々に責任をもてるようになったり、他の人の成長に貢献できるようになったりするかな？ ここに来て最初のころはとてもできないと思ったことが、いつでもできるようになるかな？）

第1章　一人ひとりをいかす教え方：概要　5

　何年も前に、ハイアム・ジノットは、教室での天候を左右するのは教師にほ
かならないと言いました。[22]教室の状況に教師がいちいち反応することが、子ど
もがやる気を引き出されるか、苦しめられているか、人間味が豊かか乏しいか、
傷つけられているか癒されているか、といったことを左右するのです。実際、
教師と生徒との感情的なつながりが、学力の向上を左右することを示す研究は
少なくありません。[2・27]こうしたつながりがあれば、生徒は、教師が目標達成のた
めの頼れるパートナーだと信じることになるでしょう。

　一人ひとりをいかす教室で教師が目指すのは、その教室で時間を費やす一人
ひとりの生徒のために教室を機能させることです。ですから、教師は、生徒の
多様なニーズや反応をうまくつかみ、対応します。いろいろな研究者たち[5・19・29・53]が、
生徒に対する教師の対応については次のようなことが含まれるということを明
らかにしました。

・**信念／信条**　生徒たちが一生懸命学習したり、支援されたりすることで目
　標を達成する能力をもっているということへの信頼。デュエックはこのこ
　とを「成長マインドセット」[注4]と言った。[19]すなわち、生徒の学習を成功させ
　る最も大きな要因は、遺伝や家庭環境というよりも、むしろ生徒の学習へ
　の取り組み方であるという確信。
・**誘い**[注5]　生徒一人ひとりをありのままに受け入れ、可能性を尊重すること。
　生徒たちにうまく教えるために、彼らを知ろうとする願望。強みも弱みも
　含めて、生徒一人ひとりの特徴に気づくこと。生徒と話したり、話を聴い
　たりする時間。教室は生徒のものでもあるというメッセージ。教室をうま
　く機能させるためには、生徒の存在こそが重要であると発信し続けること。
・**投資**　教室での学習が生徒たちのためのものになるよう一生懸命に取り組

────────────────────────────────

注4：日本語訳は「しなやかマインドセット」と訳されていますが、教育現場にはいま一つそぐわな
　　いので、growth mindset を「成長マインドセット」と、fixed mindset を「停滞マインドセット」
　　とあえて訳します。日本では、後者がかなり充満していることが残念です。成長マインドセットは、
　　自分が一生懸命学習したり、支援されたりすることで目標を達成する能力をもっていると信頼する
　　思考様式のことです。
注5：「誘う」ないし「招く」というのは、日本の教育用語としては、あまり馴染みのないものかもし
　　れませんが、英語では invitational education, invitational teaching/learning といった形で、教える
　　ことありきではなくて、学習者ありきの考え方があります。

み、その過程で生徒たちのよい面を振り返ること。教室や、生徒たちや、一緒につくり出したものについて考えるのを楽しむこと。生徒たちを成長させるための新しい方法を見つける満足感。一人ひとりの生徒を何としてでも成長させるという強い意志。

・**機会**　生徒たちに行わせる、大切で、価値が高く、やりがいのある事柄。これまでにない可能性があるという意識。パートナーであるという意識。そのクラスでの学習の成功や一人ひとりの生徒の成長に貢献する役割。質の高い学習への期待感とそれを実現するための教師によるコーチング。

・**粘り強さ**　絶え間ない成長という価値観。生徒にとっても教師にとっても学習に終わりがないという考え。言い訳をしないこと。成功を支援するための最善の指導を見つけること。学習へのアプローチには常に別の方法もあるというメッセージ。

・**振り返り**　生徒たちを注意深く観察し、聞くこと。学びを成功させるための一貫した機会を一人ひとりの生徒に確実にもたらすために、観察したことや情報を使うこと。生徒たちの目で世界を理解しようとすること。いま何が機能していて、さらによくするためにはどうしたらいいかを問い続けること。

　教師は生徒が逆らえないほど魅力的な学びに誘い込む機会をもっています。そのような誘いには、次の三つの特徴があります。①生徒の価値観や能力や責任感を的確に尊重する、②どの生徒も、教えられていることを学ぶための潜在能力をもっているという、変わらぬ楽観主義、③生徒を成功に導く、能動的で目に見える支援。教師がこうした特徴を示せば、生徒たちはその教師が信頼に足る人であり、困難でリスクを伴う本物の学習を進めるための信頼できるパートナーだと思うのです。生徒がそんなふうに思ってくれるなら、教師は生徒一人ひとりと関係を築くことができます[注6]。

　こうした教師と生徒とのつながりを築くことができれば、教師には生徒たちをより確実で、多角的な方法で知る機会がもたらされるのです。また、前向き

注6：このよい事例がNHKの「奇跡のレッスン」という番組で見られます。特に、スキーがおすすめです。
　　この後のチームに関する部分は、水泳がよかったです。

な姿勢でいろいろな問題に取り組んでいく基盤がもたらされます。そして、人間がもつ、理解したり、理解されたりしようとする欲求に関心を向けるようになるのです。教師と生徒とのつながりはまた、教師がバラバラの個人の集まりを、共通の目的をもち、ひいてはグループの一人ひとりが最大限に学力を伸ばすことのできる、一つのチームにする道を切り開いてくれます。そのような教室においては、生徒たちが協力しあって学習し、力のあるチームの様々な特徴を見せてくれます。彼らはどのように協働すればいいのかということを学びます。相互に補い合うスキルを使うことで、各自の強みをフルに生かして、弱みを最小限にするのです。自分に責任をもつこと、相互に責任をもつこと、クラス運営に責任をもつことを学ぶのです。

　このような、教室における学習環境づくりが、生徒たちの学習経験を形づくるのです。とはいえ、教室の他の要素も、学習環境に多くの影響を及ぼします。例えば、カリキュラムが平板で、面白みがなく、生徒の世界から遠く隔たっているように思われるとすれば、挑戦する気持ちや目的、つけたい力に対する生徒のニーズは満たされておらず、生徒がその学習環境を自分のものと思うのは難しいことになるでしょう。

　もし、評価が罰のようなものになってしまい、重要な目標をどのように達成すればいいのかということを生徒に知らせることができなければ、挑戦も支援もバランスを欠いたものとなり、その学習環境は心もとないものに感じられることになります。

　もしも指導が、レディネスや興味関心や学習へのアプローチの点で生徒のニーズに応じることができないようなら、その学習環境に価値を見いだすことは難しく、何かがわかったとか、価値が見いだせたとか、面白く感じたとか、しっかり聞き取ったとかを生徒が実感することはないのです。

　最後に、もし学級経営が生徒たちに信頼されるものでなかったり、あまりにも厳しすぎたり、お粗末であったりすれば、学習経験も学習環境も損なわれてしまいます。

　教室システムのどの要素も他の要素とつながりあって、相互に強め合ったり、弱めたり、あるいは全体としての教室の力も強固にしたり、弱めたりするのです。

カリキュラムと一人ひとりをいかす教え方

　カリキュラムを構想する一つのやり方は、教師が教えようと計画していること、つまり教師が生徒たちに学習してほしいと望んでいることがカリキュラムだと考えることです。その場合に難しいのは、質の高いカリキュラムの特徴をどのように描けばいいのかということです。言い換えると、私たちが教えるべき内容と、私たちが生徒に学ぶように求めなければならない内容をどのように描けばいいのかということです。

　こうした問いに絶対の答えはありませんが、多くの実証的研究からわかること[◆36・45・55・62]は、少なくとも基本的に次の三つの特徴を備えたカリキュラムにすべきであるということです。第一に、一連の学習の結果として、生徒が何を知り、理解し、そしてできるようになればいいのかという、明確な目標がなければならないということです。第二に、（教えられた内容を機械的に記憶するものではなく）大切な学習内容を生徒が理解するものでなければならないということです。第三に、学習のプロセスが、生徒を夢中で取り組ませるものでなければならないということです。[注7]

目標の明確さ

　ほとんどすべての教師が、授業やユニットで「カバー[注8]」しようとしたり、生徒たちがそこですることを説明したりすることはできます。しかし、一連の学習に参加した結果として、生徒たちが知ったり、理解したり、できるようになったりすること（以下、学習目標としての知識・理解・スキルを「知識・理解・スキル」と略すこともある）を特定することのできる教師はほとんどいません。

　私たちが生徒たちに知ってほしいこと、理解してほしいこと、できるようになってほしいことをきちんと実行しなければ、よく見受けられる大きな問題が起こります。

注7：この「三つの特質」は日本ではいずれも弱いのですが、特に三番目の「生徒を夢中で取り組ませる」ということが弱いか、まったく考慮に入れられていないことすらあります。夢中で取り組むことができない教科書をカバーするような授業になりがちだからではないでしょうか。

注8：「カバーする（cover）」とは、既成の教科書や指導案、指導計画に書かれたとおりに「こなす」ことです。

第1章　一人ひとりをいかす教え方：概要　　9

　第一に、学習の到達点が不明確なために、指導が曖昧なものになります。

　第二に、生徒たちは、学ぶ内容のどこが一番大事なのかということはよくわからないまま、様々なアイディアがどのようにいかされるのかとか、それらのアイディアをどのように使えばいいのかということに焦点を絞るよりも、教師がテストで何を問題に出すのかを探ることに多くの無駄な時間を費やしてしまうことになります。

　第三に、指導と評価が一貫せず、調和しないものになってしまうのです。教師が話すことと、生徒がやることと、学んだことを示す方法との間に多少の一致は見られるのですが、一体化したものにはならないのです。注9

　一人ひとりをいかす教え方の観点から言えば、「知識・理解・スキル」について明確でないということは、一人ひとりを効果的にいかすことを難しくしてしまいます。学ぶ内容に困難を抱えている生徒により少ない学習を課したり、学ぶ内容を容易に理解できる生徒により多くの（あまり必要ではない）学習を課したりすることは、教師が「一人ひとりをいかす」ときに犯しがちな間違いです。自分が知らないことを見て見ぬふりをすることも、自分がすでに知っていることをそれ以上にやることも、効果的ではありません。

　一人ひとりをいかす教え方とは、教師が、①学習目標である知識・理解・スキルに関連して、個々の生徒の現状を明確に把握して、②求められた学習を生徒がマスターしたなら、生徒たちが次の知識やスキルに取り組めるように計画することができて、③クラス全体としては先に進んでいるとしても、大切な知識やスキルをマスターしていない生徒たちがそれらをマスターできるようにするために「戻って教える」ことができる場合に、実現されるのです。

　理解することに関して一人ひとりをいかすときには、生徒全員が同じ大切な理解に挑戦しながらも、生徒各自の現在の発達の地点を見据えて、多様な複雑さのレベルを提供しつつ、一人ひとり異なる足場がけをすることこそが最も効果的なのです。しかし、このような一人ひとりをいかすアプローチは、教師が学習目標である知識・理解・スキルを明確にしていなければ、不可能です。

注9：これらは三つとも、日本の授業で大きな問題であり続けているのではないでしょうか。しかし、より大きな問題は、教科書や指導案をカバーすることに力点が置かれ過ぎているので、問題とさえ捉えられていないことかもしれません。

理解への焦点化

　生徒が学んだことを使えるようにしようとするなら、暗記はそれを達成するための望ましい方法ではありません。生徒たちは機械的な暗記で自分の頭に叩き込んだことの多くを忘れてしまいます。それは、ごく短期間であっても、言えることです。さらに、たとえ思い出せたとしても、応用・活用したり、自分の理解していない「知識」で何かをつくり出したりすることもできません。◆36・45・65

　理解することは、生徒に学習内容を学び、自分なりの意味をつくり出し、使うことを求めます。学習目標の知識・理解・スキルの「理解」はとても重要だということを示唆してくれます。

　理解することをカリキュラムの中心に据えることによって、ともに学習する生徒たちの人生で、その学習内容を役立つものにするのは何かということや、意味をつくり出すためにその学習内容がどのように組み立てられているのかということや、生徒たちの生活や経験とその学習内容がどのように関連づけられているのかということに、教師自身が気づくようになるのです。また、必要不可欠な理解を探究したり、応用したり、拡張したり、つくり出したりするために重要な知識とスキルを使わざるをえなくなるような、意味のある学習課題を教師がつくることを求めるものでもあります。

　一人ひとりをいかす教え方の観点から見ると、理解に焦点化したカリキュラムをつくり出すことは、生徒が自分の身の丈に応じて理解に取り組むものだということや、いまの理解レベルを高めていくために、異なる支援システムが必要になるということや、生徒たち自身の生活経験と理解とを関連づけるための類推や応用が必要になることを、教師に自覚させることになります。

　評価の観点から見ると、理解に焦点化したカリキュラムは、診断的評価、形成的評価、そして総括的評価のそれぞれにおいて、少なくとも知識やスキル以上に生徒の積極的な理解を中心にすべきだと提案しています。実際、生徒たちが知識と理解とスキルを結びつけるのを手助けする評価こそが、学習のプロセスの中で効果をもたらすものとなるのです。注10

夢中で取り組むこと

　言うまでもなく、理解することと夢中で取り組むこととの間には、はっきり

としたつながりがあります。個人的な経験とつながりを感じられず、取り組む意味も見いだせないような内容やアイディアに時間をかけるのは苦痛です。

　生徒の関心が一つのアイディアや課題にひきつけられ、そのアイディアや課題を価値あるものとみなしながら、その関心を持続させるからこそ、教室で夢中に取り組むという結果がもたらされるのです。

　課題が楽しいものであったり、能力を引き出したり、主体性をもたらすと受け止められたり、生徒たちにとって意味のある経験や関心や才能と関連していたり、生徒たちを退屈させたり難しすぎたりせず、よい刺激となるようなレベルであったり、また、そうした条件がいくつか組み合わされていたりすれば、生徒たちは学習に没頭するようになります。

　生徒たちは夢中で取り組むときに、一つの課題に集中し、それに没頭し、難しくても辛抱強くがんばり、満足感を経験し、自分のしたことに自信をもつようになるでしょう。逆に夢中で取り組むことができなければ、注意散漫になったり、あきらめたり、後退したり、退屈したり、フラストレーションを覚えたり、怒ったり、自分に腹を立てたりします。◆44

　理解を高めるカリキュラムが反復練習や機械的記憶で進められることはめったになく、逆に、生徒が夢中で取り組むカリキュラムは生徒たちが徹底的に理解を達成することを促すものです。ある研究者は、「学校の第一の仕事（第二も、第三も）は、生徒が夢中になって取り組み、困難なところにさしかかっても学習を継続することができて、最終的に満足を感じ、その学習で求められていることを成し遂げたことに喜びすら感じるようなカリキュラムをつくり出すことです」注11◆43と言っていました。

注10：日本では、思考力自体が「単品」として扱われがちですが、ブルームは思考の6段階の一つとして位置づけていました。さらに、「理解力」ないし「理解する」も多様な側面をもっています。このあたりのことに興味のある方は、『読書がさらに楽しくなるブッククラブ』の76〜80ページと、『理解するってどういうこと？』にわかりやすく書いてありますので、参考にしてください。また、一般的に理解の対象にしているのは知識ではなくて、概念であることが、『ようこそ、一人ひとりをいかす教室へ』を読んでいるとわかります。この「概念」も日本の教育では、まだほとんど知られていないし、活用もされていないとても大切なものです。

注11：このようなカリキュラムを、子どもたちのことをいっさい知らない教科書執筆者たちがつくり出すのは不可能であることは、誰の目にも明らかです！　それができるのは目の前の子どもたちのことを知っている教師の他にいません。

一人ひとりをいかす教え方の観点からは、一人ひとりに合った難しさをもった課題が必要であり、幅広い学習者が夢中で取り組めるように、一人ひとりの経験や興味関心や才能と関連した課題になるべきです。

　評価の観点からは、生徒たちが自分の生活や経験からかけ離れたような評価や、自分の現在の発達の段階に合わないようなレベルのチャレンジを要する評価にしないように、しっかりと意識することが大切です。

「豊かな高みを設定して教える」

　明確な目標、理解への焦点化、夢中になって取り組む能力に加えて、質の高いカリキュラムには、もう一つ、一人ひとりをいかす教え方本来の哲学と一致する特徴があります。それは、「豊かな高みを設定して教える」という原則です。

　生徒のレディネス・ニーズに応えた一人ひとりをいかす課題をデザインしようとするなら、教師は計画の出発点を決定しなければなりません。その際、最初は「典型的で」「学年レベル」の生徒のために計画し、それからいくつかの課題は比較的易しいものにしていくのが一番いいのでしょうか？　それよりも、特定の学習内容に手こずっている生徒のために学習をデザインして、それから基準以上の学力をもつ生徒たちのために学習を豊かなものにしていくのがより好ましいものとなるでしょうか？

　そのどちらでもありません。実際は、第三の道がいくつかの理由で最も好ましい選択肢です。もし、あるテーマや内容領域で進んでいる生徒のやる気をそそる課題を計画することから始めて、それからあまり進んでいない学習者でも進んだレベルの課題がうまくできるように、一人ひとりに合った足場がけをするなら、ほとんどの生徒の学習の達成も加速されることでしょう。

　さらに、「豊かな高みを設定して教える」ことの中心となるのは、カリキュラムと学習環境との間のつながりです。生徒たちに難しい学習を根気強く成し遂げる能力が備わっていると教師がはっきりと考えているなら、大切な概念について考え、問題を解決し、意味をつくり出す一人ひとりの能力を補う学習を提供することは当然のことです。「豊かな高みを設定して教える」というアプローチは、クラスの生徒全員が教師のつくり出せる最善のカリキュラムにこそ取り組む価値があることをはっきりと伝えているのです。

一人ひとりをいかす教え方は、幅広い生徒たちがチャレンジの階段を確実に上っていくことを可能にするものなのです。

評価と一人ひとりをいかす教え方

自分の教える教育内容とカリキュラムが生徒の夢と人生をよくする力をもち、生徒の価値と可能性を信じているなら、それぞれの生徒が重要な学習目標の達成に向けて、またその目標を超えてどのように進んでいるのかということを、教師はどうにかして知ろうとするでしょう。

どのような親も、わが子にフラストレーションや心配や退屈によるやる気のなさがずっと続かないように願うものですが、教師もそれと同じことを自分の生徒が抱えないように望むものです。

評価は、医療の現場と同じように、教室における診断的なプロセスとしてごく自然に捉えるべきものなのです。教師は生徒の学力の良好な状態を保つ計画を立てるために、生徒の学力の伸長を常に見守る感覚をもたなければなりません。一人ひとりをいかす教え方を有効にするために、教師は一人ひとりの生徒に関して、授業やユニットの評価規準に則した一人ひとりの旅を、彼らがどこから始め、いまどこにいるのか把握し続ける必要があります。[29] 言い換えると、評価は一人ひとりをいかす教室を日々計画する際の羅針盤なのです。

本書のこれからの章では、評価がどのように、多様な学習者に見合うようにデザインされた指導を導くのかを探っていきます。そして、第2章では、評価と一人ひとりをいかす教え方について考える基盤をつくります。

指導と一人ひとりをいかす教え方

カリキュラムでは、教師が何を教えるかということや生徒が何を学ぶかということが示されますが、指導では、教師がいかに教えるかということや生徒がどのように学習を経験するのかということが問題になります。

多くの研究者が口をそろえて言うのは、指導はカリキュラムよりもずっと生徒の学習にインパクトをもたらすということです。ディラン・ウィリアムは次

のように言っています。「悪いカリキュラムでも指導がよければ、いいカリキュラムに基づいた拙い指導よりも、生徒にとってはよい経験をもたらすものです。指導法はカリキュラムをしのぐのです。もっと丁寧に言えば、指導法こそがカリキュラムなのです。なぜなら、何を教えるかよりも、ものごとをどのように教えるかということの方が大切だからです」◆65。ジョン・ハッティも次のように言っています。「カリキュラムの内容以上に重要なのは、教師がカリキュラムを実行するために使う方法です。それがあるからこそ、生徒たちはカリキュラムの内容を習得しながら進んでいけるのですから」◆27。マックス・ヴァン・マーネンは、「教師がもつことのできる一番重要な教授法上の問いとは、一人ひとりの学習者に、いま学びつつあることをどのように経験させていくのか」であると言っています◆59。

　一人ひとりをいかす教え方の核となるのは指導なのです。なぜなら、一人ひとりをいかす教え方の最終目標とは、学力の伸張を最大限にするために、一人ひとりの生徒に可能な限り最善の学習経験をさせることだからです（私たちの言う学力の伸張とは、標準テストの点数によってではなく、知識・理解・スキルや、学習への取り組みや、学習者としての自立といった多様な指標によって測られるものです）。

　しかしながら、最大限の学力の伸張という目標を達成することは、効果的なカリキュラムによって効果的な指導を展開するだけでなく、効果的な評価や学級経営も必要とします。言い換えると、生徒たちを彼らの出発点から進めていくのに効果的な指導とは①（教師も含めて）みんなで「よりよい学び手」になっていくコミュニティーがある[注12]、②「知識・理解・スキル」であらわされる特定の学習目標を獲得したり使ったりするような生徒を支援することを目指す、③診断的評価と形成的評価によって情報を得ている、④柔軟な教室ルーティン[注13]があり、生徒はそれぞれの多様なニーズに応じてそのルーティンに参加する、というものになるでしょう。

注12：つまり、ともに助け合い、教え合い、学び合い、刺激し合う学習者として存在している、ということです。具体的にそれが実現している姿は、ブログ「WW便り、WWが成功する要因分析」で読むことができます。ぜひ「WW便り」の他の記事も参考にしてください。もう一つコミュニティーづくりという観点で参考になる資料として、『言葉を選ぶ、授業が変わる！』もありますので、ぜひご覧ください。

第1章　一人ひとりをいかす教え方：概要　15

　しばしば、教師の観察や、その日の目標、そして評価によって得られた情報が、一斉指導によってクラス全体が恩恵を被るということもあり得ます。もちろん、その場合は、一人ひとりをいかす教え方は必要ありません。ですが、一方で、ある一連の学習で他の生徒よりも進んでいる生徒や、遅れている生徒がいたり、学習目標としての知識・理解・スキルと自分の興味関心とを関連づけることで学習がうまくいく生徒がいたり、大切な目標を達成するために複数のやり方を示す必要のある生徒がいたりする場合もあるでしょう。このような場合には、クラス全体のニーズだけでなく、一人ひとりの生徒固有のニーズを踏まえる必要があります。言い換えると、教師が生徒のレディネスや興味関心や自分の好きな学び方に基づくのが、一人ひとりをいかして教えるということなのです。

レディネス

　レディネスは学習能力とは違う意味をもつ言葉です。個々の生徒の学習を始める段階での、特定の学習目標に対する隔たりのことをあらわしています。

　生徒の実際の能力は、比喩的に言うと、氷山のようなものです。目に見えるのはほんの一部でしかありません。ほとんどの部分が私たちの目には見えないのです。にもかかわらず、私たちは彼らの能力として表面的に知り得たことがらだけで生徒たちを分類して、それに合わせて教えるという過ちを犯しています。じつに嘆かわしい過ちです。

　私たちの考える生徒の能力とは何かということに基づいた指導計画は、次のような問いを導きます。「この生徒には何ができるのだろうか？」

　それに対して、レディネスに基づいた指導計画の場合はこうです。「この生徒が成功するためには何をする必要があるのだろう？」。

　レディネスという言葉は、成長マインドセットを前提としています。そこから生じた言葉でもありますし、それを育む言葉でもあります。

注13：ルーティンは、日々の授業運営を円滑に進めるための「取り決め」のこと。教師が指図しなくても、生徒たちが自らできるようにしておくもののことです。「協働学習と教師がガイドする指導の決まった進め方」「クラス全体と少人数グループとの間の移動」「許容範囲内の音のレベルの維持」「使ったものをしまったり、机や椅子を移動したり、宿題を書きだしたりすることを含めた授業の終わり方」などがあります（『「学びの責任」は誰にあるのか』257ページ）。本書の25ページも参照してください。

多様な教え方のアプローチが、異なるレディネスのニーズに対応するための方法を教師に提供しています。その中には、小グループ指導、読みにくさの程度に応じた読書材の使用、段階的指導、契約、学習センター、カリキュラム・コンパクティング（以上の四つについては、右ページの「訳者解説」を参照してください）、柔軟な時間設定、個人の目標、読み書きその他の学習ニーズに応じて生徒を支援する ICT の活用等が含まれます。

興味関心

興味関心は学習を動機づける大きな要素です。興味関心は、生徒の才能や経験や夢といったその時点での情熱といえるものをうまく活用するテーマやスキルを指しています。また、生徒にとって魅力のあるアイディアやスキルや学習活動のことを示していると言ってもいいでしょう。この言葉は、教室で生徒が出合って熱心に取り組むかもしれない新しい可能性について考えるために使うこともできるでしょう。どのような場合でも、生徒は自分の興味をもつものに、より前向きに取り組み、夢中になるものです。

熟練した教師は、生徒が学ぶカリキュラムの中で、自分自身や自分の生活や才能や願いを理解する手助けをします。

それは、例えば、高校の歴史の教師が、ある一つの出来事やある時代に影響を及ぼしたいろいろな文化に由来する人物について生徒たちに学ばせようとする場合です。あるいは、中学校の数学教師が、音楽に含まれる数学や芸術に潜む科学について学習する生徒たちを支援する場合、さらには、小学校の音楽教師が、生徒に音楽は自己表現であると理解させる支援をする場合や、外国語の教師が、自分の周囲で使われている言葉とクラスで学習する言葉とを比較するのを支援する場合などです。

高校教師が、数学が単なる操作や手順の連続ではなく、数学は 3D 構造やスケートボード場で角度が必ず使われていることを示す場合もそうです。また、中学校の国語教師が、ある生徒が国語の宿題に恐竜の絶滅理論の学習をやりたいと言ってきて、その中心が理科の学習であったとしても「許可する」場合もそうです。あるいは、高校の歴史の教師が、絵を描くのが得意な生徒に歴史上の重要な人物の風刺画を描くように求め、それを教室に展示したり、その絵に

ついて話し合ったりする場合や、技術の教師が生徒たちに自分の関心をもっている問題を解決する手助けになるように、機械の模型をつくるように求める場合も、そうなのです。

　課された学習内容と自分たちの興味関心とを関連づける手助けとなる指導アプローチの中には、自由研究、興味関心センター、地固めの活動、RAFT 課題による作文、エキスパート・グループ、ジグソー、本物の評価（19 ページの「訳者解説」を参照してください）があります。

〈訳者解説〉　一人ひとりをいかす多様な方法

　生徒たち一人ひとりの出発点から進めていく効果的な教え方として、ここにあげられているいくつもの方法がすでに提案され、実践されています。

　段階的指導は、活動の焦点は共通にしながら、生徒のレディネスに基づいて、難しさの程度に応じて課題に取り組む複数の方法を提供しながら、全員がやりがいをもって取り組めるようにする方法です。詳しくは、『ようこそ、一人ひとりをいかす教室へ』の第 8 章 157 ～ 164 ページを参照してください。

　契約は、教師と生徒がやり取りをしながら学習の合意形成をするもので、学習期間内に生徒が着実に実行しなければならない活動条件や必要な知識やスキルを示した「契約書」をつくって学習を進めていきます。これによって生徒は目標を明確にしながら学習ができ、教師は生徒の学習への取り組みの模様を確認することができます。詳しくは、『ようこそ、一人ひとりをいかす教室へ』の第 8 章 164 ～ 171 ページおよび『増補版「考える力」はこうしてつける』の第 4 章を参照してください。

　学習センターは、生徒に知識やスキルや理解を教え、使い方を示し、それを発展させるために、たくさんの活動や教材を備えた教室内の 4 ～ 8 か所に設置した特定の場所のことです。『ようこそ、一人ひとりをいかす教室へ』の第 8 章 144 ～ 153 ページを参照してください。

　カリキュラム・コンパクティング（カリキュラムの圧縮）は、とても柔軟な方法で、特にすでに知識やスキルをもっている生徒に、より高いレベルの内容にチャレンジさせるための教え方です。詳しく知りたい方は、「curriculum compacting」で検索するか、pro.workshop@gmail.com 宛に連絡してください。

学習の履歴

　教師と生徒を含めて、ほとんどの人が、自分にとって学習がとてもうまくいったときや、うまくいかなかったり、苦痛だったり、絶望的になったりしたときについての物語をもっています。一人ひとりの学習履歴をいかすことは、学習者にそのプロセスを自分にとってより効率的で効果的にするための、学習へのアプローチを提供してくれます。

　学習履歴、好みの学び方ないし好きな学習へのアプローチといったものは、性差や文化や環境や生き方や個々の学習状況によって形成されます。

　自分にピッタリの学習へのアプローチを一つか二つしかもっていないというのは正確ではありません。二つの異なった内容領域を同じやり方で学ぶというのも、同じ内容領域の中で二つの異なったテーマを学ぶというのも、正確ではありません。

　現在の研究も一般的に述べられる知見も、生徒の学習スタイルや知的な好みを「判断する」ために、アンケート調査も、インタビュー調査も、他の方法も効果的とは見なしていません。まして、生徒に、特定の学習スタイルや知的好みのレッテルを貼り付けたり、学習スタイルについての仮説に基づいた課題を課したりすることは手助けになりません。むしろ、一人ひとりの学習履歴をいかすためには、学習内容についての知識を吸収したり、夢中になって取り組んだり、探究したり、獲得した知識を表現したりするためのもっと多様な方法を用意することを目指すべきです。そうすることで、どんな状況ではどんな学習へのアプローチが最もうまく機能するのかを生徒たちが自覚できるようにサポートしたり、よりよい学習成果をあげるためにアプローチを変えるタイミングがいつなのかをわかるように導いたりできるのです。

　教師と生徒は、人を分類することが誤った判断であり、そもそもその分類された人々の可能性を狭めてしまうことを理解しなくてはなりません。

　特定の状況においてうまく機能する学習アプローチを生徒たちに提供するときに有益な方法には、以下のようなものがあります。RAFT 課題、契約、三つの能力、統合グループ、個人、ペア、小グループなど異なるグループ形態での学習、教室での課題や、宿題や、評価を示す際の多様な表現の選択肢と方法など。

〈訳者解説〉学習内容と生徒の興味関心を関連づける多様な方法

　学習内容と生徒の興味関心をどのように関連づけるかということは、どの先生も苦心していることでしょう。次のようなアプローチが提案され、実践されています。四番目にあげられている「ジグソー」アプローチは、すでに試みている人がいるかもしれません。

　興味関心センターは、生徒各自が興味関心をもっていてテーマを探究していくよう勇気づけるために設けられた教室内の特定の場所のことです。詳しくは、『ようこそ、一人ひとりをいかす教室へ』の第 8 章 144 ～ 153 ページを参照してください。

　地固めの活動は、ジャーナルに記入する、好きな本を読む、外国語の文型練習をする、算数・数学の練習問題をする、図工・美術でスケッチをするなど、意味のあることを各自が静かに行う活動のことです。『ようこそ、一人ひとりをいかす教室へ』の第 9 章 182 ～ 183 ページを参照してください。

　RAFT 課題による作文は、Role of the Writer（誰が書くのか＝書き手の立場）、Audience（書いたものは誰が読むのか＝読み手）、Format（どの形式で書くのか＝手紙、新聞、日記など）、Topic（何について書くのか＝テーマ）の四つの観点の理解を促すための指導方法で、それぞれの頭文字をとって RAFT と呼ばれる課題を使ってする作文です。『ようこそ、一人ひとりをいかす教室へ』の資料 223 ページの訳注 7 を参照してください。

　ジグソーは、ジグソー学習とも呼ばれ、探究するテーマや概念について取り組む課題を「ホームベース・グループ」で検討して、課題をグループの人数分に分け、課題ごとに「エキスパート・グループ（研究グループ）」をつくり研究します。その後再び「ホームベース・グループ」に戻って「エキスパート・グループ」で学んだことや発見したことを他のメンバーと共有し合います。一人ひとりのレディネスや興味関心に対応することができる学習法です。詳しくは、『ようこそ、一人ひとりをいかす教室へ』の第 8 章 177 ～ 178 ページや、エリオット・アロンソン／シェリー・パトノー著（昭和女子大学教育研究会訳）『ジグソー法ってなに？——みんなが協同する授業——』（丸善プラネット、2016 年）を参照してください。

　本物の評価とは、テストで測定するのではなくて、生徒が知っていることやできることを実際に見せられる評価のことで、主には、パフォーマンス評価と言われます。本書の第 5 章を参照してください。

柔軟性のあるグループづくりと取り組みがいのある課題

　指導に関連した、一人ひとりをいかす教え方の原則には、柔軟性のあるグループづくりと取り組みがいのある二つの課題があります。

　柔軟性のあるグループづくりは、生徒たちが常に、そして頻繁に多様な友だちと一緒に学習する機会をもてるようにする、先を見越した指導計画の重要性を強調しています。生徒たちは短い時間の間に、以下のような形で多様なメンバーで構成されるグループで一緒に学習しなければなりません。例えば、自分と似たレディネス・ニーズをもつ仲間、多様なレディネスの段階にいる仲間、特別の興味関心を共有する仲間、自分とはずいぶん違った興味関心をもつ仲間、学習課題へのアプローチが同じ仲間、学習へのアプローチが異なる仲間、無作為にグループになった仲間、教師と生徒の選択によってつくられたグループの仲間などです。適切に計画されてさえいれば、こうした、多くの同年齢の友だちと一緒に学習する機会は、自分自身の強みやニーズばかりでなく、他の人の強みやニーズに対する生徒たちの意識や判断を広げていく上で大切なものになります。柔軟性のあるグループのもう一つの効果は、生徒たちが「僕はツグミ、あなたはノスリ、あなたはスズメ[注16]」というように、他の生徒と自分はタイプが違うと認識してしまうことを避けられると同時に、教師が自分の生徒たちを多様な学習状況の中で「耳を傾けてしっかりと受け止める」手助けになることです。

　取り組みがいのある課題の原則も、一人ひとりをいかす教え方を成功に導く上での中心となります。この原則によって、どの生徒の学習も面白くて魅力的なものにすることができるようになります。また、この原則は生徒が重要な概念やスキルを理解したり、応用したりするのに、生徒には重要な概念やスキルを理解したり応用したりするだけの能力があるという教師の信念が反映された課題に、常にどの生徒も出会うべきだということを、教師に思い出させます。

注14：三つの能力は、分析力（学校で学ぶ知識であり、部分と全体の関係を考えた学び方や、一対一の関係や連鎖的な関係を考えた学び方によって特徴づけられる力）、実践力（現実世界に応用するための力であり、実際に存在する場面で知識を使う力）、創造力（創意に富んだ問題解決、新しい考えや工夫であり、有効な方法を使って独創的に考える力）を使った学習法のことです。詳しくは、『ようこそ、一人ひとりをいかす教室へ』の第8章171〜174ページを参照してください。

注15：ここでの「統合（integrated）」は、「能力別」に対する「能力混成」という意味のようです。

注16：ここの3種類の鳥には、「青い鳥／理想的な子、ハゲタカ／問題児、そしてその間の諸々」という意味が込められているかもしれません。

つまり、生徒が難しい問題に取り組んだり、複雑な問題を解決したりするのに耐えるだけのスキルを備えたクリティカルな思考者であるという前提に立つのです。

一人ひとりをいかす指導の構成要素

　指導は、次の五つの要素によって生徒一人ひとりをいかすことが可能となります（3ページの図1.1の3列目を参照）。

　①内容：生徒が学ぶべきこと、あるいは生徒は知識や理解やスキルにどのようにアクセスするのか、②方法：知識や理解やスキルを習得したり、「自分のものにしたり」するためのプロセス、③成果物：学んだことを生徒はどのように最終的に示すか、④感情：生徒と教師との間に存在する学習と相互作用をもたらす雰囲気、⑤学習環境：教室の中の個人的、社会的、物理的な関係や配置。

　上記の五つの要素はすべて、生徒たちのレディネス・ニーズや興味関心や学習履歴や学び方の好みに応じて、一人ひとりをいかすようにすることができます。22ページの表1.1には、これらの五つの要素を生徒のレディネス、興味関心、学習履歴のそれぞれに応じて考えるとどうなるかが示されています。

　一人ひとりをいかす教室での指導は、当然のことながら、他の四つの教室の要素（カリキュラム、評価、学習環境、学級経営）と分かちがたく結びついています。カリキュラムの学習目標（知識・理解・スキル）によって導かれ、診断的評価と形成的評価によって形づくられていくのです。指導が教室の学習者たちにピッタリあっているなら、その環境によい影響を与え、学習のリスクを減らす安全な場所になります。その教室の多くの生徒たちにとって指導が効果的でないとすれば、その環境もよいものにはならなくなり、生徒たちの関心を学習から逸らしてしまって、彼らを自分の殻に閉じこもらせることになってしまいます。◆45

　一人ひとりのニーズに対応した指導をすることで、生徒たちはクラスメイト

注17：英語のcriticalには「批判的」という意味以外に「重要な」とか「大切な」という意味があります。つまり、クリティカルな思考とは、いろいろな情報や方法の中からどれが最も重要かを見極める思考のことを意味しています。クリティカルな思考に興味のある方は、『増補版「考える力」はこうしてつける』（特に、20〜21ページ）を参照ください。

注18：著者は、概念と理解はほとんど同じものとして使っています。

表1.1　レディネス、興味関心、学習履歴の多様性をいかす実例

	レディネス	興味関心	学習履歴
一人ひとりをいかす教え方の構成要素			
内容	地学の事象について経験をもたない生徒や、その事象に関する語彙をもっていない生徒を支援するために、小学校教師がその地学事象のビデオ映像を用いる。	生物教師が、スポーツのチームや家族やロックバンドの例を使って、共生の概念を説明する。	詩のユニットで、教師がいろいろな詩の創造的な面や、詩の分析を使って、詩が生徒たちの生活とどのように結びついているのかを論じると、生徒が詩に興味をもつ。
方法	小学校の教師が、診断的評価の情報に基づいて、ある生徒には30分から1時間で物語り、ある生徒には5分おきに物語り、ある生徒には1分間で物語る、という物語る時間のユニットを始める。	生徒は自分たちが家や趣味で使う対称的なモノを探したり、そうした対称的なモノをつくったりして、その使い方やどうしてそれらが対称的なのかということを説明する。	小学生は、地球の自転と公転が昼と夜と季節をつくり出していることを学ぶ必要がある。そのユニットを始める際、教師は生徒にその場で一回りさせたり、自転するモノを見つけて説明させたり、回転についての歌を歌ったり、自転するものを描いたりして、自転という概念を明らかにする。
成果物	中学校の教師が、生徒全員に、前の年のそれぞれの効果的な成果物をモデルとして示しながら、質の高い学習はどのようなものかを教える。前年の成果物は「知識や理解やスキル」がどういうものか示せるが、内容について進んだ生徒たちは、より高いレベルでそれらのモデルを検討する。	ロバート・フロストの「誰も選ばなかった道」を学習している高校生が、有名人やよく知られた人物の人生を扱った映画や文学を通じて、この詩の出来事と、彼らが選んだ人物の人生との共通点を明らかにする。	小学生が気象のデータを使って、自分の住む町のその週の天気予報をする。生徒全員が天気を予想して、その説明をしなくてはならない。地方紙の天気予報を執筆したり、テレビの天気予報や天気図をつくったりして、自分たちの予報を解説する。
感情	代数の教師が複雑な概念を説明しているときに、生徒たちに嫌気がさしていないか観察したり、生徒たちがわからない様子をしていると思ったときに、友だち同士の発表のあとに、質疑応答をしたりする。	ある中学および高校の教師は、自分のクラスの生徒たち数人が、課題に取り組むことを拒絶していることに気づく。そこで、学年のはじめの方で、粘り強く取り組んだり、助けを求めたり、修正したりする証拠こそが大事であると強調し、自分たちの成功に向かう努力に生徒自ら貢献するように促したり、それを認めたりする。	サミーは数分以上じっと座っていることがとても難しくて、緊張したり、注意散漫になったりしがちである。教師は彼のために、教室の両端に二つの席を用意して、クラス全体の学習のときに、どの時点でどのように一方から他方に移ることができるのか、一緒に考えた。

学習環境	中学校社会科の教師が、四種類の部屋の座席配置を考え、柔軟な発表や相互交流を許容するために、それぞれの座席配置を掲示板に示した。生徒たちはみな、一つの形から別の形に、素早く椅子や机をどう動かしたらいいか知っている。	小学校の教師が教室のいくつかの場所に「ヘルプ・カード」を置く。そのおかげで、生徒が一人で学習しているとき、学習したことをコンピューター画面上のフォルダーに保存したり、俳句の構成要素や基礎的な発音規則を簡単に思い出したりすることができる。	教室に持ち運びのできるキャレル（個人用の間仕切り）があれば、他の生徒が動き回って気が散る生徒はそれを使うことができる。また、そばで小グループの話し合いをやっているときに、一人で読んでいる生徒は、それがうるさければヘッドホーンや耳栓を使うことができる。

の成長と、成長するためにどのように努力したかをしっかり評価することを学ぶことになります。コミュニティーづくりにも貢献します。学級経営の構成要素は、次節で検討するように、生徒たちが次のようなことをできるようになることに貢献します。一人ひとりをいかす必要性や一人ひとりをいかす教え方の原理を理解すること、一人ひとりをいかす教え方のルーティンがうまくいくように積極的に関与すること、クラスのみんなが学びやすい教室になるように仲間や教師と助け合うこと、などです。

学級経営と一人ひとりをいかす教え方

　限られた空間に 20 人から 40 人の子どもが集まれば、何らかの形で騒がしくなることは言うまでもありません。教室が騒ぐための場所ではないというのも言うまでもないことです。そういう状況では、生徒たちがよく学ぶことができないだけでなく、教師も健全な状態を保つことができません。そういう場合に、新米の教師ほど、生徒たちをどういうふうに「管理」すればいいのかという質問をします。ベテランの教師たちでさえも、一瞬のうちに教室を統制できなくなるのではないかという不安から解放されているわけではありません。

　教師として、私たちはしばしば学級経営を統制（コントロール）と同じことだと考えます。もちろん、そのようなアプローチは、教師を生徒たちの敵対者という立場にしています。特に年少の生徒たちの本質は、（ときには、手に負えないほど）動き回ったり、場をわきまえずに（ときに、大声で）おしゃべりしたりすることですから。教師も含めた人間の成長というものは「管理」に

抗うものなのです。

　教えることと学ぶことが理想的に進められる教室をどのようにつくり出せるかを考えるのに好ましい方法は、教師の仕事を二面的な性質をもつものとして考えることです。つまり、生徒たちを導くということは、方法とルーティンを管理することでもあるのです。◆54　私たち人間は管理されることには抵抗するものなのですが、意味があって効果を実感できるようなことであれば、その一部に素直に加わろうとするものです。

　一人ひとりをいかす教室で学習を進めるためには、生徒一人ひとりが最高の成果を得ることができて、メンバーが重要な目標を達成するための一つのチームになり、個人としての生徒と集団全体の最大限の発達を支援するためにデザインされたコミュニティーになるという教室のヴィジョンを、教師がもつ必要があります。

　教師がどの年齢の生徒たちにもそのようなヴィジョンを表明したり、そういったコミュニティーを一緒に運営するために生徒たちの手助けをしたり、そのヴィジョンを実行するために学習を仕組んだりすれば、生徒たちはその教室における計画を理解し、自分たちのものにすることができるようになります。

　「私たちみんなのために学習する場所を一緒につくろう」と言う方が、「静かに座ったままでいてください。誘いがあったときだけ参加してください」と言うよりも、ずっと魅力的な働きかけなのです。

　こうした明確なヴィジョンをもったアプローチは、もちろん、いつでもすべての生徒にしっかりとして落ち着いた成果をもたらすわけではありません。しかしながら、そこで提供されるのは、教師が生徒たちに、あらゆる学習者にかなったバランスのとれた仕組みと柔軟性を備える環境をつくり出せる、敬意にあふれた、楽観的な、成長マインドセットを志向するやり方です。

　一人ひとりをいかす教室のルーティンと方法を使って運営することで、教師は学習を推進するためにデザインされたいろいろな仕組みを生徒たちが理解し、彼らがそれに貢献し、参加できるような支援をすることになります。その中には、教師と生徒の双方にとって効率よく、成果があがるように仕事をする手助けとなるルーティンと方法もありますが、そのほとんどは、教師と生徒たちとの協働で行われる学習なのです。

第1章　一人ひとりをいかす教え方：概要　25

　教室において「柔軟な秩序」を確保するのに必要なルーティンや方法や仕組みには次のようなものがあります。

・生徒たちが必要なものが自分で得られやすいように教室を配置する。
・すべての生徒が同じ学習活動にならないような課題を提示する。
・生徒がグループで学習するときには、許容できる範囲での声の大きさにする。
・教師が生徒と個別に、あるいは小グループで関わって活動しているとき、どのようにすれば教師から支援をもらえるのか、そのやり方を生徒に提示している。
・提示された課題を完了したときに、生徒がすべき内容（と方法）のガイドラインを予め提示しておく。
・教室を動き回りたいという思いを共有している。
・助けが必要な友だちをいつどのように助けたらいいのかということを生徒たちは知っている。
・完成した作品をどこに置いたらいいのかを生徒たちは知っている。
・教材と教具（文房具など）をきちんと整理整頓しておこうという思いを共有している。

　柔軟性のある学級経営は一人ひとりをいかす教え方にとって必要不可欠であるばかりでなく、知的にレベルの高い概念に取り組んで、思考者、問題解決者、協力者となることが生徒に期待される教室の必須条件でもあります。[33]
　夢中で取り組むことと理解することに加えて、「豊かな高みを設定して教えること」に焦点化したカリキュラムにおいては、教えることと学ぶことに対する柔軟なアプローチが必要になります。このアプローチは、多様な学習者が安心して学ぶことのできる場所をつくりながら、彼らに対する承認と挑戦と支援を提供するような環境をもたらすものでもあります。
　そして、成功には何が必要なのかということを学ぶだけでなく、成功を支える責任を果たすために、自分の生徒たちの能力を信じる教師たちの成長マインドセットのよいモデルとなります。さらに、評価のデータは、生徒が次のステ

ップに進むために多様な選択肢が必要であることを示しています。しかしながら、もし多様な学習の選択肢を提供しようと教師が考えていたとしても、硬直した学級経営[注19]によって阻まれるようなら、形成的評価はほとんど役に立たないのです。

ジョン・ハッティは、生徒の到達度に関する800以上の研究を分析し、そこでわかったことを教師たちのために解釈しつつ、『授業を変える：認知心理学のさらなる挑戦[◆36]』という重要な本の主要な結論を再検討して、いい教室[注20]には次のような四つの特徴があると結論づけています[◆29]。

1. 生徒中心である──なぜなら、教えることは、生徒が初級から中級、そして上級に至る旅のどこにいるのかということに関するすべてにわたるから。

2. 知識中心である──なぜなら、明確で重要な知識があってこそ、生徒が様々な概念の間につながりを見つけたり、関係を見つけたりすることができるようになるから。

3. 十分な評価が為されている──教師と生徒が次にどこに向かうのかを知るために、この旅を通して生徒がどこにいるのかをよりしっかりと把握することができれば、生徒一人ひとりが自分自身の出発点から進んでいくことができるから。

4. コミュニティー中心である──なぜなら、初級から上級に至る道は一つとは限らず、教師と生徒たちはお互いに共有し合ったり、学び合ったり、それぞれの学習の進み方について、試みたことやもがきや喜びを分かち合ったり、そのコミュニティーのメンバーが目指す学びの目標を共有したりする必要があるから。

注19：ある意味では、一人ひとりの違いを大切にしない学級経営、ということになると思います。つまり、生徒たちのレディネスも、興味関心も、学習の仕方などもすべてあたかも同じものとして進めるような授業や学級経営をし続けることです。

注20：「いい教室（effective classroom）」や「いい教え方（effective teaching）」の研究はアメリカですでに50年以上にわたって行われ続けています。ブログ「PLC便り」の左上の検索欄に「effective」と書き込んで検索してください。

第 1 章　一人ひとりをいかす教え方：概要　27

　これらの特徴は、十分成果のあがっている一人ひとりをいかす教室にもその
まま当てはまります。そこでは、一人ひとりの生徒が可能なかぎり大切な学習
目標を達成することと呼応する形で、学習環境とカリキュラムと評価と指導と
学級経営が機能しています。本書の以下の章では、これらを関連づける要素の
一つである評価に焦点を当てます。しかしながら、研究と実践が明らかにして
いるように、これらの要素をバラバラのままではなく相互に関連するようにし
ていくことが、生徒の学習と学び手としての彼らの発達にとって大切であるこ
とを忘れないようにしなくてはなりません。

第2章

評価と一人ひとりをいかす教え方：理解のための枠組み

教育学の視点から見て、「子どもはこの特別な状況や関係や出来事をどのように経験したのか？」が常に最も重要な質問であり続けている。

『教育のタクト』[58] マックス・ヴァン・マーネン

　能力のある医師にとって、診断することは基本的な仕事の一つです。確かにそれは、医師が患者との間に信頼関係を築いたり、誠実なコミュニケーションの経路を開いたり、患者が自分のアドバイスに従う気にさせたりするのに役に立ちます。言うまでもなく、医師が自分たちの医療行為を背後で支えている科学に関する確かで最新の知識をもつことも必要不可欠なことです。また、今日の医師たちは、ビジネス感覚をもつ必要があったり、保険制度や、関連法規や、急速に変化している薬剤の状況を常に把握したりしなければなりません。それでも、診断することこそが患者のその時点でのニーズを、可能なかぎり最善の治療とその成果に結びつけるための基盤なのです。診断なしに、医師が初診の患者に薬を処方することはめったにありません。

　教師もまた、生徒との間に信頼関係を築いたり、コミュニケーションの経路を開いたり、生徒が自分のアドバイスを受け入れる気にさせたりする必要があります。教師も医師と同じように、自分の教える領域に関する教科内容や研究について確かで最新の知識を必要としています。また、医学と同じように、教育も多面的な専門領域であり、教師は審判を下す人になったり、サービスを売り込む人になったり、法律家になったり、カウンセラーになったり、交渉人に

なったりしなればなりません。[注1]一人ひとりを効果的にいかす教室では、評価が指導計画を成功に導く基礎なのです。教師にとっての評価は、医師で言えば診断です。一人ひとりの生徒に学力をつけられるかどうかは教師の責任なのですが、その生徒一人ひとりのために最善の指導方法と成果をもたらす計画を立てることができるかどうかは、生徒の現在の学習ニーズを教師が十分に理解できるようになるプロセスにかかっているのです。不幸なことに、診断することをせずに教師が計画を立てることも少なくありません。

　この章の目的は、第3章以降で扱う評価について考えるための枠組みを提供することにありますが、さらに言えば、教室での実践において価値が置かれることの少ない要素としての評価について考えるための枠組みを提供することです。まず、評価の種類について検討します。いつ、何を、なぜ評価するのか、評価のための計画とはどのようなもので、評価が教室の他の要素（学習環境、カリキュラム、指導、学級経営）にどのように影響するのか、といったことを考えたいと思います。その上で、後の章でこうしたテーマを、もう少し焦点を絞って再検討します。

評価の種類

　教室での評価とは、教師の意思決定を助けるために、教室内の情報を集め、統合し、解釈する一連のプロセスのことです。教師が生徒たちを理解したり、教えることと学ぶことをモニターしたり（自分と生徒の出来具合を観察し続けたり）、成果をもたらすコミュニティーをつくり上げたりする手助けとなるような幅広い情報を含むものです。

　教師は次のようなことのために評価を用います。

・生徒の抱える問題を診断する
・生徒の学力について判断する
・生徒のグループをつくる

注1：教師が果たす多様な役割について興味のある方は、『教師　その役割の多面性』がお薦めです。

第2章　評価と一人ひとりをいかす教え方：理解のための枠組み　31

・指導計画をつくる
・上手な学級経営をする。◆1

　本書および『ようこそ、一人ひとりをいかす教室へ』では、指導を豊かにする評価を強調しています。「評価」という言葉はラテン語で「隣に座る」という意味の assidere に由来します。◆60

　教室で重要な評価には二つの種類があります。その二つとは、形成的評価と総括的評価です。形成的評価はしばしば「継続的な」評価とも呼ばれます。形成的評価は、生徒の成長をガイドし、助言し、指示し、励ますプロセスです。主要な学習内容に関して生徒が成長し成功する指導をどのようにすればできるのか理解するために、教師は形成的評価を使って目前のテーマに関する生徒たちの知識や理解やスキルの発達を継続的に見極めるのです。もし、教師が生徒のパフォーマンスについての証拠を集め、その証拠を解釈した上で、指導の次のステップについて意思決定するために使うのであれば、そうでない場合よりもしっかりと焦点化されるので、そのような評価は「形成的」と考えられます。◆65形成的評価には、即時に指導計画の精度を改善する、つまり、短い時間で計画を改善する、という実用的な意図が含まれています。

　学校によっては、「形成的評価」という言葉が、その学年で一定の間隔をあけて実施され、採点業者によって採点され、教師が活用できるように返却される、市販の標準的なテストの成績とそれに付随するコメントとして使われています。注2これは、そのような市販の標準的なテストが、学年末の実力試験に向けて教師が生徒たちを指導する手助けになるという考え方によるものです。この考え方の是非をここでは論じませんが、こうしたテストは本書で言う「形成的評価」に含まれません。こうしたテストによって測られる能力のうちには、すでに記述されたカリキュラムの諸目標に合ったものもあれば、合わないものもあるでしょう。テストの実施とその採点との間には時間差があるので、採点結

注2：この点に関心があるようなら、『テストだけでは測れない！』を読んでください。テストで測れる能力は、人の能力全体の10分の1にもなりません。ある意味で、ほとんど価値があるとは言えない量なのですが、日本をはじめ多くの国では、いぜんとしてそれを10分の10とか10分の9と錯覚してやり続けています。

果に基づいて即座に、そして頻繁に指導を変えていくようなことはほとんど不可能です。

　私たちは、形成的評価を、教師の教室観察と指導行為との有機的で継続的な相互作用のループと考えています。このループが、教育内容と学習者とをより組織的にかつ多元的に理解する教師の能力を発達させるのです。「生徒たちの学習を最大限に生み出し、学校を改善し続けるのは、一つひとつのパフォーマンスとフィードバックとのサイクル[60]」なのです。こうした教室に根ざした評価こそが、生徒の成長をいざなう手助けをする教師の専門性を高めるのです。

　形成的評価には、診断的評価と継続的評価の二種類があります[注3]。すでに述べたように、継続的な評価に言及するときに「形成的評価」という言葉を使う人が多いです。この二つの種類には多くの共通点がありますが、両者の共通点と差異の両方に注意深く目を向けてみれば、この二つを使うタイミングに違いがあるということがわかります。この章の次の節と第3章以降で、診断的評価と形成的評価については詳しく述べる予定です。

　総括的評価は、形成的評価とは異なった傾向と目的をもっています。指導の成果を改善する必要のある場合に、教師と生徒が授業を変えることに形成的評価のねらいがあったのに対して、総括的評価は生徒たちの成果を測ったり、価値づけたりすることを目的としています。ですから、形成的評価ではめったに点数をつけるべきではないのですが（このことについては後で詳しく述べます）、総括的評価はむしろ生徒に点数をつけることになり、生徒のパフォーマンスも、ある程度は、その数字から引き出された情報に基づいて価値づけられることになります。

　ロバート・ステイクは形成的評価と総括的評価との簡潔でよく知られた区別をしています[20]。彼は、形成的評価を料理人がスープの味見をするときに起こるものであり、これに対して総括的評価は、客がスープを味わうときに起こるものだと言っています。前者では、まだ調整する時間があるので、必要に応じて

注3：著者は、日本でなじみのある「形成的評価」の中に「診断的」なものと「継続的」なものがあるとしています。しかし、「形成的評価」に言及する場合にはその多くが「継続的」なものだと言っています。本書では、混乱を避けるために、著者の言う「形成的評価＝継続的評価」を「形成的評価」と訳しています。また、diagnostic assessment と pre-assessment はほぼ同じ意味で使われていますので、本書では「診断的評価」という訳語で統一します。

調整をすることに目標がありますが、後者は、判断に伴う結果のみなのです！

評価のいつ、何を、なぜ

　一人ひとりをいかす教室における評価を考えるには、いつ、何を、なぜ評価するのかという観点から見てみるのが効果的です。

いつ評価するのか
　一人ひとりをいかす教え方では、学習のユニットが始まる前に（診断的評価）、学習のユニットを通して（形成的評価）、そして学習のユニットの終わりや仕上げで（総括的評価）、生徒の状態をそれぞれ評価することが求められます。
　事前の診断的評価は、学習目標としての知識・理解・スキルばかりでなく、学習を進めていく上で不可欠な必須の知識・理解・スキルをもとに、生徒の出発点を定める助けになります（これは、生徒のレディネスに最も関連することです）。診断的評価は、生徒の興味関心と学習の好みに関する意識を育てていく上で役立つものでもあります。
　形成的評価は、生徒の知識・理解・スキルが、主要な学習内容についての誤解も含めて、次第に育っていくのを教師が丁寧に見極めていく助けになります。診断的評価と同様に、形成的評価も、生徒の多様な興味関心と学習へのアプローチを明らかにする役割を担います。
　総括的評価は、学習目標としての知識・理解・スキルに関して、学習のユニットの指定された終着点やチェックポイントでの生徒の状態を価値づけるものです。例えば、そのユニットの一段落したところや、採点期間の終わり、学期末、学期の中間などです。
　一人ひとりをいかす教え方では特に、診断的評価と形成的評価に力点が置かれます。
　一人ひとりをいかす評価には、インフォーマルなものとフォーマルなものがあります。
　インフォーマルな評価には、教室への入退室時に生徒たちと会話すること、課題に取り組んだりグループで学習したりする生徒たちを観察すること、校庭

で遊んでいる生徒や昼食時の生徒をよく見ること、自分たちが実践しているスキルに彼らがどの程度自信をもっているかということを意思表示するために手の合図や色づけされたカードを使うように求めること、帰宅後に保護者に生徒についての情報やコメントをノートに書いてもらうこと、などがあります。インフォーマルな評価は、ある時点でクラスが全体としてどのように行動しているのかを吟味する見取り図を提供し、特定の生徒がある状況でどのように学習しているのかということについての感覚を得たりしながら、何が生徒たちを動かしているのかということについての情報をもたらします。こうしたインフォーマルな評価は、特定の学習目標や一連の学習目標群について、クラスの一人ひとりの生徒の状態を明らかにすることには役立ちません。

　一方、フォーマルな評価（本書の後半でページを割いて論じています）には、アンケート調査、小テスト、出口チケット[4]、フライヤー・ダイアグラム[5]への記入、テーマに関して素早く書くこと[6]、宿題チェック、生徒の学力・興味関心・学習へのアプローチなどについて意識的につけたメモのようなものがあります。インフォーマルな評価とは異なり、フォーマルな評価は、特定の学習目標や一連の学習目標についての生徒全員のデータを提供してくれます。それによって、教師は指導のための意思決定を組織的に検討でき、生徒も重要な学習目標に関して吟味検討することができるのです。

何を評価するか

　レディネスと興味関心と学習履歴という、学習に影響を及ぼす少なくとも三つの面で生徒たちは多様性を示します。第1章に書いたように、レディネスはいまの学習目標（知識・理解・スキル）に生徒がどれほど近いのかということ

注4：「出口チケット」は、1～3分ぐらいで、授業で学んだことなどを簡単に書いてもらう紙片のことです。「ticket out the door（ないし exit ticket や exit slip）」で検索すると、実際にそれがどういうものか見られ、いろいろ工夫していることがわかります。教師にとっては、それに目を通すことによって次回以降の授業の修正・改善にいかすことができ、生徒たちにとっては、授業の振り返りに役立つので、一石二鳥です。

注5：62ページの注16を参照してください。

注6：「テーマに関して素早く書くこと」は漢字や文法等の間違いを気にせずに短時間でできるだけたくさん書くことが目的です。書いてあることで、教師は生徒が何は理解できていて、何は理解できていないかを判断することができます。

と関係します。興味関心は、生徒を引きつけ、やる気を引き起こし、生徒の情熱と一致するテーマや概念やスキルと関連します。学習履歴は、生徒が好んでいる学習スタイル[注7]や学び方の好みに関係しています。これらの領域での生徒たちの違いを理解しているなら、教師は自分の計画をうまく絞り込むことができるでしょう。この三つのうちで、生徒のレディネスを理解するためには、継続的な評価と評価情報の分析を進めることが必要になります。それによって、教師はカリキュラムと指導を計画することができ、結果的に一人ひとりの生徒が自分の現在の入り口から前に進んでいくこともできるのです。

なぜ評価するのか

専門家たちは、評価の目的を示すために、三つの前置詞を使っています。彼らは、指導した結果の評価（assessment of instruction）、指導のための評価（assessment for instruction）、指導としての評価（assessment as instruction）のそれぞれを区別しているのです。[◆13・20]

指導した結果の評価は総括的なもので、学習の流れの終わる時点で、学習内容の総体や一連の学習目標としての知識・理解・スキルを、生徒がどの程度習得しているのかということを見極めるのに特に役立ちます。総括的評価の結果は、習得の程度を反映した点数であらわされます。

指導のための評価は、生徒たちの知識・理解・スキルの現状から効率的かつ効果的に成長させることができるように実行された指導計画の評価に基づいた情報を、教師が活用することを強調します。指導のための評価は、生徒たちの興味関心や学習履歴を理解したり、それらに対処したりするときにも役立つでしょう。指導のための評価に点数をつけなければならない場合はごく稀にしかありません。生徒が学力の様々な領域や、いっそうの注意が必要な領域を明瞭

注7：生徒一人ひとりの学び方の好みのこと。歴史を学ぶときに、教科書を読んで自分なりのノートにまとめることが好きな生徒もいれば、ユニットのテーマに関する歴史物の小説をたくさん読んで学びを深めようとする生徒もいます。両者ともに熱心に学ぼうとしている点では共通していますが、学び方の好み（学習スタイル）が異なっているのです。それらをいかす必要があると著者は述べています。

注8：これは、診断的評価と形成的評価の両方を指していますが、圧倒的に比重が大きいのは診断的評価です。

に理解することをフィードバックによって助けることの方が、点数をつけることよりずっと役に立つのです。なぜなら、学習して能力を磨き続けている生徒たちに、拙速に点数化したり判断を下したりすることは、せっかく学習に夢中で取り組んでいる彼らを不安にさせる環境をつくり出すことになってしまうからです。

　評価が教えることと学ぶことの重要な部分となることをねらいとするのが指導としての評価です。生徒たちが評価に関する自らの学習[注9]を特定の学習目標と比較し、重要な学習目標としての知識・理解・スキルに関する自分自身の成長を自覚するようになり、その学習内容についてうまくいったことをさらに深めたり、友だちが同じようにできるよう手助けしたりするのに必要なスキルを発達させることにその目的があります[注10]。

評価のための計画

　診断的評価や形成的評価を一貫して使う教師は、カリキュラムや評価や指導を計画するときに、一連の質問を自問します。こうした質問は、教えることと学ぶことの性質や指導計画に関する教師の思考を豊かにしてくれます。同時に、教師が何を教えるか、何を評価するか、教えることと学ぶことのプロセスにおける教師の位置はどのようなものなのか、といったことを一体化したり、調節したりするための計画も提供してくれます。以下に紹介するのは、極めて重要な質問とそれぞれについての簡単な説明です。

・ このユニットと子どもたちに**価値ある学習経験を提供するための学習目標**（知識・理解・スキル）は何か？
　学習目標と評価と指導との間には親密な関係がなければなりません。そうした関係は、一つの教科や内容領域が意味のあるものになるために、どのように

注9：従来は、指導と評価は別物と扱われてきました。「評価に関する自らの学習」とは、例えば、パフォーマンス評価やポートフォリオ評価のように、評価と指導（学び）が切り離せないもの、評価すること自体が教えることや学ぶことと一体になっているもののことを指しています。

注10：以上の説明からわかることは、日本で行われている評価のほぼすべては「指導した結果の評価」で、残りの二つは残念ながらまだほとんど実践されていない状況が続いているということです。

構造化されているのかということについての、教師の明瞭な理解から生まれてきます。そうした理解は、子どもたちに価値ある学習経験を提供するための学習目標と関連する価値ある情報を教師に提供してくれます。

それは、①十分な情報をもとに学習内容に取り組んでいく上で必要な知識、②テーマを展開させるために機能する原則や重要な概念（理解）、③大切な知識を使ったり、主要な理解を実行したりするために生徒がもち、発達させなければならないスキルです。これらの学習目標としての知識・理解・スキルはユニットの内容の枠組みを形成するだけでなく、診断的評価、形成的評価、総括的評価の焦点を明瞭に示すとともに、指導の中心を規定します。明確な学習目標としての知識・理解・スキルがなければ、カリキュラムにも評価にも指導にも指針が立たなくなるのです。

・ **生徒たちがそのユニットや学習経験から習得する最も大切な学習目標は何か？**

もしもその学習ユニットにあまり多くの内容がなければ、教師は多くの生徒によい点数を取らせるように教えることはできるでしょう。ですが、それらの内容は、その教科や内容領域で生徒の能力や自信を育てていく上で、誰にとっても同じ価値をもつわけではありません。

短期間にあまり重要とは思えない内容を大量にカバーする教え方は、頭を使ってじっくり考えることにはなじまないのです。そうした教え方は学習者を学習内容にしっかり取り組ませることにはなりませんし、理解を導くこともありません。効果的な指導は、何が一番大切なのかに焦点を絞り、その一番大切なことを生徒たちができるように助ける教師の能力にかかっていると言ってもいいでしょう。
◆37・45・64

・ **最も大切な学習目標のどれが今日の授業の中心となり、この授業を振り返る形成的評価の焦点になるのか？**

ユニットの計画は、その学習ユニットの範囲で最も大切な知識や理解やスキルを提供します。そのユニットの一つひとつの授業は、学習目標としての知識や理解やスキルを細かく分けて、その授業では何が重要かを明らかにします。

学習目標としての知識や理解やスキルについて明確にすることは、ユニットのレベルでも授業のレベルでも焦点を絞って教えるために極めて重要なことです。生徒たちがその学習目標の中で一番大事なことについて学力をどの程度身につけているかを見極めるために、焦点を絞った評価をしていくことも、それと同じくらい重要です。

そのユニットの中のすべてのことをチェックしていくことではなく、生徒たちがどのように重要な学習目標としての知識や理解やスキルを身につけているか見極めることが診断的評価や形成的評価の目標なのです。

・ **大切な学習目標について、生徒の状態を見極めるために、どういう方法や仕組みを使うのが一番よいのか？**

診断的評価と形成的評価のためには多くの方法を使うことができます。生徒が課題に取り組んでいるのを観察してメモをとること、生徒がジャーナル[注11]に書くこと、すぐに答えることのできるクイズ、生徒たちの挙手による反応、入口チケット[注12]、生徒の書いた文章をざっと読むこと、などです。ある方法が他の方法よりもすぐれていると判断する基準は、方法そのものではなく、方法と評価をする状況が一致しているか否かです。

評価の状況とは、教師が評価したいこと、評価のために実際使える時間、評価を振り返ったり、指導を計画したりするために使える時間のことです。さらに、生徒が情報や知識を習得したかどうかを評価するのに極めて効果的な方法があるかもしれませんし、込み入ったスキルを応用する生徒の能力を評価するために最適の方法もあるでしょう。

・ **そのユニットや学習活動に入るときに、生徒が事前にもっていた方がいいと仮定しているスキルは何か？**

最近のことですが、ある中学校教師が、同僚の教師たちに、前の年の理科の

注11：板書を写すノートとは違い、自分の考え、疑問、思い等が書けるもののことで、生徒自身の振り返りとメタ認知を練習するための媒体のことです。詳しい使い方については、『増補版「考える力」はこうしてつける』の第6章をご覧ください。

注12：「出口チケット」に対して、教室への入室時＝授業の始まる段階で書いてもらうアンケートのようなものです。

授業で大切なことをまったく学んでいない生徒たちに悩まされることが多くなってきたと力説していました。「子どもたちがそうしたことを知らないとすれば、指導力の乏しい教師に何ができるのかわからない」と彼は言いました。そして少し間を置いて、次のように付け加えたのです。「でも今年はちょっと戸惑っているんだ。なぜなら、去年彼らを教えた指導力の乏しい教師はこの私なのだから」。

　私たちは、これまで何度も学ぶ機会があったはずなのに、形容詞なんて聞いたこともないと言う生徒や、分数の割り算の仕方を知らない生徒や、絵を描くときに遠近法で構図をつくれない生徒を前にするとがっかりしてしまうものです。多くの教師は、かなりの数の生徒がその授業で扱う教材を十分に読みこなす力がないことに気づくと、愕然とすることでしょう。むしろ、生徒たちは基礎的な知識や理解やスキルを備えて授業にやってくるものではないと考えた方が賢明です。

　生徒たちが知っていること、理解していること、できることについて自分に無条件の思い込みがないか、しっかりと考え直してください。その上で、診断的評価と形成的評価を使いながら、その思い込みを「テスト」するのです。

・ **現時点でのそれぞれの生徒と、学習目標としての知識・理解・スキルと事前にもっていることが望まれるスキルとの関係はどうか？**

　一つのユニットや、学習の特定の部分の学習目標としての知識・理解・スキルを明確にしたら、生徒たちがそれらや学習するための予備知識等をどれだけもっているかを明らかにするための評価を考えるのです。そして、学習目標としての知識・理解・スキルの構成要素それぞれについて一人ひとりの生徒がどのような状態にあるのかを見極めるのです。

・ **評価からわかったことをどのように解釈し、どのように活用すればいいのか？**

　生徒が基礎的な事実を捉えたか、自分の立場を守れたか、抽象的な概念を解釈することができたか、あるスキルを新しい場面で応用できたか、グラフの解釈ができたか等を理解するために、今日実施した形成的評価を吟味しています

か？

　そのユニットの診断的評価で大事なのは、次のようなことについて目を向けることです。例えば三つの重要語を定義することができて、それを応用することのできる生徒がいること。そうした重要語を定義することはできても、それを応用できない生徒がいること。両方とも少ししか（十分には）できない生徒がいること。そして、どちらもまったくできない生徒がいるということに。また、今日の授業の一部で扱った数学の問題の解き方を再現することはできても、そのやり方を説明できない生徒もいるでしょう。

　診断的評価と形成的評価は、点数をつけるためにやるものではなく、こうした様々なパターンを見つけるためにやるものです。繰り返しになりますが、これらの評価は、学習内容とその構成を教師が明確に把握していくことによって可能にします。

・**クラス全員の知識・理解・スキルをいまよりも伸ばすために、こうした評価から得ている情報をどのようにいかすことができるのか？**

　これは「次は何？」を明らかにするための問いです。

　15分や30分の単位を用いて時間を言えるようになった生徒に、次は何をすればいいのでしょうか？　もし、私が教える前に何人かの生徒はすでに時間を15分や30分の単位を用いて言えるとしたら、そのスキルを残りの生徒が使えるようにする間、彼らの時間をもっと有効に使うために何をすればいいのでしょうか？

　もし、農業は何かということについて何人かの生徒がまったく考えをもっていないなら、農業革命についてのもうすぐ始まるユニットについて、どのようにその生徒たちを確実に準備させればよいのでしょうか？　もし私の受け持つ生徒たちが知識の獲得と応用がすでにできるなら、自分たちが学んだことを新しい状況で応用したり、新しい知識をつくり出したりすることができるように、彼らをどのように導けばよいのでしょうか？　もし四人の生徒が文章を要約することができないなら、たとえそれが3年前に獲得しておかなければならなかったスキルであったとしても、このスキルを彼らに教えるために何をする必要があるのでしょうか？

「次は何」をするのがいいのかという質問に答えるためには、教師が知識と理解とスキルによって指導の流れを理解する必要があります。そして、それらの指導の流れの中に生徒たちを位置づけたり、生徒たちが次の学習のステップを見つけることができるように、その流れの先の方に進むか、後ろの方を振り返るか考えて準備したりする必要があります。「教師は、自分の授業のねらいを理解し、生徒全員のための規準を彼らがどれだけ達成しているかを理解し、そして、生徒の現在の知識や理解と、その授業やユニットの到達目標との間の差に照らして次にどこに向かえばいいのか理解する必要があります」[27]。

・ 一人ひとりの進捗状況をどのように記録すればいいのか？

すべての生徒がいつも同じ知識や理解やスキルについて同時に学習することは、一人ひとりをいかす教室では想定されていません（どの教室でも想定できません）。

教師は、生徒が習得したことや困難を抱えていることを記録しやすくなるような、重要な学習目標としての知識・理解・スキルをリストアップするのに、どのようなチェックリストをつくればいいのでしょうか？　生徒一人ひとりのページや能力別に生徒の状況を書き込めるリストがあって、フォーマルな評価やインフォーマルな評価の後に、教師がエピソードを書き込めるノートをつくることに意味があるのでしょうか？　生徒たちに自分の成長について記録をつけさせる方法があるでしょうか？　一人ひとり別々のスケジュールに沿って生徒の進捗を見極めることは難しいことではありませんが、教師がよく準備したり、目標を明確にしたりする必要があります。

・ 生徒に自分の成長についてもっと理解し、努力するようにさせるにはどうすればいいのか？

学校での学習と評価は自分たちのためというよりも、自分たちに対して行われているものと捉えている生徒は、少なからずいます。その結果として、彼らはその学習のプロセスで自分たちが力を発揮できたり、役に立ったりしたとはあまり思わなくなります。学校の主な目的は、生徒たちに学習者として自らの成長に対して責任をもたせることです。そうすることで能力と自信は生徒たち

のものになります。

　評価を正しく使えば、生徒たちに学習のプロセスや学習者としての自分自身について教えることになります。生徒が学習目標を明確に理解して、常に自分の学習をそのような目標に関連づける機会をもち、教師から有意義なフィードバック[注13]を得て、そのフィードバックをいかすような計画をつくり、自らの行動が改善された学習において成果としてあらわれた証拠を理解すれば、生徒は成長マインドセット[注14]を発達させ、それを動機と結び付けて自分のために一生懸命学習し続けるようになるでしょう。

　あらゆる年齢の生徒は、この学習のループを理解し説明するという経験を常日頃からもつべきです。「これが私の学習目標だ。これが私の学習の強みだ。これがまだ私の成長すべき領域だ。これが、クラスでも家でも、自分のできる方法だ。これが、自分の努力の結果として進歩している内容を知る方法だ」というぐあいに。

　評価の力は、教師がそれを自分が教えるための情報を手に入れるためばかりでなく、生徒一人ひとりの学習に対して情報提供される形で使われた場合にいっそう強化されます。

・ 一人ひとりをいかす教え方・学び方はどう機能するのかを生徒がよりよく理解できるようにするために、どう評価すれば助けになるのか？

　一人ひとりをいかす教室では、たいてい教師が生徒たちとの間に、理解と実践のためのパートナーシップを意識的に築いています。[◆54] 教師から生徒へのメッセージは次のようなものです。

　「今年はきみにとってすばらしい一年になってほしいと思っています。それを実現するためには、きみのことをよく知る必要があります。そうすることで常に、きみの学びの次のステップを最善のものになるように手助けできます。

注13：協力者の一人から、「その方法でベストなものがあれば是非知りたいです」というコメントがありました。「ベスト」な方法の一つとして「教師と生徒のカンファランス（個別の話し合い）と生徒同士のカンファランス」をあげることができるでしょう。「カンファランス」は「大切な友だち」という方法と置き換えることができます。その実際については『作家の時間』や『言葉を選ぶ、授業が変わる！』を読んでいただけるといいと思います。

注14：第1章5ページの「成長マインドセット」についての注4を参照してください。

第2章　評価と一人ひとりをいかす教え方：理解のための枠組み　43

きみがこのクラスで共有したいいろいろな考えについて私は学ぼうと思っているけど、それと同じぐらい一生懸命きみ個人についても学びたいということです。きみには、学習者としてどういうときによく学べるのかを教えてほしいし、教室の中での学習を助けてほしいと思っています。そうなれば、クラスのみんなにとって有意義な形で、私とみんなが一緒に学習できるようになるから」。

　教師がその一年を通して、こうしたメッセージを伝えたり、実行したりするにつれて、生徒たちは次のようなことを理解し始めます。

・自分が個人として、その教師にとって大切であること。
・一人ひとりの生徒が重要な目標に関連してどこにいるかを、教師は継続して把握しようとしていること。
・教師は、生徒たちの学習をサポートしたり、ときには彼らが関心をもっていることに関連づけたりしながら、彼らが今いる地点からさらに発達し成長していくことができるような機会を創造しようと、生徒たちの評価からわかったことをもとに行動していること。

　そのプロセスで、生徒たちは、評価することは、教師が自分たちの次のステップや興味関心や学習へのアプローチを理解する手助けになると理解するようになるのです。

　教師が生徒たちに多様な課題を課すときに、教師が誰を一番好きかとか、誰を賢いとか賢くないと考えているかということでその課題が決まるわけではありません。むしろ、そうした課題は、しっかりと想定された成果に向けての一人ひとりの進み具合に関する教師の評価（フォーマルとインフォーマルな評価の両方）から生まれるのです。そのようにしっかりと想定された成果は、生徒たちがお互いに学力を高め合う手がかりにもなります。このように教師と生徒が互いに理解し合い、共有し合いながら成長への旅路を歩むことによって、秩序と柔軟性を備えた教室ルーティン^{注15}を確立し維持していくための共通の原理がもたらされるのです。

注15：日々の授業運営を円滑に進めるための「取り決め」のことです。25ページおよび15ページの
　　注13を参照してください。

評価と教室の他の要素とのつながり

　カリキュラムの主要な学習目標として設定された知識・理解・スキルが形成的にも総括的にも評価できるものになっているならば、カリキュラムと評価がしっかりとつながっていることは明らかです。逆に、形成的評価やある程度は総括的評価によって掘り起こされる生徒の進み具合についての情報があれば、現在の知識・理解・スキル習得の現状からさらに生徒を成長させる支援となる指導を教師が計画しやすくなります。そして、評価と「豊かな高みを設定して教える」ことを重要な関係としてつなぐことはまた、質の高いカリキュラムの原則の一つでもあります。明確で高く設定した学習目標としての知識・理解・スキルを背景にして生徒の進み具合を計画的に見極めることは、生徒のパフォーマンスを計画的に改善することにつながります。そうすることで、「ごくわずかな生徒によってしか到達できないとても高いものと捉えられていた目標が、多くの生徒たちにとって可能な目標になるのです」[61]。

　一人ひとりをいかす教室は、評価と学習環境との間に重要な関係があることや、評価と学級経営との間に重要な関係があることも示しています。教師が、生徒を審判のように裁くのではなく、常にその能力と自立性を育てていくために評価をすれば、環境は生徒に安心を感じさせ、見通しのもてるものになります。一人ひとりをいかすために用意される課題は、評価によって得られた情報から導き出されたものだということを生徒に理解させることが大切です。それができれば、生徒は自分たちが次の適切なステップに進めるようにすることを教師が目指していると理解するようになるのです。こうした意識をもてるかどうかが、一人ひとりをいかす教え方のよさを生徒たちが理解し、それに貢献する鍵となり、生徒の学習を成功に導く支えとなる教室の共有されたヴィジョンと日々行われるルーティンの核となります。

　明確でダイナミックな学習目標があり、一貫した形成的評価によって生徒の進捗状況が見極められ、一人ひとりの生徒が成長に必要な学力を発達させることができるように調整された指導がなされるなら、総括的評価や審判のように裁く評価が為される場合でも、生徒の成功の見通しは極めて高いものになるのです。

第**3**章

診断的評価：ユニットの開始時に
おける生徒の実態把握

　学びに影響する最も重要なただ一つの要因は、生徒がすでに何を知っているか
である。何を知っているのかを把握し、それに応じて教えるべきである。

『教育心理学：認知の観点』デビット・オーズベル[4]

　私のある同僚が水泳を習い始めたときのつらい経験を話してくれました。彼
女にとって第1回目の水泳教室のとき、コーチが生徒に対して三つのグループ
のどれに入るかを決めてプールサイドに並ぶように言いました。「まだ泳ぎ方
がわからない人はここに並びなさい」とプールの浅い方を指しながら言いまし
た。次に「浮くことはできるけれど、水をかいて泳ぐことがまだうまくできな
い人はここに並びなさい」とプールの中央付近を指して言いました。そして「泳
ぎに自信のある人は、スタート台の近くに並びなさい」と言いました。その同
僚の父親は、人生においてやりたいと思ったことは何でもできるのだと、彼女
が幼いときから言い聞かせていました。彼女はそのとき自信のある泳ぎ手にな
りたいと思っていたので、スタート台近くのグループに並んだのです。コーチ
がそのグループに対してプールに飛び込んで泳ぐように言いました。そして彼
女は、重力とは何かを痛いほど実感することになり、コーチは、ズボンとポロ
シャツと運動靴を身につけたまま、彼女を救い出すために水に飛び込むはめに
なったのです。

　この話は思い出としてみればユーモラスなものです。しかし、泳げるように
なりたいとそのときにやる気をもっていた子どもにとっては、笑い事ではあり

ませんでした。そのときに身につけているスキルでは要求度が高すぎるカリキュラムのもとで、学びについていけずにいる多くの生徒にとっても、このユーモアは笑い事ではありません。競争して泳ぐことのできる生徒や他の経験不足のクラスメイトが水に顔をつける練習をしている間、プールの浅いところで立って待っているように言われる生徒にとっても、それは同じです。

　診断的評価を一貫して効果的に使う教師は、これから取り組ませようとしている学習内容について、多様なレベルの生徒たちが持ち込むと思われる出発点が何かを理解することなしに「カリキュラムをカバーする」つもりはないということを、間接的に表明しています。診断的評価はまさにユニットの学習が始まろうとするとき、それぞれの生徒にとって適切な「プールでの立ち位置」を教師が決めるのに役に立ちます。

　生徒についてのインフォーマルな診断的評価は、少なくとも二つの方法で可能です。

　一つ目は、教師が学年の始めや、週や月の途中で、生徒たちを観察したり彼らと話をしたりするときに評価する方法です。これによって、教師がユニットをどのようにつくり、一人ひとりをいかすものにできるかを見極めることができます。例えば小学3年生の教師が、自分のクラスに犬にとても興味をもっている生徒が7人いると知ったならば、伝記的な作文を書くための準備としてのインタビュー学習の際に、獣医師やドッグショーをする人にインタビューするという選択肢を用意することができるかもしれません。

　社会科のユニットを始めるときに、中学校の教師は扱うテーマについて興味関心を生徒がどの程度もっているか診断的評価を行うために、よりフォーマルではあるけれど間接的な、もう一つの方法をとることができるかもしれません。例えば自分の現在位置を緯度や経度を使って示すことについての興味関心の程度がどの段階にあるのかを、手を使ったサイン（指一本〜三本で自信の度合いをあらわす）を使って表現するように頼んだりすることです。両方とも、教える計画を立てるのにかなり役に立つ情報を教師に提供します。

　しかし、いずれのアプローチも、教師が生徒の学習活動を引き出したり吟味したりするときに行う診断的評価のためのフォーマルなアプローチほどには、学習や復習のための体系的ないしは利用可能な情報を提供してくれることはな

いでしょう（59 ページ、61 ページ参照）。この種のインフォーマルな診断的評価は、生徒たちのスタート地点を見定めるという明確な目的のために、一人ひとりをいかす仕組みの一部であるべきです。それはすなわち、次の学習のユニットの計画の指針になるだけでなく、生徒を理解したり生徒とつながりをもったり、生徒から信頼を得たりする助けとなる情報を、教師が継続的に注意深く収集していくことです。インフォーマルな診断的評価は、第 4 章で詳しく説明するインフォーマルな形成的評価よりも一般的なものにはなっていません。

　本章では、生徒のレディネス、興味関心、学習履歴に関するよりフォーマル[注1]な診断的評価について、それぞれのカテゴリーの説明と例を示しながら検討していきます。また、診断的評価で得られた情報を授業の計画を立てるためにどのように理解し、用いていくのかという大切な問いについても探っていきます。

学習目標としての知識・理解・スキルに立ち戻る

　診断的評価の計画立案に関する議論を始める時点で、ユニットを学習した結果として生徒が獲得すべき知識・理解・スキルは何なのかを教師が明確にすることの重要性はあまり意識されないものです。

　次に学習するユニットで必要なすべての知識・理解・スキル（あるいは、必要となる予備的な知識・理解・スキル）のすべての例を探し出すことは診断的評価の目標ではありませんが、そのユニットの中で何が最も大切であるかを例示することはとても重要なことです。それゆえ、診断的評価を始める前に、例えばそのユニットの中の重要な語彙の例（「知識・理解・スキル」の中の知識の要素）、そのユニットの意義と重要性に関わる基本的な理解（「知識・理解・スキル」の中の理解の要素）、そしてそのユニットの中で生徒ができるようになる内容面のスキル（「知識・理解・スキル」の中のスキルの要素）を明確につかんでおくことが、教師には必要です。

　スキルに含まれるものには、単に基礎的なスキルだけではなく、クリティカルに思考すること（応用すること、比較すること、対照すること、議論を支持

注 1：レディネスについては、15 ページを参照してください。

すること、事象や問題を多様な観点から見ること、共感すること、推論の欠点に気づくこと、事柄を関連づけること[注2]）や学問固有のスキル（たとえば、一次的な歴史資料の使用、科学的思考、比喩的な言葉の効果的な使用、数学的な推論、展示するための美術作品の準備など）も含まれます。

　内容に関する到達目標はこれらの範囲のスキルのすべて、あるいはいくつかのスキルについて、方向性を示すものであるかもしれません。しかしながら、一揃いの到達目標がカリキュラムだというわけではありませんし、そう考えるべきでもありません。むしろ到達目標はカリキュラムにとっての構成要素です。ダイナミックなカリキュラムが教師に求めるものは、対象となっている構成要素（到達目標）とその学問分野の性質や意図とを上手に結びつけるだけの内容知識です。その知識によって、教師は構成要素についても学問分野の性質についてもうまく説明ができるし、その学問分野固有の「語り方」に学習者が親しんだり、それを使って話したり、それを理解したりできるようにサポートできるのです。

　言い換えると、教師はそのユニットが生徒たちにどのような「ストーリー」をもたらすことになるのかについて理解していなくてはなりません。その「ストーリー」のおかげで、生徒たちは自分の学びの入り口を見つけるために、何を手本とすればいいのかがよくわかるようになるのです。

柔軟に思考すること

　診断的評価は固定化された処方箋や物事に取り組むときの決まったやり方として考えるよりも、むしろ教師が生徒の学習のニーズに関する理解の幅を広げるための柔軟性のあるプロセスとして考えることが有効です。このように考えることは、診断的評価の用い方をより深く考えるときに役立ちます。例えば診断的評価を行う対象や程度、時期は、生徒の背景やユニットが必要とする事柄によって変化するものです。

　教師はユニットに関連した知識についての学びへの入り口を評価したいと

注2：21 ページの注 17 を参照してください。

きもあれば、生徒が特定のあるスキルをどのように用いるのかを評価したいときもあり、さらに学習を進めていく際のガイドとなる概念や原理を生徒がどのようにつくり上げるのかを評価したいときもあります。しかしながら、たいていの場合、これらの点をすべて考慮することが大切です。なぜなら、これらの点はユニットの内容について様々な学びへの入り口にいる生徒を理解する上で、そして授業が学習者のニーズにしっかり一致するよう包括的に計画を立てる上で、どれも大切だからです。教師が診断的評価を準備するときに第一に考えるべき問いは、簡単に言えば「ここで私が測ろうとしている知識・理解・スキルはそれぞれ何なのか」ということです。

　教師は、次に学習するユニットの一部についてだけ診断的評価をしたいときもあるでしょう。一例を挙げると、ある数学の教師は生徒がこれまで理解を蓄積してきていると感じている二次方程式に関する複雑なユニットの初期の概念についてだけ、診断的評価を行いたいと考えました。そのため、その教師は4週間のユニットのおおよそ第1週分の内容について診断的評価を行い、残りの内容についての診断的評価はその後で行うことに決めました。

　また、ときには診断的評価はユニットが始まる前よりも、むしろ始まった直後に行うのがベストの場合もあります。一例を挙げると、ある幼稚園の先生たちは、対称や非対称の概念を学ぶまでは、子どもたちはそれについてほとんど知らないと感じていました。一方、その教師たちは、子どもたちの中には対称の概念に出合ってすぐに基礎的な考え方を理解する子もいるし、それを理解して応用するのにもっと時間がかかる子もいると感じていました。

　そこで教師たちは、生徒に対称と非対称の言葉を説明し、典型的なモノを使ってこれらについて例を挙げて説明する授業をすることにしました。その翌日と翌々日、子どもたちが他の内容の活動をしている間に、紙でできた図形の入った袋を一人ひとりに渡し、二つの概念の理解度について診断的評価を行いました。子どもたちは袋から三つの図形を取り出しました。そして、それぞれが対称か非対称かを説明し、その答えの理由を詳しく話しました。

　もし教師たちが診断的評価を行う前にこれらの概念を紹介していなかったなら、こんなにもたくさんのことが診断的評価によって明らかにはならなかったでしょう。生徒の反応や説明を聞くことを通して、ある子は予め必要な基礎的

な言葉が不足しているためにその概念の理解をさらに前進させるのが難しいことや、ある子は言葉が豊富であるために教師たちが想定していたよりも早くその概念を扱うことができるようになることが、明らかになりました。診断的評価の結果は、対称と非対称の概念を学び、応用するためのレディネスが子どもによって幅があることを踏まえながら、教師たちが子どもたちのために授業計画を立てる指針となりました。

生徒のレディネスについて診断的評価を行う

生徒のレディネスの診断的評価には、二つの役割があります。一つ目の役割は、次に学習するところの基礎となる予備的知識を生徒がもっているか否かを、教師が明確に把握することができるようにすることです。予備的知識について評価することで、生徒がある学年段階のレベルであればすでに習得していると教師が想定している知識やスキルについて、生徒による違いと誤解を見つけることができます。誤解や生徒による違いは、多様な理由（例えば、間違って教えられたためとか、生徒の過去の経験からとか、あるいは忘却したため）で起こりますが、授業を通して誤解や生徒による違いを取り扱うのは大切なことです。なぜなら、生徒が新しい内容をいま自分がもっている内容のスキーマの中[注3]に取り入れているということを示唆している証拠があるからです。[◆56]生徒の誤解を最初に把握したり解消したりせずに、そして生徒の知識・理解・スキルにおける違いを把握せずに、新しい内容を教えたならば、誤解は根強く残り、生徒による差はさらに広がることになります。これら二つは、目指そうとしている授業を確実に妨げることになるのです。

生徒のレディネスの診断的評価の二つ目の役割は、ユニットの新しい内容の習得レベルについて教師に情報を提供することです。それによって、その内容についての生徒の多様な習熟度に応じた目標を授業に設定することができます。生徒たちが何も知らない白紙の状態であるとか、まだ学習していないのだから（あるいはまだ私たちは教えていないのだから）新しい内容については一切知

注3：人間がそれまでに蓄積している体験や知識がまとまった枠組みのことです。

らないと決めつけないことが大切です。生徒がすでに習得している概念やスキルをもう一度教えることに時間を使うのは、知識やスキルに重大な誤解があったり、生徒の間に明らかな差があったりするにもかかわらず、新しい内容に入っていくのと同様に、時間の無駄です。いずれのケースも、ほとんど学習上の進歩は得られないでしょう。

　特定の診断的評価が一定のユニットで最善の役割を果たすことを理解した上で、教師は以下に示す診断的評価の質を保証する五つの指針をガイドとして使うことができます。

指針１：診断的評価は、生徒が身につけるべき最も重要な学習目標としての知識・理解・スキルを対象としており、指導の計画を立て始める時点での生徒の知識・理解・スキルと関連している。

　ここでは、典型的な例として「生徒は多角形の周囲の長さを求めるために適切な単位と計測器具を選択し使用する」という小学３年生の図形のユニットを取り上げます。この到達目標について診断的評価を行うために、それぞれの辺の長さが示されている多角形の図を生徒に示します。生徒がすることは、多角形の周囲の長さを求め、自分の求め方を示しながら説明することです。図3.1の例では、生徒たちは周囲の長さを決定するようには特に求められておらず、

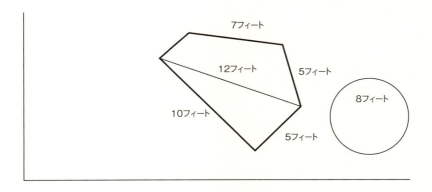

多角形の周囲の長さを答えなさい。答えの求め方を示して説明しなさい。

図3.1　生徒のレディネスを明らかにするために計画された診断的評価

むしろ周囲の長さについての知識を使うことが求められています。円や枠は該当しない選択肢（これらは多角形ではないので）であり、「多角形」や「周囲の長さ」という概念を理解していない生徒を特定するために付け加えられたものです。また質問の指示は、答えを計算する方法についての手続き的な理解を引き出すものです。この問題は、言葉（多角形と周囲の長さという言葉を含む）についての生徒の「知識」、多角形と周囲の長さの概念が役立つ方法についての「理解」と、周囲の長さの計算およびその計算での考え方の過程の説明における「スキル」を対象としています。

指針２：診断的評価では、教師が集めようとしている情報を収集するのに適切な方法を用いる。

　授業の目的が科学的な探究のプロセスに関する生徒の理解を育てることであるのなら、現在の理解のレベルを測定する適切な一つの方法は、診断的評価に関するリストに用意されている探究のプロセスの中の異なる構成要素と補助的な構成要素との関係を示す概念図[注4]を生徒たちに描かせることです。しかし、もしその目的が、南北戦争がいつどこで起こったかに関する生徒の現在の知識の情報をただ集めるだけなら、最も適切な診断的評価の方法は、特定の戦闘についての日付と場所を生徒に示して答えさせることでしょう。それらの事実に関する知識は、授業の開始時の入口チケット[注5]や終了時の出口チケット[注6]か、筆記によるクイズ形式の質問で収集することができます。教師が理解や応用・活用を目指して教えることを意図しているのであれば、診断的評価は（形成的評価や総括的評価でも同様ですが）、ただ単に知識レベルの反応を求めることよりも、むしろ理解や応用・活用のスキルに関する証拠を生徒たちに示してもらうようにする必要があります。

注4：概念の理解状態を表現させる方法の一つ。教師が提示したいくつかのラベル（言葉）について、関係の深いものを近くに配置して線でつなぐとともに、その関係について簡単に説明する言葉を書き添えるようにして作成します。さらに詳しくは、『増補版「考える力」はこうしてつける』の第7章をご覧ください。

注5：38ページの注12を参照してください。

注6：34ページの注4を参照してください。

指針３：診断的評価には時間的な制約があることを認識しておく。

　診断的評価では、生徒の現時点での「知識・理解・スキル」や必須の「知識・理解・スキル」について教師が把握しておく必要があることを明らかにするために、長い時間をかけなくても構いません。たいていの場合、一つか二つのしっかり準備された質問で十分です。より長い時間をかけて診断的評価を行うことが有効だと思われるときは、一度に少しずつ、数日をかけて質問をしていくことです。こうすれば１時間の授業でもたくさんの時間を割かずにすませることができます。

　例えば、理科のウェルシュ先生は、学期の二つ目の９週間のユニットで焦点を当てることになるのが物質の分類であるとわかっています。このユニットの授業では、物理的特性、化学的特性、原子、元素、周期律表などのテーマについて探究することになります。ウェルシュ先生は生徒たちの多様なレディネスのレベルに対応できるように準備しておくために、物理的変化と化学的変化の概念に関して生徒たちがどのような理解のレベルにあるのかを知りたいと思っています。

　ウェルシュ先生は、ユニットが始まる２週間前から診断的評価を始めることと、その方法として入口チケットを使うことに決めます。生徒たちは、教室に入ったら、黒板に書かれている指示に従うことになっています。生徒たちは、ドアのそばの箱の中にあるインデックスカードを使って、次の質問に答えます。「物質の三態について定義を書き、それぞれの例を挙げなさい。もし物質の三態についてよくわからない場合は、そのように書きなさい。」 この入口チケットはその日の授業を始める前の地固めの活動[注7]にあたり、次のユニットの計画に利用できる診断的評価の情報を、ウェルシュ先生に提供することになる有意義な課題に生徒が取り組むことになります。このような診断的評価は必要最小限の時間しか使っておらず、その日の授業の大切な時間を奪うことはありません。ウェルシュ先生は、その後数日間、次のユニットで扱うことになる学習目標としての知識・理解・スキルや、その前提として必要な知識・理解・スキルに焦点を当てた質問を入口チケットの方法で繰り返し行うつもりです。

注7：生徒一人ひとりが個別に静かに取り組む活動で、例えば算数の練習問題をすること、ジャーナルを書くこと、好きな本を読むことなどです。

診断的評価と時間的な制約について考える二つ目の方法は、診断的評価から得たことを使って計画を立てるために教師が利用できる時間に関係します。例えば火曜日に診断的評価を行い、その結果を吟味し、そこで見いだされたことを水曜日の授業の計画を立てるために使うということで上手くいくことが時々はあります。しかしながら、教師にとっては生徒の診断的評価の反応を吟味し、そこから明らかになることが何かを熟考し、それらの反応を取り込んだ適切な計画をつくるためには、もう一晩以上時間が必要なことがよくあります。それゆえ、教師自身の時間の制約をうまくやりくりするためには、新しいユニットを始める数日前に診断的評価を行うことが賢明です。

指針４：診断的評価のための質問項目は評価すべき学習目標としての知識・理解・スキルの点で生徒がどの位置にいるのかを正確につかむことを最少の時間で済ませることができるよう、順序よく配慮されるべきである。

　診断的評価のための質問項目は、教師が生徒の学習目標としての知識・理解・スキルの学びへの入り口を効果的に把握できるようにするために、いくつかの異なった方法で組み立てることができます。その一つのアプローチは、教師がテーマに関する質問を「大きなかたまりにする」ことです。そうすることで、共通する構成要素の測定を一つのグループにまとめて行うことができます。例えば、教師が次に学習するユニットのために、力、運動およびエネルギーについての筆記式の診断的評価を用意する場合を考えてみましょう。最初の質問項目は、運動する物体の特徴と相互作用、方向、速度、および摩擦に焦点を当てたもので、次のいくつかの項目は回路、開いた回路、閉じた回路、並列回路、直列回路とその機能に関することに焦点を当てたものにします。同じ内容に関連している質問項目をグループにまとめることによって、それぞれの内容に対して生徒がどの程度なじみがあるのか、その概要を把握するために必要な時間を最小限にします。

　質問の順序について配慮することは、生徒に対する診断的評価から教師が学ぶ効率を最大化する二番目の方法です。この方法は、書くプロセスや理科で実験を計画するプロセスのような、あるプロセスに関する生徒の能力を評価しようとするときに特に有効です。例えば、書くプロセスは書く題材をブレインス

トーミングして決めること、下書きを書くこと、書き直すこと、編集・校正、
出版を含んだ一連の段階として教えられることがよくあります[8]。年度のはじめ
に生徒の書くプロセスの理解度について診断的評価をするために、教師は生徒
が詩や物語やエッセイをどのように創作しているのかについての手紙を、ジャ
ーナルとして教師宛に書くよう促します。この診断的評価を通して、教師は書
くプロセスと手紙の書き方に関する生徒の理解度について情報を得ることがで
きるでしょう。さらに教師は、生徒の興味関心、経験、夢など、生徒を人とし
て深く理解することができますし、それは生徒理解の点で極めて重要な側面で
す[9]。

　教師による吟味を効率よくするために診断的評価の質問を調整する3番目の
方法は、階層的にすること、つまり単純な概念から複雑な概念へと移行してい
くことです（図3.2の例を参照）。この図では、ユニットの開始時において明
らかに進んだスキルをもっている生徒がいるかどうかを判断するために、予め
必要となるスキル、次のユニットで学習することになっているスキル、そのユ
ニットの範囲を超えたスキルに関する質問項目が階層的に含まれていることに
注意してください。診断的評価に関する質問を目的に応じて調整するように考
えるのは、短時間でできることです。

　授業が、そこで扱う内容の論理を反映した組み立て方になっていれば、教師
が診断的評価の結果を理解し利用する時間の節約になります。

注8：ライティング・ワークショップでは、題材探し→下書き→書き直し→編集／校正→出版／発表
　　（＋読者からのフィードバック）のサイクルを、年間を通して回し続けることによって書く力をつけ
　　ます。同じように、探究のサイクルを大事にする理科では、生徒の好奇心や興味関心→仮説／問い
　　の設定→実験の計画→実験の実施（データ収集）→発見→発表（レポートやプレゼン）のサイクル
　　を回し続けることによって科学的思考を磨き続けます。
注9：この書くプロセスをベースにしたライティング・ワークショップ（「作家の時間」）を実践した
　　先生は、「わずか2か月で私の教員人生（20年以上）で、子どもたちのことをこんなに理解できた
　　ことははじめてでした」と言いました。従来の教師からお題をもらって書くのと違って、書きたい
　　ことを書くので、かなりの部分、自分や家族にまつわることが多くなるからです。しかも、その書
　　く量が半端ではありません。そうなのです、子どもたちは書きたいことや書けることを山ほどもっ
　　ているのです！　同じことは、科学者ノートを子どもたちがもって「科学者の時間」を子どもたち
　　がやり始めれば、期待できます。学習で何よりも大切なのは、学習者がこれらのプロセスというか
　　サイクルを自分で回せるようになることです。それ以上に大切なものはなかなか見当たりません。

問題	学習目標
18 -11	20 以下の数の二つの二桁の数の引き算 （必要な既習の概念）
45 -23	繰り下がりのない二つの二桁の数と三桁の数の引き算 （次のユニットの概念）
423 -222	繰り下がりのない二つの二桁の数と三桁の数の引き算 （次のユニットの概念）
642 -430	繰り下がりのない二つの二桁の数と三桁の数の引き算 （次のユニットの概念）
21 -17	10 の位から繰り下がりのある二桁の数の引き算 （次のユニットの概念）
46 -37	10 の位から繰り下がりのある二桁の数の引き算 （次のユニットの概念）
633 -327	10 の位または 100 の位から繰り下がりのある三桁の数の引き算 （階層的により上位の概念）
552 -261	10 の位または 100 の位から繰り下がりのある三桁の数の引き算 （階層的により上位の概念）

図 3.2　算数についての階層的な診断的評価

指針 5：診断的評価で収集された情報は授業の指針としてだけ使われ、生徒の成績をつけたり、判断したりすることには使われない。

　診断的評価を生徒の成績をつけたり、判断したり、分類したりするのには決して使わないことを明確にしておくことが、生徒にとっても教師にとっても大切です。基本的に成績というものは、教師による十分な指導と、生徒による十分な練習を済ませた後の、生徒の習得や習熟の程度を示すものです。診断的評価はこれらの条件が満たされる前に行われるので、成績をつけることには不適切です。

　さらに、第１章で議論した五つの教室要素の間の相互関連性を思い出すことが大切です。もし、ある教室の生徒たちが評価されることに慣れきってしまっ

ているのであれば、安心感があり、学習に刺激を与える触媒として働くような教室環境を創造することは、不可能ではないにしても難しいことになります。授業のある側面で悪戦苦闘している生徒たちは、新しい学習サイクルが彼らの弱点を絶えず増やしていくという感覚から解放されることが必要です。生徒たちは、学習とは進歩するものであり、間違うことがいつもあること、そしてその間違いはもっとわかりやすくて有意義な方法で授業が可能かを生徒と教師が考えるのに役立つ重要なものであるというメッセージを、繰り返し受け取ることが必要です。

　ある教科で学習が進んでいると思われる生徒は、学習それ自体よりも、成績の方を重視する傾向があります。適切なチャレンジを課されたとしても、そのような生徒は、もし成果物が「完璧」でなければ低い評価を受けるというリスクを感じ、頑張ってチャレンジすることをあえて拒否するかもしれません。このような生徒たちもまた、間違いや失敗は必要不可欠なことであり、学ぶことで進歩していくことが可能であることを理解する必要があります。

　生徒の成長マインドセットを育て、自分自身の成長のために本気で取り組むようにするためには、生徒が次のことを示す十分な証拠に接していけるようにする必要があります。その証拠とは、一人ひとりをいかす教室の教師は生徒たちに常に最善の努力を要求すること、そして診断的評価（形成的評価も）は教師が生徒をより効果的に教えることを可能にするとともに、その評価は生徒自身の成功に寄与することを可能にすることを示す証拠です。生徒たちは、自分たちの成長を総括的に表現するための時間が教室にはあるけれど、それは指導や練習、フィードバック、修正といったことを何度か繰り返すサイクルの後にやってくるということを、知っておく必要があります。

　幼稚園の教師は診断的評価を開始するたびに、子どもたちにルーティンとして次のことを思い出させました。「先生がこれからみんなに質問します。それはみんながどんなことを知っていて、みんなが学べるようにするためには何を教えることが必要なのかを調べるためです。そうすることで、先生はよりよい先生になれるし、みんながよりよく学べるように手助けできるのです」。この

注10：人の能力は固定的なものではなく、変化し成長していくものであるという思考様式のことで、詳しくは5ページの「成長マインドセット」についての注4を参照してください。

メッセージは高校生にとってこそ必要なのです。いや、すべての年齢の生徒にとって。

診断的評価のためのフォーマット

　診断的評価の方法には、インフォーマルなものとフォーマルなものがあります。インフォーマルな方法は、そのために周到に準備して行うものではなく、すべての生徒の情報を体系的に集めるための時間を授業中に取ることはありません。むしろ教師はクラスを「ざっと見渡したり」、「情報のサンプルを収集したり」します。このタイプの診断的評価の方法の中には、見通し度チェック[注11]、親指を上向き・横向き・下向きにするか、知っていること・知りたいこと・学んだことを表にして書きだす（KWLチャート[注12]）、そして生徒の反応集計システム（しばしば「クリッカー」と呼ばれます[注13]）がその例として含まれます。診断的評価に有効な方法は、たいてい、形成的評価にも有効です（インフォーマルな診断的評価の方法については、表3.1を参照のこと）。

　インフォーマルな方法の一つは、生徒が自分の知識・理解・スキルがどの位置にあるのかを自己評価して報告することです。このアプローチの利点は、生徒が自分で振り返るスキルを養い、授業時間を減らすことなく最小限の時間ですぐに行うことができることです。主な欠点は、それによって得られる情報が一般的に個人レベルよりもクラス全体でのものなので、一人ひとりの生徒の正確な状態を知るのが困難なことです。加えて、生徒の自己評価は正確でないかもしれません。

　二つ目のインフォーマルな方法は、教師が生徒を観察することです。優れた教師は生徒についての優れた観察者でもあります。アーノルド先生は2週間、

注11：車のフロントガラスの透明度（透き通っているか、少し汚れがついているか、汚れがひどくて見通しがひどく悪いか）のアナロジーにより、ある概念についての理解度を生徒に三段階（はっきりわかっているか、だいたいはわかっているけれどいくつかはっきりしない点があるか、それともまったくわかっていないか）で自己評価させる方法。

注12：KWLチャートという名前は、知っていること（What I know）のK、知りたいこと（What I want to know）のW、学んだこと（What I learned）のLという三つの頭文字をとったものです。三列の表にこれらを書き出す形式のものが一般的です。

注13：生徒が手元にある端末のボタンを押して回答すると、即座に集計されてスクリーンなどに表示されるシステムのことです。大学の大勢の学生を対象にした授業などでよく使われます。

第 3 章　診断的評価：ユニットの開始時における生徒の実態把握　59

幼稚園児がカレンダーを用いた算数の活動をしているのを観察していたとき、数人の園児がカレンダーの数で足し算を始めていることに気がつきました。それには、二桁の数も含まれていました。アーノルド先生は、後に学習することになっている数の概念や操作に関するユニットで扱うことになる足し算につい

表 3.1　診断的評価のためのインフォーマルな方法

●指の本数による反応
　教師が、生徒の特定の分野についての知識・スキル・理解の状態を自己評価するように求める。その分野についてまだ十分でないと考えている場合は、指一本を挙げる。だいたいできているけれど、もっと学習したり練習したりする必要があると判断している場合には、指二本を挙げる。よくできる状態であり、他の生徒にも教えることができると思っている場合には、指三本を挙げる。これとは別の方法として、とても自信があることには親指を立てて示し、ある程度自信があることは親指を横にして示し、まだ十分ではないし自信がもてないことには、親指を下向きにして示す。

●KWL チャートとその他の見える化シート[注14]（クラスのレベル）
　教師は、これから学習するテーマについて KWL チャートのような見える化シートに生徒に書き出させることによって、クラス全体で話し合いを行う。KWL チャートは、生徒がそのテーマについてすでに知っていること（Know の K）、知りたいと思うこと（Want の W）、ユニットで最終的に学習できたこと（Learned の L）をあらわしている。生徒がすでに知っていること（K）や知りたいと思うこと（W）を教師が把握することによって、生徒がそのテーマについてどの程度馴染みがあるのか、その概要を得ることになるが、個々の生徒の状態については明確には把握できない。その他の見える化シートとして、概念図やベン図も有効である。

●反応カード
　教師が正誤問題を出し、生徒は予め回答の選択肢が書かれているカードを使って自分の回答を示す。生徒は回答を選ぶための3枚のカード（a、b、cのように）を持っているときもあれば2枚（「はい」や「いいえ」のように）のカードを持っているときもある。生徒がカードを挙げたら、教師は正答の割合をすばやくチェックする。

●インフォーマルな会話や観察
　生徒が学校にいる時間でインフォーマルに生徒と話をしたり、生徒が課題に取り組んだり話し合いをしているときに生徒とフォーマルに話をしたり、さらに生徒が活動している間に生徒をインフォーマルに観察したりすることで、生徒がどんなことに興味関心をもっているか、生徒によっては効果がある学び方や効果のない学び方があることや、生徒によっては学習が進んだテーマやスキルがあったり、逆にレディネスが不十分な領域があったりすることがわかる。こうした情報は、次に学習するユニットの計画を立てるときにいかすことができるし、いかすべきである。

注 14：原文は graphic organizer となっています。知識や情報などを視覚的にわかりやすく構造化して表出するためのワークシートのこと。本書では「見える化シート」と訳しました。

て、子どもが自然にもつ関心をフォローアップすることができるようにするために、足し算にチャレンジしている生徒のリストをつくり始めました。

　レイゼン先生は5年生の生徒に自分が大切だと思ったことや興味深いと思ったことを毎日書くように励ましました。生徒たちが書いているとき、レイゼン先生はよくそばに座り、生徒が考えていることや考えを表現する方法について気軽に話をして、後で役に立ちそうだと思ったことを付箋にメモしておくのです。そしてこれから学習するユニットや授業の計画を立てるときや、書き手として生徒がどのように成長したのかについて生徒や親と話をするときに参照するために、記録用ノートの中に設けてある生徒に関するページにそれらのメモを貼っておきます。

　以上の二つの例では教師の観察は意図的なものであり、観察したことを診断的評価の一部として役立てています。しかし、どちらの場合も、次のユニットの計画に関連した情報についてのクラスの完璧なプロファイルを完成させる形で、教師がすべての生徒を対象に情報を収集するものではありません。

　生徒による自己申告と教師の観察という、二つのインフォーマルな診断的評価の方法は、生徒の状態やニーズについて診断的評価を行うときに使えますが、これらは継続的に行う形成的評価の方により適しており、そういう形でより頻繁に使われます。形成的な評価に適した他の方法については、第4章で述べます。

　生徒のレディネスの診断的評価のためのフォーマルな方法は、クラス全体の生徒一人ひとりのレベルについてデータを集めるという目的だけのために授業時間を割く形で行われるものです。例としていくつか挙げれば、筆記式の事前テスト、（自分の考えを口頭で話させるなどのような）予め準備して行う観察やインタビュー、見える化シート、概念図、問題セット[注15]、ジャーナルなどがあります。何度も繰り返しますが、診断的評価に役立つほとんどの方法は、形成的な評価にとっても役に立ちます（診断的評価のためのいくつかのフォーマルな方法に関して説明した表3.2を参照）。

　インフォーマルな診断的評価とフォーマルな診断的評価の方法の主な違いは、それによって得られた情報を教師が授業の計画づくりにどう利用するかにある

注15：数個の問題が記されている用紙を生徒に配布し、数日後に設定された提出期限までにその問題への解答を提出させるものです。

第 3 章　診断的評価：ユニットの開始時における生徒の実態把握　61

表 3.2　診断的評価のためのフォーマルな方法

●フライヤー・ダイアグラム
　　長方形の中央に楕円またはもう一つの長方形を書いて、四つの均等な部分に分ける。教師は中
　央の図の中に次のユニットのための概念やテーマを書き、「定義または説明」「あなたが知って
　いること（特徴）」「その例」「その例にはならないもの」という見出しをつけた四区分されたス
　ペースの中に、いま知っていることを生徒が書き出して共有する。「その例にはならないもの」[注16]
　とはテーマや概念に関係はあるけれど、まったく同じではないもののこと。例として、整数、
　小数、百分率は分数の概念に対しては「その例ではないもの」で、関係はあるけれど、分数で
　はない。

●体系的な観察／インタビュー
　　教師が、生徒が活動をしたり発表したりするときに生徒一人ひとりと会話をし、体系的に観察
　する。教師は前もって準備したチェックリストやガイドに沿って、それぞれの生徒についての
　関連情報を記録する。

●ジャーナルへの記入／筆記での回答
　　教師はテーマの中核となる思考を促す質問をし、生徒はそれに反応する形で記述する。

●見せながら説明する（Show and Tell）
　　教師が生徒に質問をし、生徒がそれについて知っていることを、見えるもので示す（例証する）
　とともに説明する。なお、このアプローチは学習場面で用いる言語を習得中の生徒や、いろい
　ろな理由で書いて説明するのが困難であってもそのテーマや身近なスキルについて何かを知っ
　ている生徒について、その理解度を診断するのに役に立つ。

●生徒自身による評価
　　教師が生徒に次のユニットのテーマ、概念、スキルのリストを渡す。そして生徒自身の熟達度
　を評価させる。例えば、1 から 5 までの 5 段階評価では、5 はとても十分なスキルがあるとか
　十分わかっていることを指し、1 はそのテーマについてまだわかっておらず熟達していないこ
　とを指す。例えば、語学の教師がそのコースを始めるとき、1 年生の生徒に対して、主語、述語、
　直接目的語、間接目的語、前置詞、節について、英語またはその生徒の第一言語で、自分の熟[注17]
　達度を評価させる。

●小テスト
　　次のユニットで扱うことになる学習目標としての知識・理解・スキルや知っておかなければな
　らない重要な知識を生徒がもっているかどうかを把握するために、短答式や自由記述式の小テ
　ストを教師がつくり、生徒に答えさせる。

●興味関心の調査[注18]
　　教師が、生徒たちに自分の興味関心に従って選択肢を選ばせたり、順位づけをさせたり、自分
　の興味関心についての表や図を作らせたり、個人的に特に効果があった、あるいは効果がなか
　った、学習へのアプローチを示させたりする。

のではなく、授業時間が受ける影響の程度とか、得られた情報のレベル（クラスの傾向をざっと見るのか、個々の生徒を見るのか）にあります。

集めた情報を理解する

　診断的評価についてのよくある質問の一つは「診断的評価で集めた情報をどうすればいいのでしょうか？」ということです。「これからどうしたらいい？」という質問に答えるのは難しいことではありません。しかし、人生における他の多くのことと同様に、答えは常に最初から明らかとは限りません。

　診断的評価の目標は、現時点でそれぞれの生徒が次のユニットの学習目標としての知識・理解・スキルについてどの位置にいるかを理解することです。

　診断的評価による情報が学習目標としての知識・理解・スキルや予備知識のレベルについて何を明らかにすることができるのかを理解するためには、教師はクリティカルな分析者であることが必要です。言い換えれば、それぞれの生徒が学習目標としての知識・理解・スキルに関する診断的評価で行ったことを吟味することは、教師が生徒たちに存在する重要な違いについて十分な情報をもち、プロ意識をもってそれを判断する助けとなります。この重要な違いは、教えることと学ぶことのプロセスに影響を与えます。

　この重要な違いとは、一つの方法をすべての生徒に当てはめるというやり方だと、全員ではないにしても、何人かまたは多数の生徒を道に迷わせる可能性

注16：フライヤー・ダイアグラムの一例を示すと、このようになります。

注17：生徒自身による自己評価や相互評価についてさらに詳しくは、『増補版「考える力」はこうしてつける』の第8章を参照ください。
注18：興味関心を引き出す方法としての質問について詳しくは、『増補版「考える力」はこうしてつける』の第5章と『たった一つを変えるだけ』を参考にしてください。

がある、そういう違いです。

　生徒たちの中には、これから行う学習に絶対に必要となる予備的な知識や理解、スキルが欠けている者が何人かいるかもしれません。例えば、分数を理解していることは代数の初歩的な学習に必要な内容です。生徒が数や計算の特性をしっかりと理解していなければ、より複雑な代数の概念や計算に進むことは簡単にはうまくいかないでしょう。

　また、ある生徒は、学習の焦点となる学習目標としての知識・理解・スキルについて誤解しているかもしれません。例えば多くの生徒が、すべての川は南の方に向かって流れていると誤解しているかもしれません。この誤解は地図の向きに起因するもの、つまり「上」は常に北であり「下」は常に南だという考えに起因する混乱です。地図の向きに起因する間違いは、他にもあり得ます。多くの川は南の方向に流れていますが、これは、川が単に標高の低い方へ向かって流れる結果です。この考え方を理解していなければ、社会科で、あるいは理科の特定の分野で、地図を使った活動を行う際に混乱を引き起こすことになります。

　さらに、他の生徒の診断的評価に対する回答を分析すると、教師がこれから開始しようとしている学習内容について、生徒たちがすでに正しく理解しているとわかることもあります。一方、新しく開始する学習のために必要なことをすでに生徒が習得してしまっているとわかることもあります。例えば、中学校の神話のユニットの診断的評価は、四人の生徒がギリシャ・ローマの神話の神や女神たちになじみがあるだけでなく、他の文明のよく似た神話を知っていることを明らかにします。加えて、これらの生徒は、神話はそれを語る人々の文化を映す鏡であると理解しています。これらの生徒は、ある深さにまですでに理解していることを「再度学習する」ために３、４週間を費やす必要はないのです。むしろ教師は、例えばそれらの生徒が時代や文化を越えて神話を比較したり対比したりするよう導き、その上で、それぞれの文化の発展の中心となった神話からの推論を通してその文化の本質を明らかにする、という計画を立てるのがよいのかもしれません。

　もちろん、実際の教室では、生徒によってはユニットで学習する「知識」について進んだ知識をもっているにもかかわらず、事実や知識にどのような意味

があるのか説明できなかったり、そのユニットで学習する「理解」について洗練された深い理解をはっきり示せなかったり、さらには基本的な「スキル」に欠けていたりすることもあります。このような場合、そうした生徒はそのユニットの内容について追加の授業や練習が必要かもしれないし、他の生徒たちよりもっと複雑な、別の観点での活動が必要かもしれません。

　診断的評価のデータの中にパターンを見つけると、教師は診断的評価を実行することから、授業の計画を立てるためにその結果を使うことへと移行します。集めた情報を理解するために単純に分類する作業から始めます。それは、学習目標としての知識・理解・スキルに関する重要な違いに基づいて、生徒の回答をいくつかのグループに分類することです。浮かび上がったパターンは、実施した評価やテーマ、対象とされた生徒によって違いがあります。教師は、ユニットを始めるとき、レディネスに基づいて生徒たちを以下の四つのグループに振り分ける場合があります。

　それは、考え方を定義し説明できる生徒、考え方を定義できるが説明できない生徒、考え方を説明できるが明確な学問的な語彙を使わない（説明できるが定義ができない）生徒、考え方の定義も説明もできない生徒です。

　他のケースでは簡単に以下の二つのパターンに分けられます。つまり、ユニットを始めるにあたり重要な知識やスキルの基本的なところを把握している生徒、そのような知識やスキルをもたずにユニットを始める生徒です。さらに他のケースでは、前もって必要な知識をもっている生徒、そうでない生徒、というパターンがあります。

　多くの教師は、授業や学習をクラスの全員が同じ第一段階で始めることが、すべての生徒の学びへの入り口として正しいという暗黙の前提の下に、ルーティン的に授業を進めます。実際のところ、この前提が適切なことは滅多にありません。

　一人ひとりをいかす教室の教師は、この前提をよしとしません。その代わりに、一人ひとりをいかす教室の教師は、学習目標としての知識・理解・スキルに関連した生徒たちの強みやニーズのパターンについて、診断的評価の回答を吟味します。そうすることによって、ユニットを展開する際に、何人かの生徒、たくさんの生徒、あるいはすべての生徒の利益になるような、教えることと学

ぶことの順序を見いだすことができるのです。

生徒の興味関心と学習履歴の診断的評価

　新しい内容を学ぶための生徒のレディネスに関する情報を収集することに加えて、診断的評価は生徒の興味関心を明らかにし、彼らの学習履歴や学習の好みに光を当てます。生徒の興味関心を理解することによって、学習内容を生徒に関連のあるものにし、その結果、彼らの学習への取り組みを高めやすくなります。生徒の学習の好みを理解することは、生徒が重要な内容を吸収したり、理解したり、上達したことを示したりできるようにするための幅広い方法を考えるのに役立ちます。そうすれば、学習の過程は生徒にとって最大の効果を生むものになります。生徒の興味関心と学習履歴の両方に目を向けることによって、様々な生徒たちの学習機会を最大限に広げることができるようになります。

興味関心の診断的評価
　「生徒の興味関心」について二つの解釈をすることが、授業をより多くの生徒に合致したものにつくり上げることに役立つはずです。
　一つ目は、興味関心は生徒が自分自身の時間で楽しんですることに関連します。それには、音楽、バスケットボール、コイン収集、地域奉仕、考古学、ゲームなどが含まれるかもしれません。熟練したやる気のある教師は、教える学習内容と生徒の興味関心を結びつけるものをたくさん見つけ出します。例えば算数は、ゲーム、音楽、いろいろな収集、建築、株式市場、そして詩でさえも、容易に関連づけられます。文学のテーマは、歴史、時事問題、美術、音楽、そして学校の食堂とさえ関連づけることができます。理科は政治、コミュニティーの活動、文学、そして世界文化など、挙げればきりがありませんが、これらの中で容易に位置づけることができます。診断的評価を行う教師は、生徒たちの興味関心について生徒と話をし、生徒たちが情熱をもっていることに関する手がかりを聞き出し、生徒の興味関心に関する直接的な調査をします。そのような教師は、内容の関連性や生徒の動機づけと成績を大いに高めていくという点で、生徒の興味関心とのつながりをつくるのによい位置にいることになるの

です。例えば数学の授業で、ある範囲の興味関心に応じて個別に用意された問題について学習した生徒は、そうした問題に取り組んで学習していない生徒と比べると、特に、抽象的で複雑な内容に関してよい成績をあげました[46]。図3.3 は、高校での生徒の個人的な興味関心についての診断的評価の例を示しています。

　二つ目として、生徒の興味関心についてより細かく、しかも役立つ方法で考えることもできます。生徒たちにユニットのサブテーマについて、一年間の学習のテーマについて、あるいはカリキュラムの中のその他の項目について、ランクづけをしてもらうことによって、教師は学習のどの面が生徒を引き込みやすいか、興味関心の少ないのはどの面か、嫌いなのはどの面かを把握することができます。教師はその情報を用いて教科のある部分に引きつけられている生徒で専門家グループをつくったり、興味関心を抱いている生徒をやる気のない生徒と意見交換させたり、テーマに消極的であると教師がわかっている生徒には特別な注意を払ったり、生徒が興味をもてないテーマを生徒の個人的な興味関心と結びつけたりすることができます。

　図3.4 では、生徒の興味関心に関するこの考え方の例を示しています。教師は、これまでに学習したジャンルの中で楽しかったもの、自分にとってまあまあだったもの、否定的に（受け入れられないと）感じたものを、生徒に示してもらいました。生徒からの反応をもとに生徒がまだ好きになれないジャンルの活動に特に注意を払うことができるし、そのジャンルが好きな生徒にはその情熱を何か新しく書くことに向けることができ、疑問点と同様に生徒の興味関心に対応するためにジャンルを関連づけることができます。例えば、二人の生徒が動物の物語に興味関心があり、ミステリーは嫌いであることがわかりました。司書と連携することで、その教師は、動物に関するミステリーを見つけてクラスの図書コーナーに置くことができました。同様に、ファンタジーが好きでない生徒たちは、コメディーが好きでした。司書は、図書コーナーにユーモアを含むファンタジーの本を置いてくれました。

　生徒の興味関心を理解するとともに、その興味関心を重要な内容と関連づけることにより、生徒の動機づけが強化され、その結果として学業面の成果が向上しやすくなります。生徒の興味関心に応じることは、教師が生徒のことを心にかけ、生徒にとって最善の授業をしようとしていることの合図を生徒に明確

第3章　診断的評価：ユニットの開始時における生徒の実態把握　67

指示：みなさんの興味関心を理解できれば、私はもっといい教師になれると思います。下の空欄にあなたの興味関心を書いてください。どのようにして興味をもつようになったか、簡潔に書いてください。また、あなたが書いた興味関心が理科とどう関係しているかについて、考えがあれば、書いてください。

興味関心：	興味関心：
その興味関心に関する経験：	その興味関心に関する経験：
理科との関係：	理科との関係：
興味関心：	興味関心：
その興味関心に関する経験：	その興味関心に関する経験：
理科との関係：	理科との関係：

図 3.3　高校の生物の授業における生徒の興味関心に関する診断的評価

指示
・最もわくわくするジャンルの隣に ★ マークをつけてください。
・まあまあだと思うジャンルの隣に ☺ マークをつけてください。
・嫌いだと思う項目の隣に ⬇ マークをつけてください。

　1.　歴史小説
　2.　ファンタジー
　3.　ミステリー
　4.　コメディー
　5.　2、3年生が登場人物の小説
　6.　冒険小説
　7.　動物物語
　8.　SF 小説

図 3.4　読むジャンルに関する 2、3 年生の興味関心の診断的評価

に示すことになります。

学習履歴に関する診断的評価

　生徒の学習履歴や生徒が好む学習へのアプローチに関する評価は、注意を払う価値があります。一人ひとりが異なる方法で同じ課題の内容にアプローチしていることを示す証拠が余るほど十分あるにもかかわらず、専門家たちは、教師がクラスでの学習スタイルに応じるために、得られた情報を評価して利用する方法について批判的です。

　心理学の多くの専門家[15・39]は、「学習スタイル」（彼らは学習スタイルに「知的な好み」を含めていますが、それは間違っています）のような概念に関する明確な定義がないことを批判しています。そして、たくさんの異なる学習スタイルのモデルがあることと、それらが異なることが強調されているために、学習スタイルの概念が役に立たないものになっていると警告しています。さらに、それらの調査方法が一般的に信頼性と妥当性に欠けているという理由で、教師が学習スタイルと知的な好みの調査を生徒の強みと弱みを決めるのに使うことに対して批判的です[21・42・52・51・57]。つまるところ、心理学者は、すべての人はいろいろな方法で学び、人が好むアプローチは時と内容によって変化することを強調しています。特別な種類の学習者であると生徒にレッテルを貼るのは、根拠がないだけでなく、傲慢だと注意を促します。

　多くの神経科学者は、作詞をすることで算数を学ぶというような考え方に批判的です。これは、ハワード・ガードナーの多重知能理論[注19]に対してよくなされる批判の一つです。ある社会学者は学習者のタイプとして生徒を分類することを非難し、そんな分類は人を型にはめるだけであると指摘して、人にレッテルを貼ることは犠牲なしには済まないということを私たちに思い出させます[15・39]。同時に神経科学者[67・68]は、生徒がいろいろな方法を通して情報を取り入れて探索するときに、そして種類に富んだやり方で活動する機会を得るときに、もっと自然

注19：ハーバード大学のハワード・ガードナーが提起している理論で、人には言語、論理的－数学的、空間、身体－運動、音感、人間関係形成、自己観察・管理、自然との共生の八つの能力があるとしています。この理論を教師向けに書いた本が『マルチ能力が育む子どもの生きる力』ですが、残念ながら絶版です。『効果10倍の教える技術』に学習スタイルとマルチ能力のダイジェスト版が載っていますので、そちらをご覧ください。

に、もっと継続的に学習できると考えています。さらに個人の学習へのアプローチは性や文化によって形づくられるという一般的な合意があります。しかし、文化や性が同じであればすべての人が同じやり方で学ぶということではないということにも、絶えず気をつけておくことが必要です。

　学習履歴の評価と調査結果の使用についての最良の実践には、「すべきこと」と「してはいけないこと」として、以下のことが含まれるでしょう。

- 個人の学習スタイルや知的な好みを診断するために、妥当性や信用性の証拠に欠ける調査方法を使ってはいけない。
- 生徒を特別な種類やカテゴリーの学習者であると分類したり、レッテルを貼ったりしてはいけない。
- あなたにとって最もやりやすい方法でいつも教えてはならない。
- 何をすれば生徒を成功に導くことになり、何が生徒の成功の邪魔をしているのかを見極めるために、生徒のことをよく研究するようにする。学習に選択肢があるときは、生徒が選択したことについてエピソードを添えたメモを取るようにする。学習するときに役に立つ最も効果的な、あなたの教え方や学び方のアプローチは何なのか、生徒に話してもらうようにする。親と話をして、親の視点からどのように学習するのがベストと思うか、尋ねるようにする。
- 多様な様式で内容を示すようにする。
- 生徒が概念やスキルの意味を理解し、いろいろな方法で学んできたことを発表できる機会を与えるようにする。
- いろいろな方法で学習することができるということを、生徒が理解できるように支援する。そして、ある方法が自分に好ましいのはどんなときで、好ましくないのはどんなときなのか、また、許されればやり方をどのように変えるのか、そうしたことへの意識を向上させるように支援する。

　一人ひとりをいかす教え方というのは、以下のことを含んでいます。

- 生徒の柔軟なグループづくり

- 重要な目的を達成するために、多様な道筋の首尾一貫した活用
- 教えるための多様な方法の活用
- 学習を支えるためのメディアの多様な活用
- 概念を表現したり、学習したことを説明したりするための多くの選択肢の提供
- 時間と資源の柔軟な活用など

　これらは疑わしい診断のツールを使うことなく、生徒にレッテルを貼ることなく、すべて行うことができます。

授業の計画を立てるために評価の情報を用いること

　生徒のレディネスについての先の議論で述べたように、学習プロセスについて現在私たちがもっている最良の知識は、特定の時期に特定の内容を学習する際、生徒のレディネスこそが学業の向上にとって中心的要因であることを示しています。言い換えれば、生徒にとって必要な、ふさわしい学業の進歩が達成できるよう生徒を支援するためには、教師が生徒のレディネスに基づくニーズを理解し、それに応じることが必要不可欠です。

　レディネスに基づくニーズに応じるということは、すべての授業のすべての要素がすべての生徒に完璧にぴったりであるということを意味しているのではありません。しかし、教師が学習の一般的な流れを理解するとともに、それに対応する用意があること、そのときに生徒たちがどこにいるかを知っていること、そして、学びへの入り口から前進するために生徒たちを支援する用意ができているということを意味します。

　生徒の成功のための興味関心と学習履歴の役割は、レディネスの役割と似ているところもあり、異なっているところもあります。生徒の興味関心と学習履歴に基づく一人ひとりをいかす教え方は、二つの重要な特性、すなわち、学習の動機づけと学習の効率に貢献します。ある生徒は、自らの経験や背景や好みに結びつけられたときだけ、「学校での学習」がやりがいのあることだと捉えます。またある生徒は、学習内容を個人的な興味関心と結びつけることができたときに初めて、あるいは最もよく、理解します。さらにある生徒にとっては、

動き回ったり、友だちと一緒に活動したり、言葉で書く前に絵を描く機会をもったりすることが、学習の取り組みへの扉を開くことになります。

これらの生徒にとっては、興味関心に基づいて一人ひとりをいかすこと、あるいは、学習履歴に基づいて一人ひとりをいかすことの役割が、極めて重要です。多くの場合、それは、レディネスに基づいて一人ひとりをいかすことと同じように重要だというだけでなく、レディネスに基づいて一人ひとりをいかすこととしっかり絡み合っています。

一方、学習と興味関心を関連づけるか、固有のやり方で学ぶかのどちらかの機会さえ与えられれば、レディネスに基づいた一人ひとりをいかした学びができるようになる生徒たちもいます。いずれの場合でも、生徒の興味関心と学習へのアプローチについて教師が理解しているからこそ、今ある状態に応じて生徒が前進していくことが可能となるような教室での経験を、デザインする道が開かれるのです。

例えば算数の授業で、あるグループが特定の種類の音楽を好きであることがわかれば、リズムをあらわす分数を使ってその音楽のリズムをそれとは対称的なタイプの音楽のリズムと比較するように、生徒たちを促せるかもしれません。実際、ある調査研究◆17 では、多文化で貧富の格差が大きい公立学校における小学3年生の分数の分野で、通常の算数の授業の代わりに音楽で実体験するカリキュラムで学んだ生徒たちが、テストで高得点を出したことを見いだしています。音楽グループの生徒たちは、音楽の表記法、分数の表記法、音楽で使われている分数と同じような表記を1週間に二回、6週間にわたって学習しました。分数の概念と分数の計算の両方の成績は、通常の算数の授業を受けた生徒たちと比べて非常によくなり、とても高い効果がありました。

クラスに異なる文化を背景とする生徒たちがいることがわかっていれば、英語（日本でいう国語）の教師は、『ロミオとジュリエット』に関連した読み物を生徒たちの背景となっている読み物から選ぶことができます。クラスの中に、クラス全体での話し合いに控えめに参加している生徒がいると観察できていれば、クラスの話し合いに参加するきっかけとして二人で一緒に考えて共有する方法を使うよう、教師は勧められるでしょう。

すべてのユニットのはじめに興味関心や学習履歴に関する診断的評価を行う

ことは、まれなことかもしれません。むしろ教師は一学期に一度か二度、これらの二つについてフォーマルな情報を集め、一年を通して注意深い会話と観察でフォーマルに情報を集め、生徒にとって授業の中で何がうまくいったか、そしてより個々の生徒に合った授業にするためにアイディアはないかと、生徒から定期的にフィードバックを得ることを求めるでしょう。

　生徒の興味関心は、教師が内容を紹介するために使う例やイラストやたとえなどを選ぶとき、生徒の経験や願いと関連のある内容の活動を計画するとき、そして生徒のグループづくりをするときに、重要です。学習履歴は、教師が内容を提示する方法を選ぶとき、生徒が幅広い方法で考えを探索したり、学習したことを表現できるように彼らの活動を計画したりするとき、生徒が内容を学ぶことを支援するとき、そして生徒のグループづくりをするときに、重要です。さらに、一人ひとりをいかす教え方で鍵となる実践は、柔軟性のあるグループづくりであることを覚えておくことが大切です。レディネス、興味関心、学習履歴を考えればグループは頻繁につくり替えるべきであり、レディネスのレベル、興味関心、学習履歴が似ている人とも異なっている人とも一緒に活動すべきです。

生徒による違いを考慮して評価を計画する

　評価というもの（診断的評価、形成的評価、総括的評価を含む）は、それによって生徒のある時点での知識・理解・スキルを明らかにすることが達成できたときにだけ、役立つものです。小学３年生の生徒が水の循環についてしっかりと理解しているのに、それをすらすらと書けない場合、水の循環について文を書いて説明しなければならない評価の仕方は、水の循環に関するその子どもの能力のレベルを見取る上ではほとんど教師の役に立たないでしょう。そうなると、水の循環について何が重要なのかを自分が理解していることも、書く能力がないためにその知識を自分が表現できないこともわかっているその生徒を、がっかりさせてしまうのは火を見るよりも明らかです。

　すべての評価を一人ひとりに合わせなければならないということではありません。しかしながら、生徒の学習がうまく進むようにサポートするために一人

第3章 診断的評価：ユニットの開始時における生徒の実態把握 73

ひとりをいかす教え方をしていながら、授業と学習がうまくいく鍵となる形成的評価や総括的評価において、生徒たちの学習の違いから目を逸らすことは近視眼的なものであるという事実を、教師は認識しておく必要があります。一人ひとりをいかす評価は、異なる評価を用意することではなくて、生徒全員が自分の学習を表現する機会を得ることができるように保証することを提案しています。

　一人ひとりをいかす評価では、すべての評価を通してほとんど常に変化させてはならないものが一つあります。それは、生徒の側に学ぶ責任がある学習目標としての知識・理解・スキルです。もちろん、特別な支援を必要とする生徒たちを対象にしたものですが、その生徒たちには異なるカリキュラムや目標が設定され、評価も当然不特定の誰かのためにではなく、特定の生徒のために設定された目標を反映すべきです。この場合以外においては、生徒が教師の指示や質問を理解しやすくなったり、学習したことを表現する可能性が高められたりする限りにおいて、評価に際して生徒が取り組む条件を修正してもかまいません。

　例えば、生徒にとっては、自分の答えを手で書くことよりも、むしろ話して記録したり、コンピューターを用いたりする方がいいこともあり得ます。また、生徒によっては自分の第一言語で指示が書かれていると、その課題の性質がはっきりわかるので有益かもしれません。また、言語はステージが進んだ学習者にとって適度なチャレンジになるので、より複雑な言葉や表現が評価で用いられていることで有利になる生徒がいるかもしれません。その一方で、長い文章だとわかりにくい生徒にとってはより簡単な言語で書かれていたり、あるいは箇条書きになっていたりする評価の方が有益かもしれません。ある生徒にとっては、評価を完成するための時間が少し多く与えられたり、一度に一つずつ問題を与えられたりすれば、混乱や圧倒感を感じないので、効果的かもしれません。61 ページの表 3.2 で説明した、「見せながら説明する」やり方は、生徒の言語能力の多様性に応じるものです。チャレンジのレベルは生徒の発達に沿うものなので、評価が同じ学習目標としての知識・理解・スキルを測定するものであれば、すべての生徒に対してすべて同じ質問をしなくてもかまいません。

　標準化されたテストに重きを置いている学校では、生徒が年度末に行われる

標準化されたテストの「準備ができている」ようにするために、教師は自分が行う評価を常にそのテストの性質に近づくものにしなければならないと思い込んでしまう傾向があります。そのような状況では、生徒がそうしたテストで自分のベストを発揮できるやり方を学習できるように支援することは、確かに大切なことです。しかしながら、特定のテストによる制約的な様式があらゆる大切な教え方を禁止してしまうようなことになれば、生徒の学習経験はひどく制限されたものになってしまいます。

　この点について付け加えれば、評価を含めた指導のサイクルの目的は、あくまでも生徒の学習を支援することです。もし、私たちの教え方や評価の仕方で生徒たちがよりよく学ぶのであれば、生徒にとって効果のないテストに集中した狭い教え方に限定するよりも、標準化されたテストでずっとよい成績を上げることができるでしょう。生徒にとって学習が「うまくできている」ときには、その生徒はそうでない場合と比べればより有能感と自信をもって、テストに向かうことができ、得られる結果もかなりいいものになることでしょう。さらに、生徒は学習することそのものが有意義な体験であり、それを回避するよりも繰り返し体験する価値のあるものであることを、見いだす可能性があります。[注20]

診断的評価の計画と活用〜まとめ

　図3.5は診断的評価の要素と目的をまとめたものです。この図は、生徒のレディネス、興味関心、学習履歴を把握する際の診断的評価の役割を強調して示しています。

　診断的評価によって明らかになった情報を、授業に関する意思決定をするために効果的に用いることができるようにするには、教師が診断的評価の実施に際して思慮深く計画を立てる必要があるということが明らかになるでしょう。質の高い診断的評価の計画を立てるとき、教師には以下の問いに答えることが求められます。

注20：この段落は、まさに学力テストの点数に一喜一憂している日本の状況を批判しているようにさえ思えます。テストの点数を上げるための学びがどれだけの機会を失わせているのか、しっかり噛み締めながら行動したいものです。

第3章 診断的評価：ユニットの開始時における生徒の実態把握　75

・このユニットの中核となる重要な学習目標としての知識・理解・スキルは何か？
・このユニットの学習で成果をあげるために、生徒はどんな予備的な知識・理解・スキルをもっている必要があるか？
・このユニットの学習目標としての知識・理解・スキルについて、生徒に共通して認められる傾向のある誤解は何か？
・このユニットの学習目標としての知識・理解・スキル、重要な予備知識、

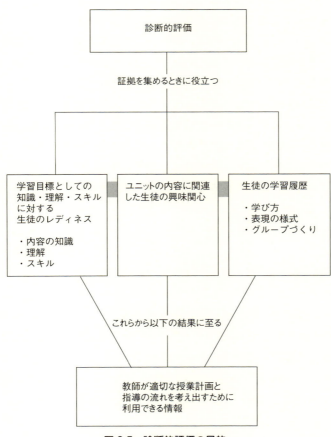

図3.5　診断的評価の目的

共通してもっている誤解を把握するために、どのような質問ができるか？

・診断的評価に当てる時間はどれくらいが適当か？

・診断的評価は一回だけなのか、それとも何回かで行うべきなのか？

・その結果を振り返り、計画にいかすようにするために、診断的評価は新しいユニットが始まるどのくらい前に行うべきか？

・一人ひとりをいかすことを念頭においた診断的評価を実行することによって、有利になる生徒がいるだろうか？

・診断的評価は、ユニットの学習目標としての知識・理解・スキルと予備的な知識・理解・スキルに関連して、どのような重要な違いがクラスの生徒に存在することを示しているのか？

・重要な違いの分析に基づけば、新しいユニットが開始された段階で、このユニットの重要な目標を目指した最大限の成長を促すためには、特定の生徒や生徒のグループが何を必要とするのか？

・生徒の興味関心についての教師の知識が増すことによって、生徒たちがこのユニットの重要な知識・理解・スキルを彼らの生活や経験、強みや情熱と結び付けるために可能な支援をどのように提供できるのか？

・多様な学び方のアプローチをもった、極めて幅広い範囲の学習者にとって、学習プロセスが魅力的でうまく進む方法で学習に参加でき、学習していることを理解する十分な機会ももてるようにするためには、どのように授業や課題をデザインするのがよいか？

二つの事例

　次に紹介する　二つの診断的評価の例のうち、一つは小学校の授業であり、もう一つは中学校の授業の例です（ここで取り上げる市場分析についての中学校での例は、形成的評価を扱う第4章で続けて取り上げます。そこでは、同じユニットを扱いながら、指導のための評価に焦点を当てる形で説明しています）。　二つの例はともに、生徒のレディネスに応じるための指導を修正する目的で、教師が診断的評価を計画したり用いたりするときの見本になります。

第 3 章　診断的評価：ユニットの開始時における生徒の実態把握　77

〈事例 1〉 時刻を読み取ることについての小学 2 年生のユニットのための診断的評価

　パルマー先生が教えている 2 年生は、もうすぐ時刻を読み取ることについてのユニットを学習することになっています。これは、生徒がこのテーマを学校で正式に学習する最初のユニットです。このユニットは、これ以降継続して取り扱われることになる算数の各州共通基礎スタンダード[注21]に基づくものです。

　生徒は、午前と午後を使って、アナログ時計やデジタル時計から時刻を 5 分刻みで読み取り、書いていきます。

　パルマー先生は、このユニットについて次のような「鍵となる問い」と学習目標としての知識・理解・スキルを用意しました。

鍵となる問い：

　世界中の人はどうして時計を使うのか？

知識：

- ・鍵となる言葉：時計の文字盤、アナログ時計、デジタル時計、時刻を読み取ること、時間、分、秒、午前、午後
- ・時計は時刻を読み取るのに役立つ。
- ・午前は 12 時間である。
- ・午後は 12 時間である。
- ・1 日は 24 時間である。
- ・1 時間は 60 分である。
- ・半時間は 30 分である。
- ・4 分の 1 時間は 15 分である[注22]。

注 21：xi ページの注 11 を参照してください。

注 22：英語圏では 15 分を 1/4 時間という言い方が頻繁に使われます。45 分は、three-quarters of an hour（三つの 1/4 時間）という言い方になります。お金も、25 セントは 4 分の 1 ドルと呼ばれます。ちなみに、30 分は 2 分の 1 ＝半時間です。

理解：

・時刻を読み取ることと書くことにはパターンがある。

スキル：

・デジタル時計とアナログ時計から、1時間、半時間、4分の1時間、5分を読み取る。

・デジタル時計とアナログ時計から、1時間、半時間、4分の1時間、5分を書く。

・時刻を読み取るときと書くときに午前と午後を正しく使う。

・1時間、半時間、4分の1時間、5分を読み取るときと書くときに、パターンを説明し応用する。

　時刻を読み取ることに関する生徒のレディネスについて診断的評価を行うために、パルマー先生は生徒のために二つの部分からなる活動を用意しました。先生は大きな円を描いた紙を生徒一人ひとりに渡し、その円にちょうど6時を示すよう時計の絵を描かせました。先生は生徒たちに紙の裏側を使って、時計と時刻について自分が知っていることを書かせました。生徒たちはまだ学校で時刻については正式に学習していなかったので、先生は円を使った課題がもつ特別な性質と時刻について書くというオープンエンドの課題によって、何人かの生徒がこのユニットの学習にもち込んでくる先行的な知識と、多くの生徒がもっていると予想される特別なニーズを明らかにできると考えていました。図3.6はクラスの六人の生徒の回答を示したものですが、これらはユニットを始めるときの生徒のレディネスが幅広いものであることを明確に示しています。

　この診断的評価を吟味することで、パルマー先生は時計盤の構造についてわかっていない生徒が何人かいることや、時刻を示す位置は正確に描くことができるけれど長針と短針を混同している生徒がたくさんいること、分の意識をもっているように思えるけれど自信をもって分を描くことができない生徒が数名いること、自信をもってはいるけれど不正確に分を描いている生徒が二、三人いること、正しく分を描いている生徒が二人いることがわかりました。加えて、時計と時刻について意味のある情報をほとんど書いていない生徒が二、三人いること、書かれている情報が正確だけれど限定的な生徒が四、五人いること、

第3章　診断的評価：ユニットの開始時における生徒の実態把握　79

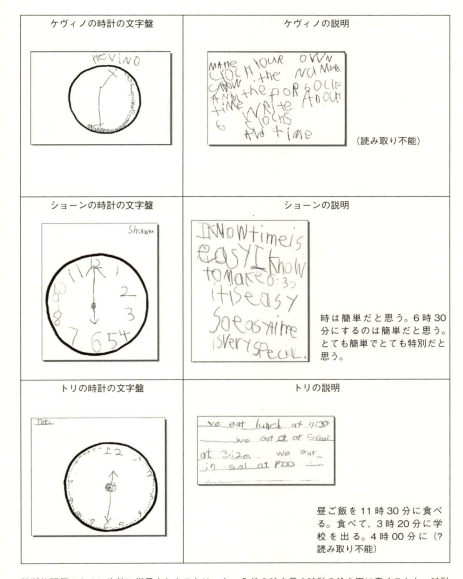

診断的評価のために生徒に指示されたことは、ちょうど6時を示す時計の絵を円に書くことと、時計と時刻について知っていることを紙の裏面に書くことでした。

図 3.6　小学2年生の時刻を読み取ることについての生徒の活動の例（1）

ショーン・Rの時計の文字盤	ショーン・Rの説明
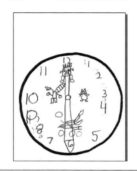	6 o'clock moms up 5 o'clock DaDs up 7:15 Shaun R up 9:30 Kayll 8:30 BUS 9 o'clock school 10:30 Snack 11:30 Lunch 4 o'clock home	6時　ママが起きる。 5時　パパが起きる 7時15分　ショーン・Rが起きる 9時30分　カイル（意味不明） 8時30分　バス 9時　学校 10時30分　おやつ 11時30分　昼食 4時　家

チェルシィーの時計の文字盤	チェルシィーの説明
	A clock helps you tell time Clocks are fun 60 min it + 1 over I can Read from the mike when I wock at 6:00 and MY MOM was Lat for work	時計は時刻を教えてくれる。 時計は面白い。 60分は1時間 私は時計が読める。 私は6時に起きる。 そして、ママは仕事に遅れた。

リアーンの時計の文字盤	リアーンの説明
		1　幼稚園にいたとき＿＿時とか＿＿時30分を学んだ 2　30分　（6を指した時計の図） 3　ちょうどの時刻（12を指した時計の図） 4　ちょうどの時刻を書く　1:00　2:00　3:00　4:00　5:00　6:00　7:00　8:00　9:00　10:00　11:00　12:00 5　30を書く　1:30　2:30　3:30　4:30　5:30　6:30　7:30　8:30　9:30　10:30　11:30　12:30 6　時計は時を教えてくれる、

7　時を勉強する、8　分、9　秒、10　時を勉強する、11　CKHを教える、12　（読み取り不能）をつくる、13　（読み取り不能）からつくった、14　教室の時計、15　長い針、16　短い針、17　起きる、18　何時ですか、19　役に立つ

図3.6　小学2年生の時刻を読み取ることについての生徒の活動の例（2）

時計の機能をある程度正確に理解していて時刻を正確に書いたり一日の出来事を時系列で並べたりできるように思われる生徒が四、五人いることをメモしました。ある一人の生徒は、学年レベルで期待されること以上にずっと進んだレベルで時計と時刻について理解しているように思えました。

このユニットを開始したとき、パルマー先生は診断的評価の結果を用いて、午前と午後の言葉を用いながら5分刻みで時刻を読み取るという点で多様なレディネスのレベルがあることに応じる、コーナーの活動[注23]に生徒を取り組ませました。生徒は向上した能力に応じてコーナーを移動していきました。加えて、毎日、生徒は似通ったレディネスのレベルにある二人ないしは三人グループの単位で、時刻に関するゲームをしました。そのゲームの指示は、時刻についてのその時点での能力のレベルに基づくものでした。クラス全体では「時刻のミステリー」といったことに一緒に取り組ませ、その日のスケジュールを時刻を用いて書かせたり、生徒を一人ひとり教室の前に来させ、生徒のレディネスに基づいて教師が課題として与えた時刻を、厚紙で作った時計の針の位置で回答させたりしました。また、生徒たちは自分たちの生活をよりよいものにするために、時計が自分たち自身や他の人（物語の登場人物を含む）に役立つ方法をリストアップしました。その後の授業における形成的評価へと継続させていくことにより、パルマー先生と生徒たちはこのユニットの学習目標としての知識・理解・スキルにおける（しばしばそれを越えていくこともある）生徒の成長についての理解やその成長のための計画を立てることに役立ちました。

〈事例2〉市場分析に関する6年生のユニットについての診断的評価

ホーナー先生が担当している6年生[注24]は、もうすぐ市場分析のユニットの学習を始めることになります。生徒たちがこのユニットで本当に熱中する最良の機会をもつことができるようになるためには、到達目標を体系的かつ支持的なやり方で組織化することが必要だと、ホーナー先生はわかっています。そして、

注23：コーナーは、生徒が同時に複数の異なる活動に取り組むことができる、教室内に用意された場所のことです。これを設けることで、生徒一人ひとりが異なる課題に取り組むことができるようになります。詳しくは、『ようこそ、一人ひとりをいかす教室へ』の第7章をご覧ください。

注24：アメリカの6年生は、たいていの場合、中学校か、それとも小中一貫校かのいずれかに含まれます。州や教育委員会によって異なります。ここでは、前の記述から中学校に含まれているようです。

生徒たちが学んだことを意味あるやり方で用いることが必要になる状況をつくり出すことが求められることもわかっています。

　ホーナー先生は、ユニットの早い段階で次のことを決めます。つまり先生はパフォーマンス評価のアイディアを導入し、その中で生徒たちが市場調査を計画し、実行することができるようにします。なぜなら、生徒たちが学んだことを活用することは6年生の生徒たちが気に入りそうだからです。そのユニットを通して、生徒たちはパフォーマンス課題について考え、準備していきます。そして、調査を計画して実行し、書くことのスキルを磨き、このユニットの確率と関連した内容を習得する学習を行っていくのです。このユニットは以下の学習目標としての知識・理解・スキルに基づくものです。

知識：
- 鍵となる言葉：無作為な標本抽出、インタビュー・プロトコル、配当金、率、分子、分母、柱状グラフ、絵を使ってあらわすグラフ、棒グラフ、折れ線グラフ、x軸、y軸。

理解：
- 情報はいろいろな形式で表現することができる。
- 分数、小数、パーセンテージの間には関係がある。
- 特別な標本を抽出する方法は、少数の標本から見いだしたことを母集団へと一般化していく可能性を高める。

スキル：
- 特定の調査の質問に回答するために、母集団から標本を抽出する。
- 調査やインタビューを通してデータを収集することにより情報を集める。
- ナマの情報を、小数、分数、パーセントの正確な計算が必要となる有意義な形式に変換する。
- 情報（言葉や数字）が意味することや示唆することを解釈する。
- 情報を明確で簡潔な様式にまとめる。
- 情報を物語的な形式で表現する。

第3章　診断的評価：ユニットの開始時における生徒の実態把握　83

　ホーナー先生は、学習目標としての知識・理解・スキルとそれに関連したユニットを、その次に学習する「市場分析」のユニットに示されているように、四つの指導の区分にまとめました。生徒たちの学びの入り口を理解するために、四つの区分すべてについて情報を集めるための診断的評価を考えて用意しました。ホーナー先生は、生徒たちがいくつかの項目から正しい答えを推測できる可能性を排除するために、多肢選択形式の評価は用いないことにしました。また、そのユニットが始まった後、形成的評価を通して四つの領域のそれぞれについて、生徒に関する情報を追加的に収集する計画を立てました。ホーナー先生には関連した区分の授業を始める前に、それぞれの区分に関係した質問を手短に管理して行うことができそうに思われました。先生は、最初にユニット全体の学習目標としての知識・理解・スキルの程度について何人かの生徒を抽出して調べる方法をとることにしました。そして、生徒の強みと弱みについて大まかな傾向を把握することにより、ユニットが開始された後、ユニットを進めるペースを整えたり、ユニット全体にかかわる教材や指導の仕方や生徒の学習の機会について順次考え始めたりすることができるでしょう。

・・

市場分析のユニット

四つの指導区分：
　　情報の収集…問題の収集、インタビューを行う
　　情報の分析…分数の計算、小数、パーセンテージ、インタビューの解釈
　　情報の表現と報告…棒グラフ、折れ線グラフ、柱状グラフ、物語的な報告
　　情報の解釈と結論の導出

診断的評価：
1. 図（次ページ）はどのタイプのグラフですか？
2. このグラフから目の色についてどんなことが言えますか？
3. 生徒が短い詩の暗唱を完全にできるようになるために要した暗唱の回数は、以下の通りでした。

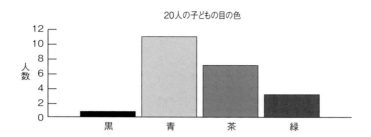

17、11、10、9、6、14、10、9、8、5、12、10、9、4、11、10、9、6、3、18

このデータをグラフにしなさい。

データの個数＝

平均＝　　　　　　　　　（計算の仕方を示しなさい）

最頻値＝

4. 詩を完全に暗唱できるまでに11回以上必要だった生徒は何パーセントですか？（計算の仕方を示しなさい）

　　パーセントを最小の分数にしなさい。

　　分数を小数にしなさい。

5. 次に示したもののうち、記述的調査の重要な部分はどれですか？
   a. 無作為な抽出
   b. 標本
   c. 継続的なアプローチ
   d. 独立変数

　　あなたが解答を選んだ理由を自分の言葉で説明しなさい。

6. 調査によって検証できる仮説をつくりなさい。

7. セミノール通りショッピングセンターにあるA＆Nストアーには、ダウンタ

第3章　診断的評価：ユニットの開始時における生徒の実態把握　85

ウンのモールにあるＡ＆Ｎストアーとは異なる商品があります。その理由は何
ですか？

診断的評価を吟味した際に、ホーナー先生はまず情報の収集のテーマ、とり
わけ標本の収集に関係している質問5と質問7に対する生徒の回答を見ました。
それはこのユニットで生徒が最初に学習するテーマだったので、先生はこのテー
マに関係した多様な生徒の学びへの入り口を素早く理解することが必要でし
た。生徒の反応から、二つの教え方のグループを用意しておく必要があること
がわかりました。そのうちの一つは、情報の収集について明確に理解していな
い生徒のグループを対象としたもので、もう一つは明確に理解している生徒の
グループを対象にしたものです。

ユニットが始まると、先生は総括的評価として使うことになるパフォーマン
ス評価とルーブリック[注25]をクラス全体に紹介しました。そして、生徒たちが総括
的な課題に対する計画を立てる活動を始める備えができるようにするために、
何回かの一斉指導の授業で、標本の抽出、調査の質問の作成、調査の計画につ
いて教えました。

その後、先生は青色のフォルダーか黄色のフォルダーのいずれかにある契
約[注26]を提供しました。青色グループの生徒の契約は、基礎的な知識の理解と効果
的な使用、理解、情報の収集と標本の抽出に関係したスキルに焦点を当てたも
のでした。黄色グループの生徒の契約は、無作為な層別抽出法[注27]、つまり、情報
の収集と標本の抽出に関するより洗練された応用に焦点を当てられたものでし
た。

情報の収集と標本の抽出に関するユニットの区分の授業は、5時間かけて行

注25：パフォーマンス評価は、生徒が学習の成果を作品や展示物、レポートとして提出したり、プレ
　　ゼンテーションや実験の実施などとして実演したりして、それを評価するものです。ルーブリック
　　はそれを評価するために予め設定された段階的な尺度や基準のことです。
注26：生徒が取り組む学習の内容や方法などの条件について、教師と生徒が互いに合意形成をした上
　　で学習を進めていく方法です。契約の手法を使った授業については、『ようこそ、一人ひとりをいか
　　す教室へ』の164〜171ページを参照してください。
注27：母集団の中に質の異なる部分母集団（層）がある場合、母集団を予め等質の層に分けた上で、
　　層ごとに標本を抽出する方法です。

われました。契約が開始される前の授業で、ホーナー先生は生徒たちに契約について紹介し、生徒が行う活動についてのガイドラインと期待されることを話しました。また、ホーナー先生は黄色の契約のグループと青色の契約のグループのどちらとも、2時間分の授業時間の一部を使って生徒たちの相談に乗る予定であることを伝えました。小グループでのこれらの機会を使って、ホーナー先生は、生徒たちが取り組む契約での要求に関係している、情報の収集と標本の抽出について直接的指導を行うとともに、生徒たちと話し合いをするつもりでいました。5時間分の授業の間で、生徒たちが教師と話し合いをしていないときや、自分たちの契約に関して行う追加の活動がなかったときは、生徒たちは自分たちの総括的なパフォーマンス課題として行う予定の調査の計画をつくり始めました。

　上述した小学校と中学校の事例は、両方とも、診断的評価を用意し成功裏に実施するためには、注意深い計画が必要であることを示しています。そうした計画づくりは時間がかかるように思えるかもしれませんが、診断的評価によって獲得できる価値ある情報は、それをやらないときには考えられないぐらいに効率的で効果的な授業や学習の実現を可能にします。

第4章

形成的評価：ユニットが展開されている間に生徒がどこにいるかを知る

私が知っている中で唯一分別のある行動がとれるのは、仕立て屋だ。彼は、いつも会うたびに私の身体の寸法を測り直すのだが、それ以外のところはもともとの採寸のままで私の今の体形にピッタリだと確信している。

ジョージ・バーナード・ショウ

　ヴァージニア大学での数年間、私（キャロル）は、複雑で密度の濃い内容を扱う、博士課程の演習を教えていました。私が不安を与えないやり方で授業を始めるまで、学生たちは人づてに聞いた話のためにとても不安に思っていたようです。学生たちはそれまで毎週、授業の課題について理解していることに関するレポートを書かなければなりませんでした。それは、課題について発見したことや、読んだ内容、そして今考えていることを書いたり、その課題についての有効な解決策を提案したりするレポートでした。

　私が前の週のレポートを返却するとき、教室は毎週のように高い緊張感に包まれました。もし私がレポート返却を授業の最後までしなかった場合、学生たちはその授業で考えなければならない課題をおちおち考えられませんでした。けれども、授業の最初に返却してしまうと、今度はクラスメイトの成績との違いにばかり気持ちがいって、それ以外を考えることは不可能に近かったのです。授業のかなりの時間をレポートへのフィードバックに割かなければならなかったのですが、学生たちの方はコメントよりも成績を気にしていたのです。

　私は、新学期が始まったとき、新しい学生たちがどのような緊張感をもって

いるのか考えることに私自身も神経質になっていると思ったので、授業の進め方に「小さな」変化をもたらすことを決意しました。初日に私は、授業のはじめに前の週のレポートを返却して、自分が何を望んでいるかを明らかにし、この授業のルーブリック（評価基準表）で強調されている理解やスキルをそれぞれのレポートがどんなふうに達成していたのかを評価したと言ったのです。10分間時間をとって、学生たちに自分のレポートを再読させ、フィードバックを点検し、そして、私のフィードバックでわかりやすかった点、役に立った点、的確だと思えた点や、私が見過ごした点についてメモに記して渡してくれるように言いました。

　後者があった場合には、学生たちにその箇所について、授業中の活動時間や、授業後や、個別指導の時間に、どんどん私に話しかけるように言ったのです。翌日までに、学生たちはこのフィードバックをいかして次のレポートにどのように取り組むかというプランを私に提出しなければなりません。言い換えると、何をどう改善しなければならないかということを私に伝える必要があるのです。次のレポートでは、学生たちが自らのプランをどの程度実行できたかということについて、私はフィードバックをすることになりました。つまり、学生たちが読み、考え、書いたことについて、継続的で、漸進的なフィードバックを行うことになったのです。

　卒業研究で使える大切な様々なスキルを、この授業で全員が習得できることを約束すると学生たちに言ったわけではありません。しかし、一生懸命に課題に取り組んで、それをどういうふうに展開したかを私に見せてくれさえすれば、その領域で自分が何を達成しなければならないかということを理解したり、自らの際立った成長を目で見てわかるようにしたりすることができるようになることは保証すると言いました。

　学期末には、学生たちが自分たちの最終レポートの原稿にフィードバックを相互に提供し合うようにしました。彼らは、習得する必要のある一連のスキルを発達させたり、洗練させたりするには継続的なプロセスが大切だということを、自分たちの体験を通して納得し、そのことについて授業のまとめとして話し合う中で話題にしていました。最終的に私は学生たちに、そうした分析を導く枠組みとして、この授業のルーブリックを使いながら、自分自身の最終レポ

ートの質的な評価も提供してくれるように求めていたのです。学生たちの自己評価は極めて的確なものでした。私が最終レポートを返却する際、レポートにはフィードバックだけでなく、もちろん成績も記されていたのですが、それを見てびっくりする学生やがっかりする学生は一人もいなかったのです。

この学期の授業は、私が過ごした大学教員生活で、今でも最も満足のいく教育実践の一つでした。なぜなら、学期全体を通して学生たちが成績や順位よりも、学習と成長に目を向けていたからです。彼らは、その授業の学習目標がどのようなものかということや、それらがなぜ大切なのかということについて、徐々にはっきりした考えをもつようになりました。質問は、自主的で深いものになっていきました。学生たちは安心感をもてるようになりました。この授業で学生たちは終始、かつてとは比べものにならないほど、大きな満足感と達成感を手に入れ、むずかしい領域のことにもためらうことなく取り組み、理解するようになりました。一人ひとりの学生も、クラス全体も、それまでの何年かの授業より、著しい成長を見せたのです。さらに、学生たちは、お互いを、競争相手としてよりも学習のパートナーと考えていたので、その学期じゅうを通してコミュニティーの感覚を育てることにもなったのです。

重要なのは、一つの「小さな」変化がすべてを変えることができるということです。この一つの「小さな」変化によって、私たちはみんな、大切な能力を伸ばすという共通の目標を共有する生徒と教師になったのです。もちろん、その一つの小さな変化とは、学習のプロセスの表舞台に形成的評価を据えるということでした。

幼稚園から高校までの教室環境は、大学院生の授業とはかなり違いますが、教え・学ぶプロセスは意外にも同じなのです。両方とも、明確な学習目標と、一人ひとりがどうすればその目標に向かって、あるいは目標を超えて、成長し続けることができるのかということについてのたゆまぬコーチングと一人ひとりのニーズに応じる指導こそが、学習者の成功と満足の源となります。そして、どちらの場合も、こうした諸条件が本来あるべき指導をもたらしてくれるのです。

形成的評価の特徴と影響

　評価の専門家たちは、形成的評価を若干異なる形で定義しています。それらの定義は、形成的な評価ないし継続的な評価の別々の面が強調されているのですが、その反面、指導と学習のプロセスの中で、この強力な評価の側面がもっている特徴と目標については専門家の間に共通の見解が見られます。

　ディラン・ウィリアム[7・65]は、評価は、指導の次のステップを決めるために、教師が生徒のパフォーマンスについての証拠を集め、解釈し、そして使ったときの方が、証拠もなしに決めたときよりもどれだけ好ましいかという程度に応じて、形成的である度合いも決まるとしています。言い換えると、評価は「証拠が、生徒のニーズに見合った指導に使われた場合に[7]」形成的になるのです。ウィリアムはまた、教師が指導を改善するために評価情報を使うのと同じくらい、生徒たちも自分自身やクラスメイトの学習を改善するために評価情報を使うことが重要なのだと書いています。「力のある学習者は、自分の長所と短所（強みや弱み）がわかっているときにこそ、その力を一番よく発揮するのです[11]」。こうした目標に向けて、形成的評価を授業で頻繁に（一つの教科で1週間に2〜5回）行うべきです[28]。

　同様に、ローナ・アールは形成的評価を二つの側面から定義づけています。「学びのための評価（assessment for learning）」と「学びとしての評価（assessment as learning）[20]」です。彼女は、そのような言葉で、教師・生徒双方にとって形成的評価のプロセスのもつ価値を強調しているのです。

　アールは「学びのための評価」について説明する中で、教師は自分が受け持っている生徒や内容や学習環境に関する知識を組み立てたり、使ったりして、生徒の多様なニーズを確かめたり、確かめたニーズを次の学習段階での指導で使ったりするということを強調しています。

　また「学びとしての評価[注1]」を説明する中では、評価と学びとをつなぐコネクター（接続）役となるのが生徒であると言っています。つまり、生徒たちは単に評価の情報を提供する者なのではなくて、評価情報の意味づけに積極的に取

注1：評価すること自体が学びになっているもので、ポートフォリオやジャーナルや振り返りによって為されるものです。

第4章　形成的評価：ユニットが展開されている間に生徒がどこにいるかを知る　91

り組むことができる者にならなければならないのです。その際には、明確に定義された学習目標と、自分が理解したことを関連づけたり、フィードバックしてもらったことを自分自身の学習を振り返るために使ったりして、知識や理解やスキルを伸ばしていくのに必要な修正や改善をしていくことができるようになるのです。

　グラント・ウィギンズは「教育的評価（educative assessment）」を論じる際に、アールが言うような評価を、生徒たちのパフォーマンスを著しく改善しようとする試みの中心に据えなければならないと言っています。ウィギンズによれば、教育的評価は、測定するためにではなくて、教えるために慎重にデザインされたものです。教師や生徒に豊かで有益なフィードバックを提供するものであり、そのフィードバックを使って学習を改善するということを目指すものです。教師と生徒の両方が「徐々に自らのパフォーマンスを正確に自己評価したり、自己修正したりすること」ができるようにするものです。◆61

　評価と到達目標を促進する州レベルの協議会は、幅広く引用されている次のような形成的評価の定義を採用しました。「意図された学習目標に向けて生徒の到達度を向上するように、教師による指導と生徒による学習を修正し続けるために継続して行われるフィードバックを提供し、指導／学習を通して教師と生徒によって用いられるプロセスである」。◆47

　この定義で重要なのは、次の二つのことが強調されていることです。一つは、形成的評価が、何か特別な評価の種類やタイミングで行われるものではなく、プロセスとして捉えられていることです。もう一つは、そのプロセスが学習ユニットの開始時点で始まり、ユニットの展開とともに継続して行われるということです。ですから、ウィリアムの説明に戻ると、評価を形成的なものにするのは、手段なのです。つまり、生徒のニーズについての情報を集め、それから学び、そしてそれを使いこなして、生徒の成功に貢献することを約束する指導と学習計画に修正を加えられるようにすることなのです。

　多くの専門家たちが、形成的評価の効果的な使用は、生徒の到達度を向上する最も強力な授業で使えるツールであると言っています。ハッティは、800以◆27

注2：これを日本流に言い直すと、「学力向上」ということになるでしょう。

上の項目のメタ分析の結果、「形成的評価の設定」が分散値 0.90 でランキングの最上位にあるとしています（0.50 以上が価値のあるもので、0.30 以下はほとんど価値がないということです。「形成的評価の設定」の数値と比較して、参考までに次のような数値が示されています。「習熟度別グループ編成」は 0.12、「学級規模」は 0.21、「宿題」は 0.29、「指導の質」は 0.44、「教師の明確さ[注3]」は 0.75）。

　ブラックとウィリアム◆6も、数か国の形成的評価研究を検討して、生徒の到達度に対して形成的評価がかなりよい影響を及ぼすことを指摘しています。彼らは、形成的評価が学習面で苦労している生徒たちによい影響を及ぼすという点を強調しており、形成的評価によってそうした生徒たちが特別な成果をあげられるように学習が改善されると提言しています。形成的評価を使うことで、到達水準を全体的に改善しながら、一人ひとりの到達度の差を少なくしていくことが可能になるからです。形成的評価を効果的に用いることは、学力が高い生徒を含めたすべての生徒が、自分にとってほどよいレベルで、すばらしい成果を得られる教材や課題に出合う手助けとなるのです。

　生徒の学力形成に対する形成的評価の影響を、他の 22 のアプローチ（異学年の教え合い、教師教育の充実、教師の経験年数、サマースクール、もっとやる気の出る算数・数学、クラス規模の縮小、幼稚園での終日授業、卒業試験、より高度な教師資格試験、授業日数の増加、など）と比較してみても、形成的評価が費用をかけずに効果が大きいものであることが明らかにされています◆65。

　実際、形成的評価を賢く使うということは常識に過ぎません。もしも、生徒たちを最大限に成長させたいと思うなら、明確でしっかりした学習目標を示し、そのような目標を頭の中にしっかりと置きながら教えなければなりません。そ

注3：「指導の質」は、生徒が捉えた教師の教え方の質のことをあらわしています。「教師の明確さ」は、到達目標や到達基準を明確にしているかどうかということや、授業構成や説明の明確さや実例や手引きの的確さ、生徒の学びの評価の適切さなどをあらわしています。いずれの要素も教師の指導のあり方にかかわるものですが、「教師の明確さ」は「指導の質」の倍になりますので、生徒の到達度を向上させる上で教え方のうまさよりも教師の言動が明晰・明確で、的確・適切であることがいかに重要かをあらわしています。「習熟度別グループ編成」や「学級規模」や「宿題」の生徒の到達度に及ぼす影響はこれらの影響要因よりもはるかに低いことがわかります。「形成的評価の設定」の数値は「教師の明確さ」をも超えるわけですから、いかに重要であるかがわかります。詳しくは◆29の邦訳書『学習に何が最も効果的か』「付表C：到達度に及ぼす影響の一覧」を参照してください。

して、私たちが説明したことや生徒たちが実行したことが彼らに及ぼす影響を
チェックし、その評価が示すことについて何かをしなくてはなりません。教師
の一連の思考と計画こそが、一人ひとりをいかす営みの中心です。それは、よ
い指導の基本でもあります。

　形成的評価の中心目標は、生徒たちにぴったり合った指導をし続けるために
データを集めることなのですが、評価の結果を教師自身の振り返りに使うこと
も、もう一つの重要な目標です。実際、ハッティは、「フィードバックは、生
徒が自分たちの学びについて深めることにつながるのはもちろんだが、それ以
上に、教師が自分自身の指導について掘り下げる上で重要である[28]」と言ってい
ます。

　教師は、自らの評価の成果を次のような形で吟味することを通して、プロと
して成長し続けるのです。

① 評価によって得られたデータの質を理解する。
② 生徒たちがどの程度指導目標を達成しているかを吟味する。
③ 指導の結果として新たにつくり出されたり、そのままになったりした誤
　解や思い違いがないかを突きとめる。
④ 自分自身の指導の有効性をより正確に振り返る。

　形成的評価のデータは、問題に対する「正解」や「誤答」を教えるばかりで
なく、ある特定の指導手順が効果的ではないとか、生徒のグループ分けが特定
の生徒のニーズに最適ではないとか、もっと違った教材を使ったほうが効果的
であるとか、指導のペースを調整したほうがよい、とかいったことを明らかに
してくれます。つまり、形成的評価は両面の鏡のようなもので、生徒にとって
も教師にとっても発見をもたらしてくれるものであり、双方が成長し続けるた
めの方向性を示してくれるものなのです。

形成的評価、採点、フィードバック

　診断的評価をもとに成績をつけることが適切でないのは、はっきりとしてい

ると思われます。しかし、形成的評価を成績に直結すべきではないという、専門家たちのアドバイスを受け入れることは、多くの教師にとって難しいことです。というのは、私たちは授業内で成績に結びつかないような課題を常に生徒たちに与え続けてきているからです。あるいは、成績との関係を考えずに宿題も与え続けてきているからです。以上のことは、「でも、成績をつけないのなら、あの子たちは何もするわけがないよ」という教師たちの言葉に代表されます。

　このような状況においては、どんな年齢の生徒たちにも、アメリカンフットボールやバスケットボールやサッカー、水泳大会、ピアノやドラムやバンジョーの演奏、スケッチ、テレビゲームといった、誰か他の人が途中で成績をつけるようなことをせずに行われるような実践に参加させてみるといいでしょう。

　演奏をする生徒たちはまず、指導者から演奏の仕方を教えてもらいます。それから演奏してみて、フィードバックをしてもらったり、さらに演奏をモデルで示してもらったり、指導を受けたりして、その上でまた演奏します。そして納得がいくようになったら、演奏会をするのです。演奏会には、教える－実践する－フィードバックする、のサイクルで学んだことを、生徒たちが他の人たちにその成果として見せるために舞台を提供するという意味があります。

　これと同じように、バスケットボールの選手たちは、教えてもらったり、コーチされたことをもとに練習をして、1～2週間の間に何度もフィードバックを受けたりします。しかし、そこで成績をつけられるようなことはありません。むしろ選手たちは、練習を通して学んだことを使って試合に臨み、質の高い練習をすれば、それが試合の結果にいい影響を与えるのだとわかるのです。[注4]

　実際のところ、成長の一部となるどのような学習の場面でも、子どもたちは自分たちがこれまで積んできた練習が、その成果を発表したり活用したりする

注4：このスポーツや芸術や遊びの例は、とてもわかりやすいです。つまり、成績的なものが登場するのは、最後だけです。しかも、それとて最終ではなく、さらに成長するためのきっかけにすぎません（これらと比較すると、勉強のときにしていることは、あまりにも違いすぎます）。このアプローチを学びの際に活用すると、『増補版「読む力」はこうしてつける』の81～84ページで紹介している「自然学習」モデルと「責任の移行」モデルになります。言葉を話したり、お箸を使えるようになったり、自転車や自動車に乗れるようになったりするときに使われるアプローチです。後者の「責任の移行」モデルは、『「学びの責任」は誰にあるのか』で詳しく解説されていますので参考にしてください。特に33ページの図（図は、「PLC便り、新刊紹介『学びの責任』」で検索すると見られます）に象徴されているように、形成的評価は「責任の移行」を意図した指導の際は常に行われ続けているものです。

第4章 形成的評価：ユニットが展開されている間に生徒がどこにいるかを知る　95

ようになるときに効果をあらわすということを理解しながら、大人の励ましを
受けつつ喜んで練習に取り組むのです。練習が、試合や陸上競技会や演奏会や
コンサートや展示会で効果をあらわし、また、それらに対するフィードバック
が練習の励みになるのです。

　教室では、この、練習－フィードバック－本番のループの中の重要な二つの
側面が欠けています。第一に、やむにやまれない場面で重要なスキルを実演す
る機会を生徒たちに提供することがほとんどできていないということです。言
い換えると、私たちは、生徒たちに、本物の試合をさせずに基礎練習ばかりを
繰り返すように、ドリル学習を求めています[64]。第二に、私たちは練習とフィー
ドバック、そして「試合の中での」成功との間の関係を生徒たちに見せていま
せん。

　生徒のやる気をそそり、頑張りを要求し、成果を引き出すような、本物の評
価や生徒に求める成果物をつくるような課題を用意することによって、第一の
欠落を補うことができます。また、授業の課題や宿題に取り組むことは、後に
学習する課題や宿題で段々とよく学べるようになるためのフィードバックを得
ることにつながり、最終的には有意義なパフォーマンスをもたらします。そし
て、生徒たちが取り組んできたことがきちんと評価されるように慎重に考えら
れたテストでも、段々とよい成果を得ることにつながります。このようなこと
を、生徒たちが繰り返し実際に経験できるようにすることによって、第二の欠
落を補うことができるのです。成績こそが何よりも学ぶことの第一の動機にな
ってしまうと、学習そのものがなくなってしまいます。ある教育者は次のよう
に言っています。「もしも『ご褒美をあげることは生徒の動機になりますか？』
と問うなら、答えは『もちろんです！　それは生徒にご褒美を手に入れさせる
のに役立ちます[注5][40]』」と。

　常に形成的評価を採点し成績づけをしていると、少なくとも三つの形で学習
を阻害してしまうことになります。第一に、生徒に学びのプロセスを誤って伝
えてしまい、間違うことがもっとよくなるきっかけではなくて、罰せられる原

注5：この言葉は、「生徒たちはご褒美を得るために学ぶので、それがなくなったら学びません」とい
　　うことを意味します。これについては、『遊びが学びに欠かせないわけ』の中で、詳しく紹介されて
　　います。

因になるというメッセージを送ってしまうことになります。[29]第二に、学ぶことよりも、いい成績をとることに生徒たちの目を向けさせてしまいます。第三に、教室環境が多くの生徒にとって安心できないものとなります。さらに授業課題があらゆる学習者にとって適切に取り組むようなものになっていなければ、教室環境に不安を感じる生徒はもっと多くなるでしょう。

　したがって、教師は形成的評価をもとに成績をつけることよりも、形成的評価を基にした、的を絞った、わかりやすい説明の伴った、意味のあるフィードバックをする必要があります。「フィードバック」という言葉は、もともと、あるシステムを将来的に変化させるために、そのシステムの現状についての最新の知識を使う状況を描写する工学分野の用語でした。[注6][65]教室では、将来の学習にいい影響をもたらす大切な目標にどのように向かいつつあるかを、教師と生徒の双方が理解することができるように、生徒の学習の現状についての知識を使っていかなくてはなりません。効果的なフィードバックは次のような特徴を[9・12・28・63・66]もっています。

- **明瞭である**　生徒が理解できて、共感できるように伝えられている（例：「きみはこの作者の主張がどういうものかということについてはきちんと説明したけれど、作者が自分の主張を組み立てるのに使った証拠がしっかりしているかどうかについては話していないね」）。
- **信頼関係を築いている**　教師が正直であり、生徒の成長を見守っていて、成長を支援するために力を注ぎ、フィードバックの内容を生徒が実行する能力と意志をもっていることを信頼していると、生徒に感じられている（例：「自分が選んだテーマについて多様な見方があることを示すために、きみが使う資料のリストをつくりなさい。それからそれを私と一緒にチェックしよう。そうすれば、このやり方でいいかどうかを一緒に確かめることができて、安心して読み進めることができるよ」）。
- **どうすればいいかがわかりやすい**　生徒一人ひとりに敬意をあらわしつつ、

注6：訳者の一人の吉田が、最初にフィードバックを意識するようになったのは1980年ごろに、ベルタランフィの『一般システム理論』を読んだときでした。最近は、フィードバックよりも、フィードフォワードこそが大切だという人もいるから面白いです。

第4章 形成的評価：ユニットが展開されている間に生徒がどこにいるかを知る 97

その特徴（性格）やニーズをふまえている。判断したり価値づけたりするよりも、何をする必要があるかということを説明している（例：「きみが文章を書く中でどんなふうに感覚的な言葉を使っているかがわかったよ。言葉を選びながら書き続けたら、自分のアイディアと段落とをスムーズに結び付けるような言葉を含んだ文章にすることができるよ」）。

・ **具体的である**　もっとよくするためにどうしたらいいかを丁寧に指摘したり、すでにしたことの何がいいのかを正確に言葉にしたりする（例：「きみの実験のステップの説明は明快なので、捉えやすいね。この実験結果から、なぜそのような結論を導いたのか、もっとたくさん聞かせてほしいな」）。

・ **焦点が絞られている**　そのときに、最も重要な学習目標としての知識・理解・スキルにはっきりと焦点を絞っている。成長するために次のステップで何が最も大切なのかということに、学習者が集中する手助けになる。フィードバックの量は、生徒も教師も圧倒されない分量である（例：「比較と対照との違いに注意しながら、自分のアイディアの組み立て方について考えてみよう。そうすれば、読んでもっとわかりやすい文章になるよ。もうそういうことをやっているなら、きみの使う例が比較か対照のどちらかのカテゴリーにきちんと当てはまっているか確かめてみよう」）。その生徒がうまくできないようなら、もう一度教えればいい。役に立たないようなフィードバックや生徒をがっかりさせてしまうようなフィードバックをたくさんしてはいけない。

・ **一人ひとりの違いをいかす**　その生徒の次のステップが、重要な学習目標と関連していることを理解させる手助けになる（例：「面積についてのきみの計算は正しいし、この問題を解決するためにきみが使ったプロセスについてもよくわかるように説明してくれたね。きみの考えを広げるために、今日の算数の時間で小さな掲示物を二つつくってください。一つの掲示物には、足し算と言葉を使って、きみの出した答えが正しい理由を示してください。もう一つには、図形と言葉を使って、きみの答えが正しい理由を説明してください」）。

・ **タイムリーである**　頻繁に、そして学習活動が終わったら[注7]できるだけすぐに提供されると、生徒はフィードバックされた内容を効率よく実行するこ

とができる（例：「ここでフィードバックした内容をもとにして、明日の理科の授業で行うディベートのために、十分な根拠のある主張をつくろう」）。

- **フォローアップを引き出す**　教師は生徒の改善のために提言をするが、生徒のかわりにやってあげることはしない。むしろ、生徒は自分のために行動する機会をもつことになる。それはまた、フィードバックについて教師と話し合う機会でもあり、生徒がフィードバックから得た情報を使ってどのようにプランを立てていけばよいかを学ぶ機会でもある（例：「ガンジーは変革のために非暴力で沈黙のアプローチをとっていたにもかかわらず、革命家と呼ばれたのはどうしてだろうか？　ここで出されたアイディアを使って、きみの結論をもっと強力なものにして、何が彼をユニークな存在にしたのかを説明してみなさい」）。

　以上のような特徴をもつフィードバックは、学びを促進するという点で、81点だとか、Dだとか、A＋だと言うよりも、はるかに有益です。実際、フィードバック[注8]は、生徒の学習を点数や成績で評価した場合の二倍の効果があるという研究成果もあります。◆65　質の高いフィードバックを日常的に行うということは、「すべての人を確実に成長させるとともに、成長する方法をすべての人が確実にわかるようにするために、私たちがこの教室で行うやり方になる」と言う教師がいるかもしれません。これはまた、重要であるにもかかわらずしばしば見逃されてしまう次のような忠告に呼応するものです。◆65　それは、もし私たちが生徒の学習を促進するためにフィードバックをしようとすれば、そのフィードバックが、生徒から感情的な反応を引き出すよりも、むしろ認知的な反応を引き

注7：「終わったら」というよりも、「活動をしている最中に」の方が、効果が大きいと思います。このタイミングについて、もちろん他の項目すべてに参考になるのが、ライティング・ワークショップおよびリーディング・ワークショップで行われているカンファランスです。ここにフィードバックとして書かれていること＝カンファランスですから、ほぼベストな形の教え方と言って間違いありません。「作家の時間、オススメ図書紹介」で検索すると、関連図書リストが見られます。

注8：フィードバックのやり方で一番参考になるのは、ライティングやリーディング・ワークショップのカンファランスです。それをわかりやすくしているのが、「大切な友だち」という方法です。その具体的な方法については、「PLC便り、大切な友だち」で検索するか、「PLC便り」のブログの2012年8月19日号を開くと見られます。

第 4 章　形成的評価：ユニットが展開されている間に生徒がどこにいるかを知る　99

出すようにしていかなくてはならない、というものです。言い換えると、フィードバックは、防御的姿勢や怒りや落胆や自己満足や、その他の非生産的な生徒たちの反応を引き出すためにではなく、思考を引き出すために行われるべきなのです。

形成的評価における生徒の役割

　診断的評価と同じように、形成的評価は、生徒たちとともに行うべきもので、生徒たちに対して行われるべきものではありません。これには三つの理由があります。

　第一の理由は、学校の鍵となる目標が自立した学び手を育てることでなければならないからです。自立した学び手とは、①学習の目標や目的を自信をもって言えるだけの能力を備えた子ども、②そうした目標を達成することを可能にするリソースや経験を見つけ出したり、使ったりする子ども、③目標に向けた自分の進歩の様子をモニターできる子ども、④目標を修正したり、達成するために必要に応じて学びのプロセスを調整したりすることのできる子ども、⑤目標がどの程度達成されたかとか、乗り越えられたかといったことを点検することのできる子どものことです[注9]。

　教室での指導と評価のサイクルは、学習者たちに自立して学ぶためのスキルを教えるための強力な手段を提供してくれます。図 4.1 は学習目標に関する意識を生徒に育てるための教師の支援、そうした目標に向かって生徒たちが進んでいく筋道、学びを支え励ますために教師が探究し、使用するフィードバック、そのような学びのプロセスの勘所で生徒たちがうまくできたことを評価することを図解しています。

　二番目としては、自立した学び手となるために必要な態度とスキルを生徒たちが身につけていく支援をすることも有益なことです。なぜなら、そうすることで教え・学ぶプロセスについて教師がいっそうメタ認知的になるからです。

注 9：以上は、著者たちが考え出した「自立した学び手」のイメージです。あなたが大切にしたいことは何ですか？　訳者のリストに興味のある方は、ご自分（たち）のリストを　pro.workshop@gmail.com 宛にお送りください。

図 4.1　自立した学びのツールとなる、教室での評価－指導サイクル

そのような支援をしていく中で、教師は次のようなことを明らかにしていかなくてはなりません。

・学ぶための様々な目標。
・なぜそれらのことに追究する価値があるのかということ（多くの生徒にとって明らかに説得力のない論拠である、テストに合格する必要性以上のこと）。
・成功したかどうかをはっきりと示す基準とはどのようなものか。
・ある生徒が自立した学びのどのレベルにあるかということを、どのように評価するかということ。
・教えている教科で重要な能力を生徒が伸ばしていくことを支援するにあたって、その生徒がそれまで以上に自立できるように、どうすれば支援することができるか。

　表現の違いこそあれ、教師が自分の生徒を生涯自立した学び手になるように支援したければ、教師は学び方についての知識・理解・スキルと、歴史や音楽や理科等の内容に関する知識・理解・スキルの両方を、自分の指導の中に組み入れなければならないのです。内容知識に関して「成長する」と同時に学び手として「成長する」ように生徒を支援することは、生徒が重要な内容知識を習得するだけでなく、彼らを人間として成長させる効果をもたらすのです。学び

がどのように起こるのか^{注10}ということについての教師の意識を磨いていくことが、この重要なスキルを伸ばしていくことになるのです。

　最後に、重要な内容に関する目標に向けて自分たちがどのように成長したかをお互いに評価できるように生徒たちを教えることは、いくつかの点で有益です。生徒たちは友だちと目標について話し合ったり、友だちの学習成果についてフィードバックをしたりするときに、自分の作品だけに焦点を当てるよりも、うまくいくための目標や基準についてより自覚的にならなくてはなりません。そのようにして育まれる自覚の一部は、会話の「リハーサル効果」^{注11}や、クラスメイトの成功に肯定的な影響をもたらそうとする責任感から生まれます。また、他の生徒の作品がいい意味でも悪い意味でも、自分の作品や状態を明らかにするモデルとして機能したときに、効果があらわれるのです。

形成的評価と一人ひとりをいかすための他の主な要素

　学習環境、カリキュラム、評価、指導、そして学級経営という、一人ひとりをいかす教室の五つの主要な要素を、それぞれが独自に回りながらも、互いにかみ合った状態で回る五つの歯車のようなものと考えてみましょう。そして、形成的評価と他の要素との間のつながりについて考えてみましょう。

　形成的評価の、最も顕著で、おそらくそれほど期待されていなかった影響とは、生徒と教師のマインドセット（思考様式）を含めた学習環境に対する影響です。形成的評価は一人ひとりをいかす教室の安心感に貢献しますが、それは、生徒たちが、評価され、成績をつけられる前に、練習をして、間違いをおかしたり、間違いから学んだりする多くの機会をもつようになるからです。それだけでなく、生徒が個人やグループで、学習のための評価に取り組むにつれて、

注10：この点を、最もわかりやすくまとめているのが、「学びの原則」です。ぜひ参考にしてください（ブログ「PLC便り」の2012年3月18日を開くと見られます）。この「学びの原則」を無視し続けて教えるということは、まさにここでいう内容知識だけに焦点を当てて教えることを意味します。それは、教師サイドは教えたと言えても、生徒サイドは学ばせてもらっていないという関係が続くということです。

注11：記憶するべき項目を何度も唱えることによって、短期記憶から長期記憶に転送し、忘れないようにすることを意味します。

また、自分自身の作品や友だちの作品を、お互いの成功という目標のもとに評価することを学ぶにつれて、生徒も教師も共有された目的に向かう一つのチームになるのです。彼らは「成功の文化」を示す、コミュニティーや学問的ファミリーの感覚をつくりあげるのです[◆6]。

成長マインドセットは、妖精の粉[注12]からも楽観主義からも生まれてはきません。生徒は、変化の効果を経験してはじめて、達成したことがさらに発展するかもしれないということや、達成と引き替えに教師が彼らの作品や信念に求めた変化を信じるものです[◆6]。成長マインドセットの発達は、一人ひとりの生徒が要求された学習内容にうまく対応する能力を備えていると教師が確信したときに始まるものですが、教師がそれを実感できるのは、一歩一歩の成長と成功の機会を与えて、生徒がそれを達成したときです。

同様に生徒にとって、成長マインドセットは成功の連続によって生み出されます。形成的評価を効果的に使うことは、生徒が練習に努力を傾けるプロセスを増やし、そうした努力や自己修正から、次の練習に努力をどれほど傾けていけばいいかといったことなどの基礎となります。

形成的評価は、効果的に使われるなら、教師が生徒に耳を傾けていること、生徒に成長してほしいこと、そして成長に必要な具体的なサポートや助言を提供していることを、生徒に示すものとなります[◆28]。

形成的評価とカリキュラムとの関係は明白というだけでなく、とても重要です。カリキュラムの目標が明確でなければ、形成的評価がカリキュラムと指導をうまく調整してつなぐことにはなりません。ブラックとウィリアムは次のように述べています。

　　　生徒は、自分の学習がどういう目標に向かっているのかということを一枚の絵のようにはっきりとイメージすることができた場合に、自己評価することができる。意外にも、そして悲しいことに、多くの生徒はそのような絵を描くことができない。（中略）生徒は、そのような全体像をつかめたときに、学習者としてよりコミットすることができて、力をもつようになる[◆6]。

注12：『ピーターパン』に登場する妖精ティンカーベルがまく粉のこと。ここでは、成長マインドセットが魔法か何かから生まれるものではないことを強調しています。

第4章　形成的評価：ユニットが展開されている間に生徒がどこにいるかを知る　103

　明らかに、一人ひとりをいかす指導は形成的評価と表裏一体なのです。教師がはっきりとしたカリキュラムの目標を立てて、学習の流れを通じてその目標に対して生徒がどのような位置にあるのかということを理解するために、形成的評価を使うならば、一人ひとりをいかすことにつながるのです[20]。

　さらに、一人ひとりをいかす指導が診断的評価や形成的評価の情報を踏まえていないなら、すべては徒労に終わるでしょう。

　ハッティは「一人ひとりをいかす教え方が効果的であるためには、教師は一人ひとりの生徒が、その授業の評価規準に照らして、旅をどこから始め、いまどこにいるのかを理解していなければならない」と指摘しています[29]。そしてハッティは、生徒のことをわかりたいと願い、生徒の学習をどのように支援したらいいか模索している教師にとって、迅速なフィードバックを伴う形成的評価が強力なツールになるのは間違いないと結論づけています。

　最後に、もし教師が、あらゆる生徒の成長を導く教室をつくり出す必要性を生徒たちに理解させることができなければ、また、柔軟な指導を導くのに必要な様々なルーティン[注13]を確立し運営することができなければ、一人ひとりをいかす教え方は実現しません。そして、形成的評価によって把握される一人ひとりの違ったニーズも、生徒の知識・理解・スキルを改善するという目的で教師と生徒によって使われることはないのです。

形成的評価のための方法

　第3章でも述べたように、生徒たちのレディネスや興味関心を把握するための診断的評価の方法は、学習中に行う形成的評価においても役立ちます。例えば、指の本数による反応や反応カードや、インフォーマルな会話とインタビュー、といったインフォーマルで間接的な方法や、興味関心調査、フライヤー・ダイアグラム[注14]、ジャーナルや筆記での回答、体系的な観察とインタビュー、小テスト、見せながら説明する（ショウ・アンド・テル）といった直接的でフォーマルな方法などです。

───────────────────────────

注13：25ページを参照してください。
注14：61ページの表3.2を参照してください。

もちろん、中には形成的評価（特に生徒のレディネスの評価）により適した方法もあります。表 4.1 には、形成的評価で最もよく使う直接的でフォーマルな方法を紹介しています。教師は、生徒のニーズや、教えている内容や、教室に特有の状況に基づいて、自分自身の方法を自由に選択したり、開発したりすることができます。この章や第 3 章で紹介しているものは、可能な方法の一部でしかありません。

生徒のすべての成果物が（教室で取り組んだことや宿題も含めて）形成的評価に使えると覚えておくことは重要です。つまり、方法よりも、生徒がつくり出したものを実際に使うことと、その目的の方が重要だということを忘れないでください。[注15]

また、生徒が行った課題をいちいち全部評価しようとしないことも重要なことです。おそらく多くの宿題は、重要な内容を生徒が理解するのを助けるためにあります。中には、どのくらい生徒が重要な内容を理解しているかを判断することを目的とする宿題もあります。前者は、単純に練習するための宿題ですが、後者は、形成的評価ということになります。[注16]

形成的評価の情報を理解する

これまでのセクションで論じてきた考えは、形成的評価を効果的に活用するためばかりではなく、診断的評価にも活用できるものでした。指導計画を立てるために学習中に行う評価から得られた情報をうまく活用することは、評価のデザイン、より広くはカリキュラムデザインを考えることから始まります。形成的評価に基づいた理解と計画の二つの鍵となる要素は、評価の管理運営よりも前に始まります。その二つの要素とは、目標の明確化と指導の流れの理解です。

注 15：逆に言えば、生徒がつくり出したもの（作品）が少ない形で教えるということは、形成的評価をしないで教えていることを意味しますから、あまり望ましい教え方ではないわけです。できるだけ、主体的に生徒たちがつくり出すことを中心にした教え方に転換していくことが、「指導と評価の一体化」を実現する方法なわけです。

注 16：宿題については、日本でほとんど文献がないことに気づきました。『「学びの責任」は誰にあるのか』の 191 〜 199 ページが参考になります。また、1 年以内に『成績をハックする』の続編として、『宿題（家庭学習）をハックする』の翻訳出版（新評論）を予定していますので、詳しくはそちらをご覧ください。

第 4 章 形成的評価：ユニットが展開されている間に生徒がどこにいるかを知る　105

表4.1　形成的評価の直接的ないしフォーマルな様々な方法

●見える化シート
生徒一人ひとりが、教師によって提示されたテーマや質問についての見える化シートを仕上げる。教師は、そのテーマや質問に関連した生徒の習熟レベルを判定するためにすでに設定された評価規準によって、一人ひとりの生徒のシートを読んで評価する。

●出口チケット
教師がその日の授業に関して一つか二つの質問をして、生徒はカードやシートや付箋紙にその質問への回答を書く。教室を出るときに、あるいは次の教科の時間になる前に、それを提出する。

●３－２－１カード
これも振り返りシートの一種だが、一人の生徒が最初は三つ、次に二つ、最後は一つの答えが出る質問に答えるもの。例えば、第二次世界大戦へのアメリカの参戦の大事な原因を三つ、第一次世界大戦とは異なる第二次世界大戦への参戦の仕方の違いを二つ。そして、第二次世界大戦へのアメリカの関わり方についてどう思うかという一つの質問に生徒たちが答えなくてはならない。もちろん、カードの質問の順番は１－２－３の順番でもかまわない。広い範囲のいろいろな質問を使うことができる。

●入口チケット
生徒たちは教室に入るときに貼ってある質問に答え、授業が始まるときにそれを回収する。その質問は、宿題に関係したり、前日の授業の重要な点に関係したりしている。

●予想・観察・説明法
教師がデモンストレーションをしたり、一節を読み聞かせたり、シナリオを説明して、まず、生徒たちに次に起こりそうなことを予想させる。それから、教師はデモンストレーションや読み聞かせやシナリオを続け、生徒に実際何が起こったかということを観察させる。その後、生徒は、自分の書いたことが当たったり、外れたりした理由を説明する。

●ぐるっと一巡（Whip-Arounds）
教師は、生徒がどこをわかっているか、いないかということをはっきりさせるための一文で答えられる質問をする。生徒は２分～３分でその答えを書く。教師は生徒たちに、指名された順に各自の答えを読んで答えを共有するという手順を示す。生徒が読むにつれて、教師は、それぞれの答えを評価する次のような尺度を使って、生徒の名前の横にその尺度の数字を書き込んでいく（例１＝しっかり理解している、２＝だいたい理解している、３＝あまり理解していない、４＝まったく理解していない）。

●見通し度チェック[注17]
自動車で移動する際の比喩を使った活動。教師が生徒たちに、三つの見通しの状態のうちの一つを選んで彼らに手持ちの話題やスキルや情報の現状を説明させる。視界良好の場合は、生徒が学習目標をよくわかっていて、それをしっかりと理解していることをあらわす。虫がたくさん張りついている場合は、生徒たちが目標は理解しているけれども、内容の一部の要素についてはしっかり理解していないことをあらわす。埃だらけの場合は、生徒が話題もスキルも理解できておらず、何にも「見えない」状態にあることをあらわす。見通し度チェックは、一種の生徒による自己診断である。教師は他にもいろいろな比喩を使ってもよい。例えば、「天気予報」なら、「晴天」「曇り」「霧」などで、話題やスキルに対する自分たちの力を診断させることができる。

●宿題

一般的に宿題は生徒たちがまだ習得していない知識や理解やスキルを練習する機会を提供するものでなければならない。そうする中で、生徒が手にしたことや、まだ手にしていないことについての重要な発見が生まれる。宿題は練習なので、成績に反映させるべきものではないが、宿題について効果的なフィードバックをすれば、どのように学習を進展させていけばよいのか生徒がわかる手助けになる。

●小テスト

短く答えられるものでも、オープンエンドの答えになるものでも、学習のユニットのある時点で、生徒に知識や理解やスキルを意識させるために実施することができる。小テストはあくまでも練習であって、成績をつけるものと考えるべきではない。しかしながら、生徒たちが十分な練習の機会をもった後に、ユニットの「まとめ」や「確認する」時点で成績をつけるために小テストを使うことはあり得ることである。

目標の明確化

　形成的評価を効果的に活用するためには、目標を明確に見極めて定義することが必要です。と同時に、目標が達成されたときの規準を実際に指導し始める前に生徒に伝えられることも不可欠です。明確に定義された目標は次に示すようなことをすべて補強するものとなります。

- 適切な内容を選択すること。
- 生徒たちに受け入れられるような内容となるように学習活動をデザインすること。
- 指導のサイクルを通じて使う様々な評価を開発し解釈すること。

　目標が不明確で面白みのないものであると、指導の焦点が絞りきれず、学習も貧弱なものとなり、それに伴って、学習のための情報をもたらすはずの評価情報も使うことのできないものになってしまいます。

　第一に大切なのは、教師が、知識・理解・スキルの三つの学習目標の記述を区別でき、つくり出せるということです。すでに論じたように、知識に関する目標は、事実、語彙、名前、日付、場所、リスト、手順のことで、学習者が記憶に頼らなければならないような情報のことです。例えば、保健の知識に関す

注 17：第 3 章 58 ページの注 12 を参照してください。

第 4 章　形成的評価：ユニットが展開されている間に生徒がどこにいるかを知る　107

る記述は次のようなものです。「生徒たちは健康の構成要素を理解します」。

　理解に関する目標の記述は、ある特定の概念がどのように意味をもつのかということや、なぜそれを学ばなければならないかということや、それらがどう機能するのかということを明らかにします。それは大切なものは何かを明らかにし、内容を学ぶ意味づけをしてくれます。理解に関する目標の記述は、「私は生徒たちに……ということを理解してほしい」と述べられるべきです。この述べ方そのままを使わなくてもいいのですが、いつでもこの述べ方ができるように理解の記述をつくるべきです。ですが、仕組みや理由を理解してほしいという記述では何かをしっかり理解させることにはなりません。このような記述では、生徒がつかんだ発見や意味をそのまま書けばそれでいいことになり、かえって大切な深い意味を多くの生徒がつかみそこねてしまい、しっかり理解することにならないからです。理解に焦点を絞った内容領域の到達目標は、効果的な理解に関する目標の記述もできるし、できないときもあるでしょう。理解に関する目標の記述ができないときは、教師が内容の到達目標に示されている深い理解や重要な真実とは何なのかを明確な言葉で表現し直すことが重要です。保健についての重要な理解に関する目標の記述の例は次のようなものです。「（私は生徒たちに次のようなことを理解してほしい）身体は相互に依存する部分が機能しているシステムである」。「（私は生徒たちに次のようなことを理解してほしい）身体システムに影響を及ぼすものには、環境要因、遺伝的要因、生活習慣による要因がある」。

　スキルは生徒たちが実行可能な知的ないし身体的行為であり、スキルに関する目標の記述は、特定のスキルやできることを含んだ動詞であらわされます。しかしながら、個別の活動を説明するものではありません。「できること」には、基本的スキルやクリティカルで創造的な思考スキル、ある特定の学問分野のスキル、協働のためのスキル、（実際にものを）つくり出すためのスキル、自立した学び手になるスキル（メタ認知、計画、進歩を評価するのに評価基準を使うこと、役に立つ質問をつくること、価値ある情報を見つけるためにいろいろなリソースを使うこと）[注18] が含まれます。コモン・コア・スタンダード[注19]や国際バ

注18：この極めて大切な「自立した学び手になるスキル」を含めて、ここに書かれている多様なスキルの身につけ方に関心のある方は、『増補版「考える力」はこうしてつける』を参考にしてください。

カロレア・スタンダード[注20]のような複合的な内容領域の学習指導要領は、すべてではなくても、こうした様々なスキルのほとんどを要求しています。スキルに関する目標の記述についても、保健の例を挙げてみましょう。「（生徒たちは）一人ひとりのライフスタイルに応じて、健康状態を改善するための計画をつくる（だろう）」。

　一人ひとりをいかす教室では、三つの基礎的な目標記述は、異なる学習目標が示されている個別指導計画を義務づけられた生徒を除けば、それほど多様なものではありません。一人ひとりをいかす教え方は、学力的には多様な生徒たちが、同じ学習目標としての知識・理解・スキルを達成するための別々の道や支援システムを提供するものです。また、学習目標としての知識・理解・スキルは教室にいる多様な生徒が挑戦しがいのある十分に高い期待を示すべきです。

　学習目標としての知識・理解・スキルとは、次のようなものを合体させたものです。生徒たちが内容領域や学習ユニットで読み書きを身につけるために生徒全員が習得すべき必要不可欠な知識、その内容がどんなふうに意味をもち、どうしてそれが重要なのかを生徒が理解できるようになるための理解、そして、そのような様々な理解に基づいて行動したり、応用したり、活用させたり、創造したりするのに必要なスキルです。

　豊かな学習目標としての知識・理解・スキルは、様々なレベルの洗練度でアプローチすることができるものです。例えば、本書執筆時点でヴァージニア大学博士課程に在籍していた元数学教師の院生は、「私たちは自分たちの身の回りの世界をどのように説明できるのでしょうか？」という鍵となる問いを含ん

注19：「コモン・コア・ステート・スタンダード」は2010年に全米州知事会と州教育長協議会が英語と数学について出した到達基準のことです。子どもが大学に進学したり、就職するための準備を整えるためのはっきりとして一貫した枠組みを提供することを目的として開発されたもので、「共通到達目標」と「幼稚園から高校3年までの到達目標」から構成されています。

注20：「国際バカロレア・スタンダード」は、国際バカロレア機構（IB:International Baccalaureate）が、国際的に通用する大学入学資格を与え大学進学へのルートを確保することを目的としてつくった総合的な教育プログラムの Primary Years Program、Middle Years Program や Diploma Program プログラムにおける到達目標のことです。文部科学省に関連サイトがあります（http://www.mext. go.jp/a_menu/kokusai/ib/）。ちなみにアメリカ・サウスカロライナ州レキシントン地区のカリキュラム・スタンダードの中には、国語や数学、理科、社会科等のスタンダードに並んで「国際バカロレア・プログラム」が掲げられています（http://www.lexington1.net/academics/curriculum-standards/ international-baccalaureate-program）。

だ、数学の幾何学ユニットについて、知識・理解・スキルに関する目標を開発しました。このユニットで導かれる理解に関する目標には二つあります。

① 「測定することは、世界を数的に説明する方法である」
② 「測定の単位は、世界を説明する標準的な方法を提供してくれる」

生徒たちはこれらの鍵となる問いと二つの理解の両方に、かなり具体的で探究的なレベルでアプローチすることも、まったく抽象的で洗練されたレベルでアプローチすることもできます。そして、これら二つのレベルの間には、複雑さの程度が異なる多様なレベルがあります。

特定の内容領域の到達目標は知識か理解かスキルとして記述することが可能ですが、これら三つを組み合わせた形の単一の到達目標にすることも可能です。例えば、歴史教育促進センターによる到達目標では、生徒たちが古代文明の重要な特徴を理解し、メソポタミアやエジプトやインダス地域で文明がどのように生まれたのかということを理解しなければならないとされています。この到達目標に埋め込まれているのは、異なる文明が存在していたこと（知識に関する目標）や文明による特徴があること（知識に関する目標）といった知識に関するものばかりでなく、これらの文明を代表する三つの地域がなぜどのように都市化され、キリスト紀元前の４〜３世紀における文化的なイノベーションの源になったのか（理解に関する目標）ということの理解です。この到達目標を十分理解するために、生徒たちは、相異なる概念や価値観や視点を比較したり対比したりして、因果関係を分析する（スキルに関する目標）ことが必要となります。

教師は、生徒たちが大切な知識を発達させ、重要なスキルを使って、大切な理解に到達したり、応用したり、拡張したりすることができるように、慎重にかつ分析的になって、内容領域の到達目標をもとに知識・理解・スキルの目標を設定しなければならないのです。形成的評価によって、生徒たちが知識や理解やスキルを発達させているかどうか、知識とスキルを関連させて、理解し、応用し、変換させていく能力を身につけているか、モニターしていくべきです。

学習目標としての知識・理解・スキルによって構成されるカリキュラムは、

メソポタミア	
指示：次の四つのうちの三つの要素を選んで、それらがどのようにかかわり合っているか説明しなさい。自分の説明の助けとなる具体例を挙げなさい。	
地理	経済
資源	ライフスタイル

図 4.2　小学校社会科における形成的評価

指導と学習のために組み立てられたもので、単純に到達目標のリストであったり、教科書の内容であったり、活動の寄せ集めであったりするような従来の「カリキュラム[注21]」とは違って、生徒たちにとってより身近に感じられ、評価への準備ができています。

　しっかりと構成された学習目標としての知識・理解・スキルは、有効な形成的評価を計画するための羅針盤です（有効な指導を計画するためにも必要なものです）。ユニットの様々な地点で、生徒たちは学習目標としての知識・理解・スキルを習得していく必要があり、形成的評価は、学習サイクルの適切な地点で、三つの要素すべてにわたって、相互に関連させながら、生徒の発達をモニタリングするものとすべきです。

　図 4.2 は、次のような理解に関する目標の記述の最初の部分を生徒が理解するためにチェックする、形成的評価の例を示しています。「（私は生徒たちに次のようなことを理解してほしい）文化は、地理や資源や経済やライフスタイルによって形づくられたり、それらを形づくったりする」。この評価で求められていることを完成させるために、生徒たちはいろいろな例を用いて自分の考え

注21：これら従来のカリキュラムの捉え方は、一般的に受け入れられていますが、あるべきカリキュラムとはどういうものかということについて重大な誤解を示しており、生徒たちが成功し、やる気があり、自主的で、持続する学習者として成長するための可能性を損なわせるものです。

第4章　形成的評価：ユニットが展開されている間に生徒がどこにいるかを知る　111

を具体的に説明したり根拠を示したりしていく必要があります。これはスキル目標です。もし私たちが生徒たちに、自分が学んだことを理解したり、それをもとにして応用したり、活用したり、創造したりしてほしいなら、そのような能力を評価して、指導計画の核心のところにそれらを位置づけていかなくてはなりません。

指導の流れを理解すること

　指導の流れや学習の進み具合、あるいは「理解のはしご[◆41]」とは「生徒たちが、より遠くのカリキュラム目標を達成する途上で、習得しなければならない事柄を、積み木のように注意深く積み上げたものです。この積み木は、知識を創造するためのスキルと、創造される知識から成り立っています[◆41]」。生徒たちは、階段を昇っていくように、知識や理解やスキルを発達させていくのです。

　指導の流れについて考えることで、教師は、生徒たちが特定のスキルや理解や知識を最も自然にかつ効果的に身につけられる順序を、自分の指導をしっかりと振り返りながら考えることができるようになります。指導の流れは、あまり厳格に考えるべきではありません。カリキュラムをデザインする人が違えば、一つひとつの学習の流れも違ったものになるでしょう。さらに、生徒が違えば、興味関心や経験や強みや学習履歴といったものが多様ですから、習得する順序も当然違ってくるに違いないのです。また、指導の流れに、内容の習得の過程の一つひとつが詳しく示されるわけでもありません。むしろ、包括的な概念とスキルの習熟に向けて、重要な進み具合と指導の流れを測る基準を考察することになります。112ページの表4.2は、数感覚における重要な学習の進み具合について順を追って示しました[◆30をもとに作成]。また、表4.3は国語科における重要な学習の進み具合を示しています[◆31をもとに作成]。

　指導の流れと学習の進み具合を理解して使うことによって、生徒はみな同じスピードで、同じ方法で、また同じレベルで学ぶわけではないという、学習に関する発達的な見方を得ることになります。学習というものが、学年レベルに応じて作られた到達目標に縛られるのではなくて、時間をかけて作られる、初心者から専門家への連続体に拠るものだという見方は、ヴィゴツキーの「発達の最近接領域[注23]」や、脳がどのように学習するのかということについての最新の

表 4.2　数感覚における学習の進み具合

授業と学年	到達目標
代数 II	複雑な数のシステムの階層と、要素と属性と操作の間の関係を理解する。
幾何	実数と幾何学との関係を確かめる。幾何での無理数の重要性を探る。
代数 I	実数のシステムにおける小集団と要素との関係や、属性を理解する。
8	実数の理解を無理数まで広げる。
7	比例の理解と応用を進める。
6	比率や割合やパーセントを理解して使う。
5	多様な文脈や表現を通じて、どこに価値を置くかということの理解を広げる。
4	100〜10万までの数の位取りを理解する。
3	10万までの整数の位取りと、あらゆる演算の仕方を理解する。
2	1000までの位取りを理解し、使う。
1	100までの位取りを理解し、使う。
K	25までの数字を書くことができて、数字を使って数を数える。

表 4.3　国語科における学習の進み具合

学年	学習目標
9 − 12	文学的要素と視点が複雑な登場人物（動機、関わり合い、原型[注22]）の成長にどのような影響を及ぼすかを捉え、分析する。
7 − 8	文学的要素（例えば、登場人物、場面設定、筋）や視点の使用がどのように登場人物の成長に影響を及ぼすかを捉え、分析する。
5 − 6	作品の中から根拠（例えば、登場人物の成長、視点）を見いだし、解釈や推論やまとめに役立てる。
3 − 4	根拠をもって登場人物の成長や特徴（例えば、行動、動機、関わり合い）を分析する。
K − 2	作品内の文学的要素（例えば、登場人物の意図や感情、因果関係）を解釈したり分析したりする。

第4章　形成的評価：ユニットが展開されている間に生徒がどこにいるかを知る　113

研究成果の理解に基づいた考え方です。[45]一人ひとりをいかす教え方を計画するにあたって、教師は生徒たちが、現在の理解やスキルの地点から、次の発達レベルへと移行する手助けの仕方を探っていきます。この種の計画は、生徒のレディネスに見合った一人ひとりをいかす教え方において基礎的なものです。学習における重要なステップをクリアしていない生徒たちであっても、「学年レベル」相応に期待されているステップを少しばかり飛ばしてもかまわないと思ってしまうこともあります。実際のところ数か月か何年か前に生徒がその学習段階を習得していたにもかかわらず、期待されている「学年レベル」に即した学年相応の学習段階にとどめてしまうこともあります。こうした計画は、よく陥りがちな（代償の大きい）落とし穴を避けるものなのです。

　指導の流れは、二つの意味で、診断的評価と形成的評価に関連しています。第一に、ある時点での学習の進み具合における生徒の状況を把握するために評価をすることは筋が通っているからです。指導の流れもしくは学習の進み具合は、ユニット開始時点とユニット進行中に必要な生徒の知識や理解やスキルの評価について考えたり、流れや進み具合を診断的評価と形成的評価の出発点として使ったりする方法を提供してくれるのです。第二に、診断的評価と形成的評価の結果を理解するにあたって、学習の進み具合は、生徒の現在の学びの状態を解釈したり、その生徒の次の学習ステップを計画したりする上で、価値のあることになるでしょう。

注22：文化人類学や深層心理学に影響を受けた文芸批評で、人間経験の普遍的な核をなしていると思われるような心象・人物・状況・主題などを「原型」と言いますが、ここでは、その登場人物像のもとになった「原型」のことを指しています。例えば、スウェーデンの世界的ベストセラー小説『ミレニアム』（スティグ・ラーソン）のヒロインであるリズベット・サランデルの「原型」は、スウェーデンの国民文学的な児童文学作品『長靴下のピッピ』（リンドグレーン）のヒロインであるピッピだと考えられます（もちろん、ピッピがそのままリズベットになったという意味ではありません。作者ラーソンがリズベットの人物像を造型する際に、ピッピの人物像がその核になったのではないか、という意味です）。
注23：原語は ZPD（zone of proximal development）。「最近接発達領域」や「発達の最近接領域」と訳されていることが多い考え方です。わかりやすく言えば、自分一人でできることと、親や先生やクラスメイトなど誰かの助けを借りてできることとの間のズレを示すものです。「誰かの助けを借りてできること（自分の力に最も近い領域）こそが、明日一人でできるようになる（成長できる）こと」です。成長は適切な支援によってもたらされることと、それには個人差があるというのがポイントです。

例えば、表 4.2 に掲げた実例を使うことで、万の位の数字に対する桁の値という 3 年生の概念を習得していなければ、6 年生の生徒は割合と百分率という学年相当レベルの概念を習得できそうにないということになります。生徒たちの学びの入り口を明らかにする診断的評価は、桁の値に絞って教えることで、数の意味に関する理解を確実に進めていこうとする指導を教師が進める非常に貴重な手助けとなるでしょう。これを、小グループ指導や、契約や算数センターによって、あるいは宿題で行うのです。指導の流れや学習の進み具合は、ハッティの言う、「適切なチャレンジのレベルで意図的（計画的）な練習」[◆29]を教師が提供する手助けになるのです。

　ユニットを計画するとき、教師は、そのユニットを行うことの意味と、その意味を明らかにするために必要な知識とスキルについて考えることが必要です。その上で、必要不可欠な知識・理解・スキルに関するそのユニットの目標記述の枠組みをつくり出し、教師と生徒にとってユニットの目標が明確になるようにしなければなりません。ユニットの計画は、教師に、それを学ぼうとする生徒たちにとって、学ぶ意味のある、熱心に取り組める方法を見つけ出すように促します。そして、生徒たちが重要な知識とスキルを使って理解することに集中できるような、内容と方法と成果物を教師が開発するように求めるものです。そのユニットが一人ひとりをいかすものとなるように計画する際に、教師が学習の進み具合を理解して、生徒たちが論理的かつスムーズに学習に入っていくことができるように、指導と練習の機会が提供されることが大切です。一人ひとりをいかそうとする教師は、内容と方法と成果物とを、生徒たちの多様な興味関心と関連づける方法を考え、生徒たちがそうした重要な内容に取り組み、理解し、成長を発表できる機会を数多くつくり出すのです。

　このような学習の過程を手助けするために、一人ひとりをいかそうとする教師は、前提となる知識・理解・スキルをきちんと考慮した上で、そのユニットに必要なことを織り込んだ学習目標としての知識・理解・スキルに基づきながら、診断的評価と形成的評価のための方法をつくり出すのです。指導の流れは、そうした評価をつくり出すのにとても役立つツールになるでしょう。形成的評価の結果を（診断的評価のそれも）理解するということは、それゆえ、教師に次のようなことを分析することを求めます。

第4章　形成的評価：ユニットが展開されている間に生徒がどこにいるかを知る　115

- 目標として設定された知識・理解・スキルの点で生徒がどのような学習の成果を示しているのか。
- 習得・理解・活用というループのどの過程にいるのか。
- 指導の流れのどこの学習に取り組んでいるのか。

ハッティは次のように述べています。[29]

　授業は、チャイムが鳴ったらおしまい、ではない！　教師が、自らが意図していた学習のねらいや当初の評価規準と対比しながら、授業で生徒たちに及ぼしたインパクトの証拠を解釈するときに、終わるのである。つまり、教師が生徒たちの目を通して学習を振り返るとき、である。

　明確に示された学習内容の目標や知識・理解・スキルの目標と、指導の流れが、教師を生徒の活動についてのこうした分析に取り組ませるのです。そして、生徒が活動したことの中から教師が見いだしたパターンを手がかりとして指導の修正を図るのです。本章の最後の「二つの事例」は、こうした分析や指導の修正を具体的に説明しています。

生徒による違いを考慮して評価を計画する

　あらゆる評価、特に診断的評価と形成的評価の目指すところは、生徒たちがもっている知識・理解・スキルについて可能な限り正確な実態を引き出すことです。そのために、一人ひとりをいかす評価によって、特定の生徒が自分の学習を表現するよりよい機会をもつことになるのかどうか考えることには価値があります。診断的評価と同じように、形成的評価は、表現の仕方、学習の状況、各自の興味関心のもち方、などの点で、一人ひとりの違いに応じたものとなるでしょう。変えることができないのは、評価を行うための規準として計画された学習目標としての知識・理解・スキルです。
　研究は[55]、適切なチャレンジ、生徒の興味関心に見合った課題、学習を効果的に進める形式、といったものが、生徒の学びを向上させることを示唆していま

す。しかしながら、それらと同じ条件で評価結果が向上するかどうかを検討することは意味がありそうです。

標準化されたテストは、レディネスや興味関心や学習履歴の多様性に応じるようにつくられているわけではありません。評価のプロセスとは、年度の最後に一度だけ行われる評価で学習を束縛すべきものではなく、むしろ、学習を活性化すべきものであるということを忘れないようにしておくことが賢明です。そして、その評価によって、学習のプロセスが一年を通して生徒の最大限の進歩をサポートすることになるのなら、よりよい学習の成果が生み出されるでしょう。

形成的評価の計画と活用〜まとめ

形成的評価は、学習を促進するために次の三つの要素が必要です。[37]

① 明確な学習目標
② それらの目標と関連する、学習者についての情報
③ 学習目標と学習者のギャップを縮める行動

特に、一人ひとりをいかす教室における形成的評価の中心目標である、ギャップを埋めるための行動を強調しながら、アールは次のように主張しています。[20]

生徒を分類する手段にしたり、生徒たちが学ぶのを妨げたりするのではなく、評価は、学習を促進するために何をすべきかを決めるために行うものである。（中略）学習者として、そして人としての生徒を発見することこそ、一人ひとりをいかす鍵である。教師が生徒について詳しい知識をもち、生徒が何を学ばなければならないのかということについての明瞭な知識をもちさえすれば、いつでも一人ひとりをいかすことができるようになるのである。

もちろん、形成的評価はまた、どの生徒が「計画どおり」に成長しているか、どの生徒はすばやく学習目標としての知識・理解・スキルを習得できるのかを

第4章 形成的評価：ユニットが展開されている間に生徒がどこにいるかを知る 117

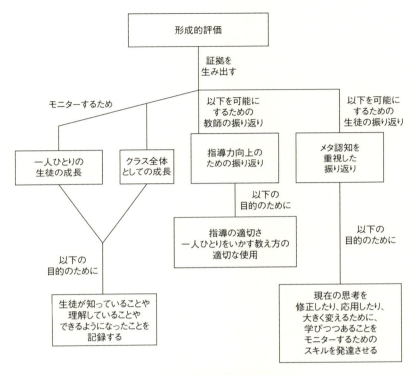

図4.3 形成的評価の目的

明らかにしてくれます。そして、後者に対しては、学力を伸ばすための学習機会を計画し、提供する必要があります。簡単に言えば、形成的評価はあらゆる生徒のために効果的な指導計画を立てる鍵なのです。

図4.3に、形成的評価の目的をまとめました。

様々な形成的評価を計画し、それらを指導計画の立案に役立つものとして使うことが、形成的評価の中心的な目的です。そのためには、教師は次のような質問に答えることができるようにならなければなりません。

・ユニットには明確な学習目標としての知識・理解・スキルがあるか？　そして、それは目指される三つの要素（知識・理解・スキル）の特徴や、そのユニットが前提としている内容領域の到達目標や学問領域の性質を、反

映する形で述べられているか？

・ 形成的評価で、どのような学習目標としての知識・理解・スキルがチェックされるのか？

・ 生徒が先に進む準備ができていることを確かめるために、この地点で、前提となる知識・理解・スキルとしてどのようなものをチェックすべきか？

・ 学習サイクルのこの段階で確かめるべき、共通の誤解はあるか？

・ 評価にあたっては、知識やスキルだけでなく理解も対象とするのか？　これら三つの要素を相互に関連させる形で使いこなせることを生徒たちに求めるのか？

・ 評価は、一人の学習者のそのときの状態を、知識・理解・スキルの幅広い成長の中で捉える手助けとなるような指導の流れを反映しているか？

・ 評価の形式は、評価の目標、評価の対象となっている生徒、評価のために使う時間、その他の関連するニーズに応じたものとなっているか？

・ 評価の書き方やデザイン、進め方を、一人ひとりをいかすように行うことで、利益を得る生徒がいるか？

・ 信頼関係を築き、明確で、生徒にとってわかりやすく、具体的で、焦点が絞られていて、一人ひとりのニーズに対応し、ちょうどいいタイミングで、フォローアップを呼び起こすような形で、形成的評価に関するフィードバックをどのように生徒に提供するのか？

・ 生徒が、成長マインドセットをもてるように、学習プロセスをよりしっかりと理解するように、自律した学習を支える思考をもち、習慣を理解し、態度を発達させ、そして、教室のコミュニティー意識を育てられるように、形成的評価の情報をどのように使うべきか？

・ 学習目標としての知識・理解・スキル、学習の進み具合、習得・意味理解・活用の仕方など、指導にとって重要な情報となるパターンに関して、生徒たちにどのような明確な違いがあることが、その評価によってわかるのか？　クラスの生徒たちの間にどのような重要な違いがあると、その評価は示しているのだろうか？

・ パターンの分析によって明確になった結果に基づきながら、ユニットの重要な目標に向けて、そして適切ならばそれを超えて、最大限の成長を引き

出すようにユニットが展開されるとき、特定の生徒や生徒集団には何が必要なのだろうか？

・生徒の興味関心に関して増えていく自らの知識をもとに、生徒が自らの生活、経験、得意、情熱と、新しく身につけることが求められる知識・理解・スキルを結びつけるために、どのように支援することができるのか？

・学習に対する生徒たちの多様なアプローチについて知っている状況で、学びの過程をより魅力のあるものにし、幅広い生徒がより成功できるようにするために、私たちがいま学習していることを生徒たちが理解し、意味を見いだせるような、次の授業や課題をどのようにデザインすればよいのか？

・評価情報は、どのような形で、自分の思考や指導計画を振り返ったり、洗練したりする手助けになるのか？

二つの事例

　以下に紹介するのは、生徒たちの多様なレディネス・レベルと興味関心にどのように取り組めばいいかを知るために、形成的評価を使う二人の教師のシナリオです。最初のシナリオは、小学3年生の説得力のある文章を書くユニットのものです。二番目のものは、第3章で始まった6年生（中学生）対象の市場分析の事例のその後です。

〈事例1〉 小学3年生のクラスにおける形成的評価

　ビアズリー先生の3年生のクラスでは説得力のある文章について学んでいます。この学習は、このスキルについてのはじめてのユニットです。このユニットは、次のような3年生の書くことの到達目標に基づいています。

・生徒が書く文章のテーマや文例を示す。
・意見を述べ、根拠を示した構造図をつくる。
・意見を支える根拠を提供する。
・意見と根拠を結びつけるために、関連した語や語句を用いる。

・結びの文や部分を提供する。

　ビアズリー先生は、このユニットのために、以下のような鍵となる問いと学習目標としての知識・理解・スキルを用意しました。

鍵となる問い：自分の文章は、どんなふうに人が判断を下す手助けになるのか？
知識：
・鍵となる語彙：主題文、詳しい説明、具体例、結論、説得力のある文章構成
・説得力のある文章構成の目的
・説得力のある文章構成を支える部分
理解：
・文章の構造は、文章の理解の仕方に影響を及ぼす。
スキル：
・一つの段落を、主題文、重要な具体例、そして結びの文で構成する。
・説得力のある文章構成の主要要素を明らかにするために、段落の一つを分析する。

　説得力のある文章を書くことについてのユニットの最初の2時間で、ビアズリー先生は、自分たちが他の人たちに賛成してもらいたいことについて話し合い、3年生が関心をもつようないくつかのテーマについて自分たちの意見を共有するように求めました。その上で、自分のものの見方を他の人に受け入れてもらえるように説得するために、物語の登場人物が自分の意見を述べている部分や、書き手がその物語とは違う場で意見を述べている部分の抜粋をいくつか生徒に読み聞かせ、生徒と話し合いました。彼らは「説得」という言葉について話し合い、ビアズリー先生は、生徒たちに説得力のある文章構成の要素を教えました。そして、ホワイトボードに、説得力のある文章構成の様々な要素を色分けして強調し、それについてクラスの生徒たちと話し合いました。それから、生徒たちはペアになって、説得力のある文章についての語彙を使いながら、先生から提供された一つの段落について話し合ったのです。

第4章　形成的評価：ユニットが展開されている間に生徒がどこにいるかを知る　121

　ここでビアズリー先生は、生徒たちが、説得力のある文章を構成するために説得の要素をどのように使いこなせているのか理解する目的で、次のような形成的評価を行いました。

　　次の文章を読んで、この文章が何を言いたいのかを教えてください。あなたの視点が判断と根拠に関するものだということを、他の人にわかるように、説得力のある段落の一部を引用しなさい。あなたの文章が人の判断を助けることを思い出してください。あなたが正しいとみんなが思えるように、説得しなさい。

> 　教育委員会が開催され、学校の休み時間はもう必要がないと決定した。この決定によって、これまでのように休み時間で中断されることもなく、生徒たちがもっと多くの時間を学習に使うことができるようになると判断したのだ。あなたはどう考えますか？

　ビアズリー先生は、生徒たちが書いた文章を読んだ後、生徒たちを二つの集団に分けることができると考えました。一つは、説得力のある文章の中心となる要素を理解し、おおむね使うことができると考えられる生徒たちであり、もう一つはまだそれができない生徒たちです。この次の授業のために、この二つの集団をそれぞれ、「クォーター・パウンダーグループ」[注24]と「ビッグマックグループ」[注25]と名づけ、それぞれのレディネスの違いに応じた授業をデザインしました。

　次の授業のはじめに、ビアズリー先生は診断的評価のテーマをもう一度持ち出し、テーマについての自分たちの意見をペアで考え共有させました。それから、自分が提供した二つの段落例をペアで読むように求めたのです。この二つの段落には同じ意見が述べられているのですが、一つは説得の要素によって構成されたもので、もう一つはそうではないものでした。これらを読んだ後、生

注24：クォーター・パウンダーのバーガーパティは、調理前の重量が1/4ポンド（113.4グラム）調理後は82グラムある牛肉製のものを使用、チーズ・ピクルス・玉ねぎを添え、ケチャップとマスタードで味付けがなされています。
注25：ビッグマックは、マクドナルドが創業27年後の1967年より販売している大型のハンバーガーで、マクドナルド・チェーンのシンボル的なハンバーガーです。

徒たちはどちらの段落に説得力があり、その理由は何かについても考えて話し合いました。

　それからビアズリー先生は、クラス全体で、主題文、詳しい説明、具体例、結論、説得力のある文章構成をするための語彙について振り返りました。彼女がそれぞれの語彙の定義を振り返るのに合わせて、生徒全員はモデルとなる文章の段落にマーカーで印をつけました（緑＝主題文、青＝詳しい説明、オレンジ＝具体例、赤＝結論）。模範とした文章は次のようなものです。

　　学校で休み時間を設けるべきではないとする理由はたくさんあります。最初に、もし休み時間がなくなったら、中断されることなくいろいろなプロジェクトをする時間をたくさんとることができるでしょう。何かとても大切なことの途中で、突然にそれをやめて、後回しにしなければならなくなってしまうことが時々あります。休み時間がなければ、校庭でけがをする人が少なくなるでしょう。校庭にいるときにはいつでも、誰かが転んだり落ちたりして、保健室に行かなければならなくなります。最後に、休み時間がなくなることで、テストの成績がよくなるに違いありません。誰もが勉強時間を長くとることができて、みんながＡをとることができるようになるでしょう。こういうわけで、休み時間がなくなれば、私たちの学校生活はよくなるでしょう。

　クラス全体でこの文を読んだ後、ビアズリー先生は、二枚の大きな紙を教室の両側にそれぞれ貼りだしました。それぞれに、形成的評価によって見いだされた二つの集団ごとに生徒たちの名前が書かれています。生徒たちは自分の名前のある方に行って、次のステップでやるべきことを知ります。

　説得力のある文章構成ができていた、より力のあるグループの生徒たちは、次のような指示の書かれている、マクドナルドのクォーター・パウンダー・ハンバーガーの箱を見つけることになります。

・二人組になってクォーター・パウンダー・ハンバーガーの箱を取りなさい。パートナーと一緒に、その箱の中の文章を読みます。二人とも、よくできた説得力のある文章になっていると思ったら、答えを見つけて、自分たち

第 4 章　形成的評価：ユニットが展開されている間に生徒がどこにいるかを知る　123

の作業をチェックします。もし必要なら自分たちの文章を修正して、それ
を模造紙に貼り、二人の名前を書きなさい。
・ 先生と、説得力のある文章構成のモデルについて話し合います。そのとき、
先生は、あなたたちが説得力のある文章をつくる手助けとなるような見え
る化シートをくれます。
・ 以下の課題を完成させなさい。説得力のある文章をつくるために以下のい
くつかのテーマから一つを選んで、自分が正しいと思うことを私たちに説

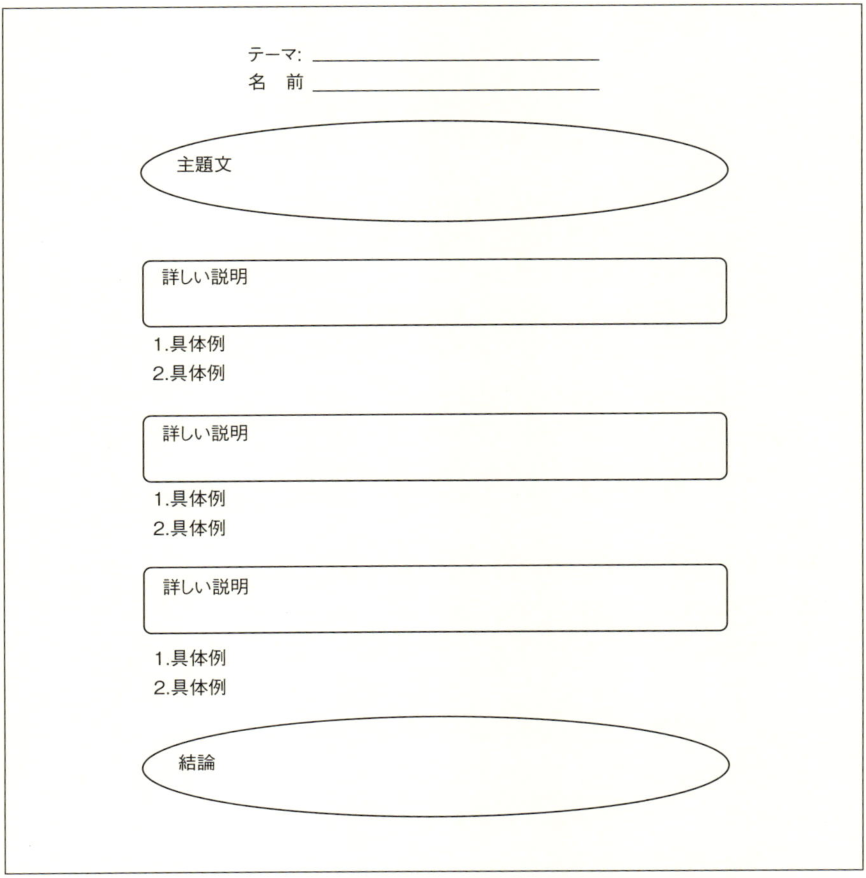

図 4.4　ほとんどサポートを必要としない生徒のための見える化シート

得できるように、あなたたちが考えたことを教えてください。自分の考え
をつくるために見える化シートを使いなさい。この部分は自分たちでやり
なさい。

　　　－教室でガムをかむことは許されるのか？
　　　－学校にオモチャを持ってくることは許されるのか？
　　　－犬は猫よりもいいペットか？
　あなた方のつくった文章の段落は、説得力のある文章構成の要素を使っ
て自分の考えをどのようにうまく組み立てているのかという観点から評価
されます。

　このクォーター・パウンダー・グループの生徒たちは、ビアズリー先生から
図4.4のような見える化シートを渡され、先生と一緒に話し合うことになります。
　教室のもう一つの場所では、説得力のある文章の書き方についてまだ十分な
力が身についていない生徒たちが、マクドナルドのビッグマックの箱に次のよ
うな指示を見つけました。

・一人一つずつビックマックの箱を取りなさい。パートナーと一緒になって、
　箱の中に入っている、紙に書かれた文章の断片をもとに説得力のあるいい
　文章をつくりなさい。文章ができたと二人とも思ったら、挙手をして、自
　分たちの文章を先生にチェックしてもらいましょう。修正された文章を模
　造紙に貼り付けて、その上に自分たちの名前を書きなさい。
・説得力のある文章のモデルについて先生と話し合いましょう。先生は、あ
　なたたちが説得力のあるよい文章を書く手助けとなる見える化シートを与
　えてくれます。
・次の課題を完成させなさい。説得力のある文章のテーマになるようなも
　のを下に挙げたリストの中から一つ選びなさい。あなたの考えがうまく構
　成されて、説得力のある文章になるように、自分の見える化シートに書き
　込みなさい。それから、この見える化シートを手引きにして、自分の説得
　力ある文章を書きなさい。
　　　－教室でガムをかむことは許されるのか？

第4章　形成的評価：ユニットが展開されている間に生徒がどこにいるかを知る　125

　　−学校にオモチャを持ってくることは許されるのか？
　　−犬は猫よりもいいペットか？
　あなた方のつくった文章の段落は、説得力のある文章構成の要素を使っ
て自分の考えをどのようにうまく組み立てているのかという観点から評価
されます。

ビッグマック・グループの生徒たちのところに行ったときに、ビアズリー

テーマ: ＿＿＿＿＿＿＿＿＿＿＿＿＿＿＿＿＿＿
名　　前 ＿＿＿＿＿＿＿＿＿＿＿＿＿＿＿＿＿＿

主題文：このことについて何を信じるのか？
　　　　このことについて自分の全体的意見は何か？

詳しい説明：主題文で私が書いた／主張した／言ったことを信じる
　　　　　　一つの理由は何か？

1.具体例：詳しい説明が本当であるとわかる実例はどのようなものか？
2.具体例：詳しい説明が本当であるとわかる他の実例はどのようなものか？

詳しい説明：自分の主題文で言ったことを私が信じる他の理由は何か？

1.具体例：詳しい説明が本当であるとわかる実例はどのようなものか？
2.具体例：詳しい説明が本当であるとわかる他の実例はどのようなものか？

詳しい説明：自分の主題文で言ったことを私が信じる他の理由は何か？

1.具体例：詳しい説明が本当であるとわかる実例はどのようなものか？
2.具体例：詳しい説明が本当であるとわかる他の実例はどのようなものか？

結論：詳しい説明を加えて書き終えたことを、読者にどのようにわかって
　　　もらえるのか？(ヒント:「したがって、…」や「それゆえ、…」や
　　　「以上をまとめると、…」で始める。)

図 4.5　多くのサポートを必要とする生徒のための見える化シート

先生は図4.5のような見える化シートを与えて、それについて話し合いました。また、できあがったシートについても話し合い、このシートをもとに書かれた説得力のある文章を彼らに見せました。さらに、教室の片隅にある追加トッピング・センターに行って活動するように指示し、彼らが見える化シートに書き込んでいく間、彼らの意見を支援するために、アイディアを考えるための「追加トッピング質問」をどんなふうに使えばいいか説明したのです。このセンターには、生徒たちが自分たちのテーマを選ぶことになる質問の一つひとつについて「追加トッピング入れ」がありました。図4.6には、入れ物とその中に入っている質問の例が示されています。

　ビアズリー先生は、一人ひとりの生徒が説得力のある文章の要素をどのように使っているかということをもとにして、彼らの文章にフィードバックをしました。一つひとつの文章の要素について、紙の上に簡単なコメントをするだけでなく、格子状の表で、小さなチェックリストをつくりました（表4.4）。このチェックリストによって、それぞれの要素について「正しく使っていた」とか「もっと学習が必要」と目印をつけることができるようになり、そうすることで、生徒たちは自分たちがそれぞれの文章要素をどのように扱っているのか理解しやすくなったことでしょう。このチェックリストは、生徒たちが説得力のある

図4.6　追加トッピングの入れ物と質問

郵便はがき

料金受取人払郵便

京都北郵便局承認

6144

差出有効期間
平成31年12月
31日まで

〒6038789

028
京都市北区紫野
十二坊町十二―八

北大路書房
編集部 行

切手は不要です。このままポストへお入れ下さい。

―――――――――――――――――――――――

（今後出版してほしい本などのご意見がありましたら，ご記入下さい。）

《愛読者カード》

書名

購入日　　　年　　　月　　　日

おところ（〒　　　－　　　）

（tel　　　－　　　－　　　）

お名前（フリガナ）

男・女　　　歳

おなたのご職業は？　○印をおつけ下さい

(ｱ)会社員　(ｲ)公務員　(ｳ)教員　(ｴ)主婦　(ｵ)学生　(ｶ)研究者　(ｷ)その他

お買い上げ書店名　都道府県名（　　　　　）

書店

本書をお知りになったのは？　○印をおつけ下さい

(ｱ)新聞・雑誌名（　　　　　　）(ｲ)書店　(ｳ)人から聞いて
(ｴ)献本されて　(ｵ)図書目録　(ｶ)DM　(ｷ)当社HP　(ｸ)インターネット
(ｹ)これから出る本　(ｺ)書店から紹介　(ｻ)他の本を読んで　(ｼ)その他

本書をご購入いただいた理由は？　○印をおつけ下さい

(ｱ)教材　(ｲ)研究用　(ｳ)テーマに関心　(ｴ)著者に関心
(ｵ)タイトルが良かった　(ｶ)装丁が良かった　(ｷ)書評を見て
(ｸ)広告を見て　(ｹ)その他

本書についてのご意見（表面もご利用下さい）

このカードは今後の出版の参考にさせていただきます。ご記入いただいたご意見は
無記名で新聞・ホームページ上で掲載させていただく場合がございます。
お送りいただいた方には当社の出版案内をお送りいたします。

※ご記入いただいた個人情報は、当社が取り扱う商品のご案内、サービス等のご案内および社内資料の
　作成のみにご利用させていただきます。

第 4 章　形成的評価：ユニットが展開されている間に生徒がどこにいるかを知る　127

表 4.4　説得力のある文章を書くための教師のフィードバックと生徒の計画表

説得の要素	正しく使っていた	もっと学習が必要	次の段階での計画
主題文			
詳しい説明			
具体例			
結論			

文章を書く際に、次のステップを見通す余地をもたらします。教師は、生徒たちがセンターで一人で学習したり、クラス全体での活動に取り組んだりしている間、短時間で生徒のプランについて話をしたり、生徒が説得力のある文章の書き手として成長し続ける手助けになるようなセンターでの活動と宿題の両方を指示しました。

　次の2時間で、ビアズリー先生は、説得力のある文章の実例を生徒たちと共有して、クラスで話し合ったり分析したりしました。この話し合いは、鍵となる問いである「自分の文章は、どんなふうに人が判断を下す手助けになるのか？」に焦点を絞ったものでした。生徒たちは、彼らが書き手の意見を理解する上で、文章の各要素の果たす役割について話し合いました。センターでの学習は、生徒たちが説得の要素の一つひとつを練習し、洗練し、自分のスキルを高める機会を含んでいました。国語の授業の間、ビアズリー先生は小グループをまわって、教え直し、曖昧なところをはっきりとさせ、生徒の思考を広げたのです。ビアズリー先生は、生徒たちが三晩以上かけてやる宿題を一人ひとりに合わせて考え、説得力のある文章を書く次のステップに生徒たちが集中するようにしたのです。

〈事例2〉市場分析についての6年生のユニットの形成的評価

　ホーナー先生と彼女の受け持つ6年生は市場分析についてのユニットに取り組んでいるところです。このユニットを始める前に、彼女はこのユニットの四つの概念（情報の収集、情報の分析、情報の報告と表現、情報の解釈）について、生徒たちがどのくらいの知識をもっていて、どの程度能力を有しているのかということを見極めるために診断的評価をしました。情報収集については、質問5と質問7に関する診断的評価の情報によって、彼女はこのユニットで扱う区分を計画することができました（第3章81ページの「市場分析に関する6年生のユニットについての診断的評価」参照）。

　質問4は情報の分析に関わるものですが、分数に困難をかかえている生徒がいる一方で、分数を問題なく使いこなす生徒がいるということをあらわしています。このユニットの二番目の区分でこのテーマを中心に学習を始める前に、彼女はデータ分析における生徒たちの分数の使用について追加の簡単な形成的評価をしました。診断的評価・形成的評価の両方から得られた情報をもとにして、彼女は生徒たちに分数のかけ算についての段階的な課題（表4.5）を出したのです。

　生徒たちがこの段階的な課題に取り組んでいる間、ホーナー先生は生徒たちの間をまわり、彼らの状態をチェックし、観察記録をつけ、彼らの理解の程度を探りました。また、何人かの生徒にとって覚束ないように思われるスキルや概念について、ミニ・レッスンを行うこともあります。

　診断的評価における質問の1、2、3と6は、部分的に形成的評価の働きももちますが、このユニットのデータ解釈と報告と発表を扱う区分に関係するものです。これらの質問で明らかになったことは、教室の生徒全員が、これらの内容についてはほぼ同じレベルの理解とスキルを示したということでした。このため、彼女はデータ解釈と報告と発表について一斉指導を行い、生徒たちが興味関心に基づくグループで自分たちが学ぼうとしていることを練習したり応用したりする機会を設けました。

　また、ホーナー先生は、国語の教師と一緒に説明文を書くことについての生徒の能力を見極めました。説明文を書くことは、このユニットの一部になっている、パフォーマンス課題に取り組むのに重要なスキルだからです。国語教師

第 4 章　形成的評価：ユニットが展開されている間に生徒がどこにいるかを知る　129

表 4.5　形成的評価に基づく分数計算についての段階的活動

グループ 1 分数のかけ算について学年レベルのレディネス	教師のインプット： 分子と分母の計算や通分といった分数計算の問題。必要であれば、分数ものさしでチェックする。	生徒の課題： ・生徒は分数計算の練習を仕上げる。その前半では、新しいやり方を使うように求める。後半では、自分で方法を決める。 ・それが終わったら友だちと答えを確かめる。
グループ 2 分数のかけ算について学年以上のレベルのレディネス	教師のインプット： 分数のかけ算を求める段階的な問題（寸法の青写真をつくる）。生徒はまずデータを一般的な単位（ヤード、フィート、インチ）に変換し、それから計算する。	生徒の課題： ・生徒は分数計算の練習問題を仕上げる。いずれの問題も、慣習的な力と重さのものさしを使いながら、データを変換することを求めるものである。 ・それが終わったら友だちと答えを確かめる。
グループ 3 分数のかけ算について学年以下のレベルのレディネス	教師のインプット： 分数計算の具体例として色画用紙でつくった分数ものさしを使う問題。教師は様々な分数の関係を空間的に示す。	生徒の課題： ・生徒は分数ものさしセットを使いながら分数計算の問題練習をする。 ・それが終わったら算数パートナーと答えを確かめる。

から提供された情報に基づいて、彼女は説明文を書くための小グループでのミニ・レッスンを行いました。このミニ・レッスンでは、生徒たちを三つの小グループに分け、それぞれの小グループのレディネスに応じることや、総括的評価の対象となるパフォーマンス課題に関連するスキルに焦点が絞られていました。表 4.6 は、このユニットの流れを、クラス全体に関わる要素と一人ひとりに関わる要素とに分けて、要約したものです。

　このユニットのパフォーマンス評価は、市場分析のプロジェクトを通して、生徒たちの情報収集や情報に基づく分数、小数、百分率の計算、そして図や書き言葉を使って発表したり、レポートを書いたりする能力を測定するものでした。生徒たちは、若者向けにどのような種類の靴をストックすればよいのかということについて役に立つ情報を提供する、衣料品小売業者に雇われた市場分析会社の社員の役割を担っていました。この「社員たち」は、生徒たちの靴の

表 4.6　市場分析ユニットでの指導の流れ

クラス全体	一人ひとり
診断的評価を行う。	
生徒たちが目標を頭の中に置いて学習ができるように、パフォーマンス評価とユニットの最後でのルーブリックを示す。	
例を使いながら、クラス全体で授業する。	
契約の課題と条件を説明する。	生徒たちに青か黄色の契約フォルダーを配布して、契約の課題を仕上げさせる。
	（診断的評価による）学習ニーズをもとにした例を使ったミニ・レッスンを行う。
分数と整数についてクラス全体で授業する。	分数と整数に関連する概念をすでに習得している生徒をグループに分けて、個別学習の課題をさせる。
	分数のかけ算についての段階的学習課題を与える。
データの解釈、発表、報告についてクラス全体で授業する。	
文章を書くためのミニ・レッスンでグループづくりをするための形成的評価の情報として、生徒の書いた文章の情報と、国語教師から文章例を集める。	
	生徒の文章を書く力とニーズに応じて、メンバー変更可能なグループをつくり、説明文を書くためのミニ・レッスンを行う。
	生徒は、最初に示したレディネスに応じた二つの問いかけを含むパフォーマンス課題を仕上げる。
生徒はクラス全体で、まとめのパフォーマンス作品を共有する（生徒全員が、すでに作成済みの評価基準を使いながら、インデックスカードに、お互いのフィードバックを書く）。	

第4章　形成的評価：ユニットが展開されている間に生徒がどこにいるかを知る　131

好みについての調査をデザインして、実施し、その調査情報を分析し、自分たちの使ったプロセスを説明したのです。

　パフォーマンス評価については、レディネスによって、二通りの評価問題が用意されていました。一つ目の評価問題は、おおむね学年レベルでの、数学的な文脈と問題解決の手順を評価するようにデザインされていました。二つ目の評価問題は、数学的な概念と問題解決の手順についてすでに学年レベル以上の能力をもち、抽象的思考も使える生徒のためにデザインされていました。この二つ目の問いかけは、一つ目の問いかけよりも、生徒が自分の調査において考察する際に、どんな特徴を選択するかという点に関して少ない指示しか出しておらず、より多くの変数を自分たちで考えて扱うように求めるものでした。

　いずれの場合も、教師は、生徒たちが指導の結果、知るべきこと、理解すべきこと、できるようになるべきことを極めて明確にしています。この明確さが彼らの学習目標としての知識・理解・スキルにしっかりと対応した形成的評価を可能にするのです。裏返せば、形成的評価によって生徒たちの学習を分析することで、教師には、自らが願っている成果をもたらすために、生徒たちがいまどれほどの力をもっているのかということについての情報に焦点を絞ることが可能になるのです。この情報はまた、指導の流れを考えると次はクラス全体の指導が役に立つとか、クラス全体よりは一人ひとりをいかす教え方の方をここでは優先すべきだとか、について意思決定する際の有力な手がかりになります。

　このように二人の教師の学習指導を振り返ってみると、彼女たちが、重要な目標に向けての生徒の学習を展開するために、計画し、思考し、探究するという論理的な筋道をシンプルにたどっていることがわかります。生徒たちの成長を支援しようとして二つの事例の教師たちが多くのことに配慮しながら進めた学習指導は、当たり前のことのようにも思われます。実際、その通りなのです。この二人の教師は、多様な生徒がそれぞれ「これまで」にどのような反応をしてきたのかということを吟味もせずに、生徒全員に同じように「次」のことを教えるのではなくて、生徒の成長についての実態調査を行い、生徒がすでに学んだことを踏まえてその次の授業を行うという、ささやかでありながら、極め

てやる意味のある一人ひとりの生徒に応じた処方を行っていたのです。この二人の教師はその処方箋を書くために診断をしていました。これは、医療現場でも教育現場でも同じです。

第5章

総括的評価：生徒の学びをユニットの主要なポイントで測る

　　評価すべきか学ぶべきか、それが問題だ。

パトリシア・ブロードフット[20]

　マーフィー先生の生物のクラスで、10年生[注1]たちが年度当初に繰り返して言う言葉に「あの先生は狂ってる。昨日私たちが受けさせられた試験には、勉強していなかったことが含まれてた。何でそんなことをするのか理解できないよ」があります。ここで問題になっていた試験は、カンガルーネズミの腎臓の構造と機能について、でした。この生き物が生息するほとんど水のない環境について説明したあと、そんな環境でその動物がどうして生き抜いているのかを質問していました。試験は、3〜4ページの長さの情報提供とそれに関連する四つの質問で構成されていました。そして最後に、ほとんど水のない環境でカンガルーネズミがどのようにして生きているのかの最善の説明をするように求めていたのです。生徒たちは、試験の前に科学的思考の方法ないしプロセスについて勉強し、それを応用していました。試験は次のような形で構成されていました。生徒に情報を提供し、その情報に基づいて仮説を立てるように求め、さらに追加情報を提供し、その新しい情報に基づいて仮説を修正し、新しい仮説を試してみるといった具合です。試験の中では科学的思考の言葉がまったく使わ

注1：学年数からいえば、日本の高校1年生に相当しますが、アメリカの高校は4年間（9年生〜12年生）なので、高校2年生とも言えなくはありません。中学校は6〜8年、7〜8年、あるいは小学校と一緒になっているケースなど様々です。

れていなかったので、生徒たちのほとんどは、カンガルーネズミについての問題は授業では扱われていなかったし、事前に読んだ中にも含まれていなかったと勘違いしてしまったのです。

マーフィー先生が試験を生徒たちに返し、その内容についての説明をしたとき、生徒たちはその試験が実は自分たちが学んだことを扱うものだったことに気づいてびっくりしました。先生は試験の中で、科学的な思考のプロセスに取り組んだ上で、結果を導き出すように求めていたのです。マーフィー先生はさらに、これまでに彼らが受けてきた試験との違いについて問い、この新しい評価の仕方で成功するにはどのような学び方をするのがいいかも考えさせました。より端的に言えば、誰か他の人の知識を復唱するのではなく、知識を自分のものにする学び方とはどういうものかを理解できるように、先生は年間を通じて、生徒たちを助けていたのです。

月日が経つにつれて、生徒たちのコメントは「もし生物のクラスで何をしているのかわかっていなかったら、マーフィー先生の試験はとても難しいです。でも先生のやり方がわかっていたなら、意外といいです」に変わっていきます。そして年度末の時点では、大方の生徒は次のように言います。「マーフィー先生のクラスでは、まったく新しい形で考え、そして勉強の仕方を学びます。もう暗記することはありません。本当に理解するんです」。

マーフィー先生は、生徒たちが学び手として成長することにいかすことができる総括的評価を作成するプロです。ときに、評価はパフォーマンスを重視する試験のこともあります。スペース・シャトルでの実験をデザインしたり、高校生が学習するのと同じ内容のテーマを小学生か中学生用にするための授業を開発したりする成果物を求めることもあります。しかし、彼の評価は常に、内容についての知識とともに、それを理解していることや応用・活用することを求めます。もちろん、彼が授業を考え、計画し、そして実施するやり方は、すべて同じ意図をもった枠組みで行われていました。彼はいつも、明解な基準を使って、生徒たちのしていることを一緒に分析します。彼は、生徒たち自身の総括的評価に対する期待値を掲げ、年間を通して、それに達することができるようにコーチし続けるのです。彼のクラスは絶えず成長しており、総括的評価の使い方はその成長のプロセスの大切な一部になっています。

第 5 章　総括的評価：生徒の学びをユニットの主要なポイントで測る　135

総括的評価の特徴

　総括的評価は、診断的評価や形成的評価よりも、よりフォーマルで「公式」なものです。それは、中間試験、章の終わりの試験、ユニット末試験、期末試験、プロジェクト、レポートなどの形で、指導したことの結果を評価するものとして使われています[1]。評価の専門家たちは、診断的評価や形成的評価を成績に加えることに対しては警告を発していますが、総括的評価は成績をつけることを目的にしています。総括的評価によって成績をつけると言っても、一つや二つの試験で成績が決まるというわけではありません。生徒には、自分が学んだことを明らかにできる複数の機会が提供されることが重要です。総括的評価は、成績対象期間に複数回、異なる形態で行うことができますし、そうすべきです。

　総括的評価は不当な非難を浴びることもあります。この点について、ローナ・アールは次のように書いています。

　　この評価の類が、特に中学や高校においては、教室レベルの評価活動を依然、支配しています。教師は生徒の勉強の量と的確さとを測るために試験を使っており、教師の仕事のかなりの部分が採点と成績をつけることに費やされています。生徒を比較することが重視されており、生徒へのフィードバックは試験の点数や成績の形で提供され、改善のためのアドバイスを見かけることは稀です。（中略）通常、特定のアイディアや概念をどのくらい理解できているかということについての表示はされません。それは、試験の内容が授業でカバーした表面的な知識やスキルに限定されるからです。しかしながら、この点については問題となったことがありません。それは、教師たちが評価の目的を、生徒たちを順位づけることや、特定のグループの中での生徒の位置を示す記号を提供することと捉えているからです[20]。

注2：ここは「"教え"続けるのです」とは書けません。その主体が教師にあるのか、生徒にあるのかがポイントです。授業におけるコーチの役割については、『PBL　学びの可能性をひらく授業づくり』の第6章と『読書家の時間』の第6章、およびNHKの人気番組『奇跡のレッスン』（特にお勧めは、ハンドボールです。日本の部活動の指導者との違いが歴然です。ちなみに、部活動でしていることと、教室でしていることがまったく同じであることまで、見せてくれています）を参考にしてください。

ウィギンズは、成績と呼ばれているもの自体には何の問題もないと指摘しています◆61。そうではなく、成績をつけることを私たちが問題視してしまうのは、むしろ成績についての私たちの考え方や使い方のせいなのです。同じことは、総括的評価にも言えるかもしれません。悪評を得る原因は、学習サイクルの主要なポイントで生徒の到達度を測る考え方に対してではなく、それをするやり方にあります。本章では、質の高い総括的評価の特徴と使い方について、特に、一人ひとりをいかす教え方との関係について焦点を当てます。

ユニットを学習している間のいくつかのポイントでは、事前に設定した学習目標（知識・理解注3・スキル）に照らし合わせて生徒の到達度を正式に評価することは必要であり、大切です。総括的評価とは、生徒に新しい知識、概念注3、スキルが示され、そして、それらを練習する機会がすでに与えられていて、生徒がそれらの意味を理解したり、「自分のものにした」後で、事前に設定していた学習の流れのある時点で生徒の学習を評価したりする正式なプロセスのことです。これは、学んだ結果の評価（assessment of learning）として知られています。それは、事前に設定された学習目標を生徒がどれだけ達成できているかを測ることに焦点を当てているからです。総括的評価は、学習目標がすべて教えられたユニットの終了時、ユニットの中の大切な一区切り、あるいは一つの授業のねらいをすべて満たし、生徒たちはそれらを自分のものにするための十分な機会が提供されていたのなら、その終了時に行うことも可能です。一つの授業やユニットの中のいくつかの区切りが終了した時点で総括的評価を行うことは、これから先の授業をする際の基盤となる力を生徒たちが獲得したか否かを教師が把握する助けになります。総括的評価という名前は、生徒たちが学んだことをいくつかの重要なポイントで測り、それを「足し合わせる」ところから来ています注4。

注3：理解と概念を置き替え可能なものとして扱っていることがわかります。つまり、理解は概念レベルであって、知識レベルではないということのようです。知識は暗記レベルと捉えているかのようです。概念については、『ようこそ、一人ひとりをいかす教室へ』（特に、第5章）と『「考える力」はこうしてつける』（特に、第7章）を参照してください。

注4：その意味では、中間試験と期末試験の点数を足し合わせて、その学期の成績をつけるということは的はずれとは言えないわけですが、問題は、評価の方法にあるわけです。学習目標のかなり狭い部分しか把握できないにもかかわらず、あたかも全体像が把握できるかのごとく錯覚を起こしてしまうテストに頼りすぎているという問題です。

総括的評価の形態

　総括的評価では、生徒の学びについての情報を集めるための方法として、多様なツールや方法を使うことが可能です。そしてそれらは、生徒の到達度を個人、クラス、場合によっては学校のレベルで情報提供してくれます。ここでは、生徒個人とクラスレベルに焦点を絞ります。学んだ結果の評価は、学びのための評価や学びとしての評価（これは、35 ページの指導した結果の評価、指導のための評価、指導としての評価の三つと対をなしています）とは異なる目的を満たしますが、例えば、テスト、課題文、応用課題などの評価はすべての目的で使えます。

　学んだ結果の評価に最もふさわしい形態を大別すると、二つの大きな分野に分かれます。

① 　伝統的な筆記試験あるいは閉じた課題：多肢選択式、短答式、穴埋め式、正誤式、解釈式など
② 　パフォーマンスを重んじる評価（以下、パフォーマンス評価と略す）：小論文、プロジェクトないし成果物作成、ポートフォリオ、パフォーマンス課題など

　学習目標の種類や学習のねらいが、生徒の到達度にまつわる情報を集めるのに最も適している評価のタイプ（種類）はどれかを決める要因です。評価の種類とそれが測る学習目標とを一致させることに加えて、次の 3 点を押さえることも大切です。

① 　評価は意図したこと（学習目標としての知識・理解・スキル）を効果的に測る
② 　最も重要な知識・理解・スキルに焦点を当てる
③ 　生徒がそれを終わらせるのに必要な時間とマッチする形態を使っている

　表 5.1 は、結果として得られる証拠や形態に伴う制約など、総括的評価の形

表 5.1　総括的評価の種類

●**伝統的な筆記試験（閉じた課題）**

具体例
・正誤式、多肢選択式、穴埋め式、組み合わせ式、問題解決式（算数・数学など）

得られる証拠
・簡単な知識を思い出すことから（もし、適切に作られたなら）複雑な思考のレベルまで測ることができる
・事実とフィクションを区別したり、図表を解釈したり、提供された情報から予測をしたり、原因と結果の関係を解釈したりすること等が含まれる。

制約
・生徒が自らアイディアを考え出したり、事例や情報を提供したり、明瞭な説明をしたりする能力は評価できない。
・情報を加工する能力は評価できない。
・高次の思考を測る質問をつくり出すのは難しい。[注5]

●**パフォーマンス評価（パフォーマンス課題／実際にやってみるタイプ）**

具体例
・口頭発表、実験レベルの証明、ディベート、音楽やダンスの実演、体育での競争など

得られる証拠
・情報を体系化したり、整理したり、応用したりする能力を評価できる。
・情報を加工する能力を評価できる。
・学んだ知識を他の分野に応用する力を評価できる。
・教科の枠を気にする必要がない。
・複雑な学習成果を評価することができる。
・思考することと問題解決することの統合を図る。

制約
・高次の思考を促し、意味を感じられる課題をつくり出すのは難しい。
・評価するのに時間がかかる。
・押さえるべき内容の一部しか評価することができない。

●**パフォーマンス評価（考えを組み立てて反応するタイプ）**

具体例
・提示された質問に対して自分が考え出した反応、概念図、フローチャート、見える化シート、[注6]図表などの視覚的にあらわしたもの

得られる証拠
・生徒が手順や方法をどのように使っているか、情報をどう応用しているか、解釈する能力などを評価するのに適している。

第5章　総括的評価：生徒の学びをユニットの主要なポイントで測る　139

制約

- ・高次の思考を促し、意味を感じられる問題をつくり出すのは難しい。
- ・採点するのに時間がかかる。
- ・押さえるべき内容の一部しか評価することができない。

●パフォーマンス評価（成果物）

具体的

- ・小論文、研究レポート、実験レポート、ポートフォリオ、プロジェクトのレポート、理科のプロジェクト、芸術的な展示

得られる証拠

- ・複雑な学習結果を測ることができる。
- ・思考することと問題解決することの統合を図る。
- ・プロセスの結果の評価に焦点を当てる。
- ・情報を体系化したり、整理したり、応用したりする能力を評価できる。
- ・学んだ知識を他の分野に応用する力を評価できる。
- ・教科の枠を気にする必要がない。

制約

- ・高次の思考を促し、意味を感じられる問題をつくり出すのは難しい。
- ・採点するのに時間がかかる（生徒たちがつくり出すのにも時間がかかる）。
- ・質の高いルーブリックに対する深い理解が必要。

態の全体像を提供しています。

質の高い総括的評価の指標

　質の高い総括的評価にとって、信頼性と妥当性を高めるという考え方はとても重要です。信頼性は、異なる時間や状況で同じ結果を繰り返し得られることを指します。妥当性は、測定しようと思った項目を実際に測定する程度を指します。これら二つについては、成績とも関連するので、第6章でさらに詳しく説明します。総括的評価は最低限の信頼性と妥当性を確保していることが不可

注5：分析、応用、統合、評価レベルの思考のこと。それに対して、一般的には、暗記と理解が低次の思考と言われています。

注6：原文では graphic organizer です。これで検索するとたくさんのシートの例が見られます。情報を視覚的に構造化して、わかりやすくするためのワークシートのことです。

欠である以外に、ある程度の質の高さを求めるのであれば、次の五つの指標も満たしている必要があります。それらのほとんどは、常識的なことであると同時に、診断的評価や形成的評価にも当てはまります。それは、三つの評価がつながり合った存在であることからもわかります。

指標1：評価は学習目標に対応したものである。

　すでに確認したように、学習目標としての知識・理解・スキルをあらわす文章は、指導の結果生徒たちが学ぶことを明確にしたものです。したがって、目標と、生徒たちがどの程度それを達成したかを明らかにするために評価する項目や課題が直接的に一致していることは、とても重要なことです。それらの評価項目や課題に対する生徒の反応は、総括的評価の対象とされた学習において重視されている知識・理解・スキルに生徒がどの程度習熟しているのか適切に評価されるものでなければなりません。

指標2：評価の内容は、個々の学習目標の重要性を反映している。

　指導と評価を受ける教科で能力を身につけるために、生徒が身につけるべき重要な学習目標としての知識・理解・スキルに評価の焦点を当てるべきです。指導が行われる前に明確にされる学習目標としての知識・理解・スキルは、何が最も重要なのかをはっきりとされていなくてはなりません。指導は獲得したい学習目標としての知識・理解・スキルと合致している必要があり、したがって、生徒たちが学ぶ最も大切なことに絞られるべきなのです。そうなると、総括的評価は学習目標としての知識・理解・スキルの中でも最も重要性が高いと位置づけられたものを測定することになります。例えば、ある算数のユニットで、式の中で数学的な関係をあらわせることを重視し、式の中で間違っている項を見いだすことは重要ではないとした場合は、指導の際も評価の際もそのことを重くみなければなりません。逆さまデザインのやり方を使うと、カリキュラム開発者はまず、①子どもたちに獲得させたい重要な知識・理解・スキルを書き出すことから始めます。次に、②それらの知識・理解・スキルを含めた授業の目的に一致する総括的評価の内容と方法を考えます。最後に、③生徒たち全員がすでに明らかになっている総括的評価で自分のできることを証明できる

ように授業を計画し、そして教えるのです。逆さまデザイン[◆64][注7]を注意して使うことによって、獲得する知識・理解・スキル（学習目標）と、総括的評価と、指導の三者を一致させ、生徒たちが成功する可能性を飛躍的に高めることができます。

指標3：評価の形式は、学習目標の認識レベルと一致している必要がある。

「正確な評価結果を得るために、評価方法を選択するための最も重要な基準は、どのような学習目標を測定するのかということである[◆13]」。言い換えると、評価で答えることを要求している認識レベルは、特定の学習目標を身につける（マスターする）のに必要な認識レベルと一致している、ということです。

例えば、もし学習目標が単に生徒に情報を思い出させること（つまり、事実や定義を復唱したり、問題を解くための一連の手順や公式を使ったりすること）であれば、評価はその認識レベルを求めるものでいいわけです。この場合、比較的低めの認識レベルしか求めていないので、多肢選択式か短答式で十分です。一方で、学習目標に生徒の論理的思考力、計画力、証拠を活用する力、自分の主張を弁護する力、多様な視点を検討する力などが含まれる場合は、最も適切な評価の形式はパフォーマンス評価です。それは、一つの正解があるのではなく、自分が導き出した回答を正当化する必要があり、回答者なりの結論を述べ、多様なスキルを統合するものなどが含まれます。

手短に言うと、学習目標が評価の形式を決定づけるべきだということです。しかしながら悲しいことに、生徒の思考力や新しい場面での応用力は大切だと教師の多くが言いつつも、低い認識レベルの評価を考える方が楽なので、実際には生徒たちが授業で聞いたことを復唱させることだけを要求する評価を作成し続けています[注8]。総括的評価のレベルが低いままだと、学びとは誰かが言った

注7：何が逆さまなのかというと、通常の使われているアプローチが、①学習目標を設定し、②それを満たすための指導計画をつくって教え、③教え終わった後に、テスト問題をつくってテストを実施するという流れなのに対して、①→③→②の順番で行うからです。そうすることで、形成的評価が可能になります。学習目標を踏まえた理想の評価の仕方を事前に考えてあるので、「指導と評価の一体化」が図れるというわけです。これはまさに、文部科学省がかれこれ20年前に言い出した「指導と評価の一体化」を実現させるための方法と言えます。

注8：つまり、私たちがよく知っている「テスト」ということです。

情報をそっくりそのまま言い返すことであるというメッセージを生徒たちに発信し続けることになります。

指標4：学習目標に示された様々な知識は、指導の際に扱われる知識であり、また評価の際に適切に解答することが求められる知識でもある。

　はっきり示された学習目標と実際に行われる指導のミスマッチは、たとえ評価が学習目標と一致していたとしても、学んだことの証を記録することを難しくします。例えば、学習目標は生徒の議論の根拠を比較して、批評する力を養うことを挙げているにもかかわらず、実際の指導では根拠を要約することと書き方の技法に焦点を当てた場合などです。その場合は、たとえ評価は学習目標を測定するものとしてつくられていたとしても、生徒たちはよい結果を得るための練習する機会が提供されていなかったので、ほとんどの生徒の出来は悪いことでしょう。

指標5：評価は、学習目標が目指しているもの、指導されること、そして教室で得られるものを超えて、生徒に知識・理解・スキルあるいはリソース（資源）等を求めるべきではない。

　生徒の言語、文化、レディネス、経済的な背景、サポートシステムなどの面で、今日の教室は多様さを増しています。すべての生徒に対して効果的に働きかけることができる教師は、日々のかかわりの中でこれらの多様さと、それを踏まえた指導計画および評価を行う必要性を認識しています。特定の学習目標としての知識・理解・スキルに個々の生徒の立場や状況を反映した評価にするためには、教師は測定しようとしている評価項目に生徒が様々に経験する生活がどのように影響するのかを考えなければなりません。そして、もし一定の生徒にとって学習の機会や状況が経験されていない場合は、それらに関連する質問や活動は除外する必要があります。また、パフォーマンス評価（パフォーマンス課題／実際にやってみるタイプ）に家でする活動が含まれていた場合、サポートやリソースのありなしで差が出ないことを確保する必要もあります。

　「不適切なものをやらせること」は、特定の生徒に悪い評価を与えることになります。それは、その生徒が学習目標を理解できないからではなく、評価が

生徒の経験の枠の外にあることを知ったり、できるようになったりすることを要求しているからです。例えば、学習目標とそれに基づいた指導が説得力のある文章の要素に焦点を当てていたとします。そのことについてはしっかり理解しているにもかかわらず、英語を習い始めたばかりで、自分が理解していることを英語で書いて示せるスキルをもっていない生徒にとって、正式な説得力のある手紙を書く課題を与えられても、自分が理解していることは示せません。「不適切なものをやらせること」は、学習障害、異なる文化的な背景、異なる体験のレベルなどの様々に不利な立場に置かれている生徒たちに影響を与えるので、教師はそれを防ぐ必要があります。例えば説得力のある手紙を書く課題のケースは、生徒に母語で書くことを許可し、それを後で誰かと英語に訳せるようにしたらいいかもしれません。

総括的評価と多様な生徒：三つの原則

　個々の生徒ができるだけ高いレベルで、しかも早く成長できるように、一人ひとりをいかす指導を提供したいと思っている教師は、生徒が自分の知っていること、理解していること、そしてできることを可能な限りよい形で示せるようにするために、生徒の違いを考慮に入れて、評価をつくり出すことができます。一人ひとりをいかす総括的評価を計画することは、一人ひとりをいかす指導が終わったところから続ける形で、次の質問をすればよいのです。「生徒たちが自分の知っていること、理解していること、できることをできるだけ示せるようにするために、私が総括的評価をつくり出す際に注意する必要がある生徒のニーズにはどんなものがあるのか？」。次に紹介する三つの原則が、一人ひとりをいかす総括的評価をつくる際の指針となるでしょう。

原則1：一人ひとりをいかす評価は、個人に合わせた教育計画がある（したがって、異なる学習目標が設定されている）^{注9}生徒以外、すべての生徒が達成する大切な同じ学習目標（知識・理解・スキル）に焦点を当てる必要がある。

注9：個人に合わせた教育計画が義務づけられているのは、特別な支援が必要な子どもたちです。

この原則は、すでによく知られていると思います。一人ひとりをいかす教え方は、異なる学習目標の生徒たちに向けたものではなく、同じ目標を達成するために異なるルートを提供するものです。もし、総括的評価をすることが生徒の知っていること、理解していること、できること、つまり、知識・理解・スキルをあらわす機会を増やすことになると教師が思えるなら、総括的評価を、一人ひとりをいかす形にすることはできます。一人ひとりをいかす評価は、内容面の目標をいくつかの関心領域の一つに応用したり、各自の得意な様式で表現したり、異なる材料を使ったり、複雑さのレベルが異なる指示に従って作業するといった形になります。一人ひとりをいかす総括的評価で変わらないのは、生徒が示すことを求められている学習の成果です。

原則２：生徒たちは、自分が身につけた知識・理解・スキルを示す十分な機会が提供される形で評価されるべきである。

　この原則は、生徒が自分の学んだことを示せる十分な機会がもてることを確保する評価のデザインの柔軟性を教師に与えています。一人ひとりをいかす総括的評価は、例えば、答えを書く代わりに、声で回答させて録音したり、拡大印刷された評価のための問題用紙を用いたり、長い文章を使う代わりに、描いて注釈をつけたり、適度にチャレンジのある問題に取り組んだり、テストの質問を読んでもらったり、評価を完了するまでの時間をより多く提供されたりする形で生徒のレディネスに対処します。

　同様に、一人ひとりをいかす総括的評価は、生徒の興味関心については、音楽、スポーツ、株価、動物の四つの領域に関連した算数の問題を提示して、生徒にどの問題を解くかを選べるようにしたり、自分が特に興味をひかれる小説について作家の物語の要素の使い方を比較対照させたりすることを通して対処します。また、生徒の得意な学び方への対応については、政治的課題についての対立する視点を、編集長への二つの手紙を書くこと、異なる見解をもった複数の個人からのブログへの書き込みをすること、あるいは対立する見方を示す政治漫画をシリーズで描くことから選ぶ形で対処します。

　総括的評価を、一人ひとりをいかすようにすることは必要不可欠なことではありませんが、そうすることは自分が学んだことをより好ましい形で表現でき

る機会を提供するので、大きな恩恵があります。もちろん、同じ学習目標としての知識・理解・スキルに焦点を当てているという前提の下での話です。

しかし、多くの教師からの予想される反応は、「学力テストや入試は、生徒の違いを一切考慮していませんよ！」というものです。その試験を受けるまでの生徒の学習体験が肯定的で、実り豊かなものであればあるほど、そうした試験に臨む際の生徒の自信と能力を高めることになります。実のところ、自分の得意な様式で学べたり、学んだことを表現できたりする機会をもった生徒たちは、学力テストや入試等がたとえ自分の得意な様式に沿ったものでない場合でも、よりよい成績を上げているという結果を出した研究があります。[48]　これはおそらく、一人ひとりをいかす評価をする人が経験的に知っていることを、研究が裏づけたというだけのことなのでしょう。

原則３：一人ひとりをいかす評価を得点化する方法は、どんなタイプのものを使うときも同じであるべきだ。

一人ひとりをいかす評価をする場合に大切なことは、学習目標（原則１）と、その学習目標を評価する際に使う基準（原則３）は、どんな形態のものを扱おうが同じである（原則２）ということです。例えば、ある評価で、異なるライフスタイルと健康に対するニーズをもった３人に対して、すべての食品群を使った健康的なダイエットを提案するように生徒に求める場合を考えてみます。３種類のダイエットを提案することに加えて、生徒はユニットの基本的な原則ないし理解と、それぞれの食品群の健康に果たす役割について説明しなければなりません。生徒の中には、提案と説明を図示した者、３人の個別のノートをつくった者、栄養士と３人のやり取りをロールプレイした者などがいました。どの場合においても、生徒の回答は、①３人に対して健康的なダイエットを提案できていたか、②それぞれのライフスタイルに適していたか、③生徒がユニットの鍵となる原則と主だった食品群の健康に果たす役割について情報を効果的に使えていたか、という観点で評価されます。学習目標に効果的なロールプレイをしたり、プロがつくったように見える図を作成したりすることが含まれていない限り、それらが成績に含まれることはありません。

第６章で、「三つのＰ」による成績のつけ方を紹介します。「三つのＰ」とは、

生徒の Performance の報告（到達度）、Process（考える習慣や物事のやりかた）、Progress＝成長（時間とともに成長する学習目標としての知識・理解・スキル）です。良質の表現とプレゼンテーションを含めた、質の高い成果物をつくり出すように生徒を励ますことは重要です。その際、生徒が選択する形態の基準を提供するか、つくらせると同時に、基準に対するフィードバックを提供できると効果的です。しかしながら、もしフィードバックを成績に転換する場合は、上記の三つの P による成績のつけ方のプロセス（考える習慣）に含めるべきです。なぜなら、フィードバックは生徒が達成した特定の成果をあらわすよりも、質の追求に関係しているからです[注10]。また、平均して到達度の成績に加えるべきではありません。到達度の成績は、学習目標としての知識・理解・スキルの生徒の状況を示すものでなければならないからです。言い換えると、生徒の一人芝居が非常に巧みだったり、レポートの表紙が特に創造的だからといって、総括的評価で高めの評価を受けとるべきではないのです（逆に、巧みでなかったり、創造性に欠けたりしているからといって、低めの評価を受けるべきでもありません）。もちろん、巧みさや創造性が、学習目標としての知識・理解・スキルの中に最初から含まれていたときは、話は別です。

原則を伝統的な筆記試験に応用する

　教室で教える教師にとって、一人ひとりをいかす伝統的な選択回答形式のテストをつくり出すことは現実的ではありません。それは、同じ内容について測るために複数の項目を考え出すことが困難だからです[注11]。したがって、選択回答形式のテストは、特定されている学習目標が知識、具体的な論理的思考、個別でなじみのある応用スキルに限定して使うのが効果的です。それでも、評価項目に生徒が反応する方法や、それらの項目の生徒たちへの提示の仕方を、一人ひとりをいかす形にすることはできます（例えば、書かせる代わりに、生徒に

注10：この点について、「フィードバックはそれを次にいかすためにあるので、フィードバックをもとに新たな活動において実行できるようにする機会を提供することが大事なのだと痛感しました」とコメントを書いてくれた協力者がいました。

注11：多肢選択式の問題を評価問題として用意するときに、同じ内容に関する問題なのに、A さんのための多肢選択式の問題とか、B さんのための多肢選択式の問題といったような作問は困難だということです。

声で回答させて記録したり、録音した問題を生徒に聞かせて回答させたり、あるいは英語で回答する代わりに、最初は母語で回答し、それを翻訳できるようにしたりすることができます）。さらに、学習障害に対応する特別支援の教師と協力することで、内容面の目標は密接に一致させながら、選択回答形式のテストに代わり得るものを考え出すことは可能です。

　しかしながら、場合によっては、学習目標の性質が評価のいくつかの側面を変えることを困難にします。例えば学習目標で、生徒がエッセイを書くことで現代における重要な課題を分析することが求められている場合、分析の結果を絵コンテや政治的漫画の形で提示してもいいとしてしまうことは目標の意図を無視することになります。そんな場合でも、特別な学習ニーズを抱えた生徒に対処しようとする際は教師の専門的な判断が道理にかなっています。この場合の特別なニーズを抱えた生徒には、例えば書く手をけがしている生徒、書字障害と認定されている生徒、目の不自由な生徒、英語を書いたり話したりすることがまだほとんどできない生徒などが含まれます。これらの生徒は、授業時間内でエッセイを書くことはできないかもしれませんが、現代における重要な課題を分析することはできるかもしれないのです。通常よりも長い時間を要する学習ニーズを抱えた生徒も、同じように、その制約にうまく応えてあげられれば、目標を達成できることが証明できるかもしれません。こうした生徒たちに、単に要求されていることの一部が満たせないという理由で、本人ができることを示せないようにするのではなく、本人の知っていることを表現できるようにしてあげる方が、はるかに筋が通っています。

　他方、もし学習目標が現代における重要な課題を分析することだけを生徒に求めているなら、生徒がどのような形態で反応するかは問題ではありません（原則2）。そのような場合、生徒に回答を録音させたり、口頭のプレゼンテーションをさせたり、グラフィックノベル（漫画）をつくらせたりといった選択肢を提供することは、すべて一人ひとりをいかす指導という観点からも好ましいことです。なぜなら、異なる形態を使おうとも、伝える内容は一貫しているからです（原則3）。反応の仕方の如何にかかわらず、生徒たちは伝えようとしたアイディアの明確さと有効性によって評価されます。評価基準としては、アイディアの構成、アイディアを考える際の資料の使い方、プレゼンテーション

の明確さ、プレゼンテーションの技術、その他の知識・理解・スキルに関する学習目標において設定されていたスキルなどが含まれます。

パフォーマンス評価の原則を応用する

　パフォーマンス系の総括的評価（パフォーマンスを求めるタイプや成果物をつくるタイプ）は、必然的に、生徒のレディネス、興味関心、学習履歴に応じて一人ひとりをいかす余地をもっています。この後の節で、原則を総括的評価に効果的に使った三つの事例を紹介します。その一つ目は、高校での社会科と国語で一人ひとりをいかす評価をしている事例です。学習目標は維持しつつも、生徒の多様性に合わせて評価を変えています。その例で、生徒たちは芸術、公民権／社会運動、経済的な状況、軍事的な衝突、新しい発明／技術、そして政治の中から、自分の興味関心に基づいて三つを選択することができるのです。また、生徒は発表の形式として、エッセイを書くか、独白劇をするかという選択肢も提供されています。それは、学習スタイルや学習履歴をベースにして一人ひとりをいかせるようにするための配慮からです。最後に、レディネスに関しては二つの観点で一人ひとりをいかす配慮がなされています。一つは、たくさんの資料の中から自分のレディネスのレベルに合った資料を使うことができるようになっています。生徒は、教師やメディア・スペシャリスト[注12]と相談しながら、自分に適切なレベルの資料を探すことができます。加えて、進んだ生徒は課題を一つの視点からのみで見るのではなく、二つの視点から見て取り組むように促されます。興味関心の選択、発表の形式、レディネスの段階に関係なく、すべての発表は、次の観点で評価されます。それは、歴史的な正確さ、視点、説得力、徹底さ、リサーチ・スキルです（155ページを参照）。すべての生徒は同じ学習目標に焦点を当てていることは言うまでもありません。

　生徒たちがもっている他のレディネスのニーズに対応させる形で、上記の評価を、一人ひとりをいかす形に合わせることも可能です。例えば、時間の管理に問題を抱えている生徒に対して、総括的な課題を完成させるために日々の目

注12：もはや学校図書館の司書とは言わず、本も含めたメディアの専門家という名称に変更されています。その理由は、図書館自体の役割が、量的に、本からネットを介して得られる情報の方にシフトしているからです。日本の学校で、それが実現できているところはどれくらいあるでしょうか？

標を設定させる形で教師がサポートをするのです。前と同じで、一人ひとりをいかそうとすることは、学習目標に基づいてすべての生徒がつくり出す反応を変えるものではありません。そうではなくて、設定された学習目標に向けて、自分ができることを証明するために妨げになっている壁を取り除く足場を提供したり、さらなるチャレンジを提供したりすることです。

総括的評価の計画と活用～まとめ

　総括的評価ないし教えたことの評価は、内容面での目標について学び、それを練習する機会を生徒がもった後で、特定の内容面での目標（知識・理解・スキル）の出来を評価して、成績をつけることを目的としています。図5.1は、総括的評価の目的をまとめたものです。

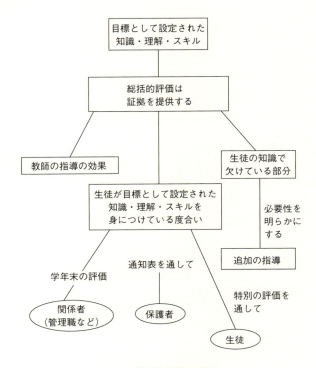

図5.1　総括的評価の目的

総括的評価は、ユニットの中の何回かのまとめの段階で複数回行うことができ、また行うべきです。総括的評価は大きくは、①多肢選択式や穴埋め式などの伝統的な筆記試験、②本物の評価[注13]、パフォーマンス課題、成果物やプロジェクトなどのパフォーマンス評価の二つのタイプがあります。前者のタイプの評価は、複雑な知識やスキルを測るようにつくることもできますが、一般的には、生徒の単純な知識と再生できるレベルのスキルを測るのに適しています。後者のタイプの評価は、一般的に、生徒の複雑な思考、応用、知識の活用、そして（テストが学校の中だけで通用するのに対して）学校の外で出合う「本当」にある問題解決等を測るのにより適しています。評価の目標ないし目的が、教師がどの形式を選ぶかを決定づけます。

　質の高い総括的評価は、次のような特徴をもっています。

・生徒に提示され、そして教えられた内容面の目標（知識・理解・スキル）と一致している。
・（ほとんど関係がなかったり、本質から外れたりしたものではなく）最も本質的な知識・理解・スキルに焦点を当てている。
・学習目標の認知レベルと一致している（141ページの指標3）。
・生徒は特別な知識や資料をもっている必要も、教室内で得られる以外のサポートも必要ない。

総括的評価が一人ひとりをいかす形で行われる場合は、次の点に留意します。

・すべての評価で同じ内容面の目標（知識・理解・スキル）を使う。
・すべての生徒が自分の知識・理解・スキルを表現できるように、評価のプロセスを選択肢があるようにする。
・一人ひとりをいかすどんな形の評価を使おうとも、同じ採点システムを使う。

注13：本物の評価の説明は、従来のペーパー・テストを暗に「偽物」と捉え、それに対して実際にある場面等を想定して問題解決や作品の制作などを行う評価のことを言います。それをすること自体に、価値を見いだせるタイプの評価です。

第5章　総括的評価：生徒の学びをユニットの主要なポイントで測る　151

三つの事例

　ここでは、一人ひとりをいかす形でつくった、三つの異なる総括的なパフォーマンス評価を事例で紹介します。一番目のパフォーマンス評価は、中学校の社会科のユニットで、国語の内容面の目標と統合する形で実施されています。生徒は、かなり長い期間、クラスの内外でこの課題に取り組み続けました。二番目は同じく中学校の事例ですが、実験を計画する理科の学習の最後のところで課題が出されます。生徒たちは授業中の決められた時間内でこの課題を完成させ、その後に自分たちが考えたことや、したことについて話し合いを行いました。三番目は、小学2年生のペットについて理科で行われた最終的な成果物ないしプロジェクトをつくる課題です。このユニットでは、人間のペットと、以前理科で学んだペット以外の野生動物との関係について生徒が考えることを支援します。成果物は、生徒に国語の能力も求める内容になっていました。それぞれの事例は、総括的評価がどのように一人ひとりをいかす形で行われたのかの説明で締めくくられています。

〈事例1〉中学校社会科の本物の評価

（評価の説明）　　　　　　テーマ：「一番いいとき」

目的と根拠
　この評価の目的は、歴史上の特定の年代の情報を見つけ、そして解釈し、さらに集めた情報を整理・統合して、その時代に生きていた人の視点を反映する形で、口頭ないし書面のプレゼンテーションができる能力を測定することです。◆35
　評価は、次の学習目標としての知識・理解・スキルを扱っています。

知識：
・鍵となる語彙：主張、言い回し、視点、愛国心、人種、民族、宗教、統合する
理解：

- 状況によって人の視点／見方は形づくられる。
- 人々が文化を形成し、同時に文化が人を形成する。
- 特定の人々にとって「一番いいとき」は、他の人たちにとって「最悪のとき」である。

スキル：
- 生徒は、自分の思考と表現を形成するために、正しい情報を収集できるように多様な情報収集の技術と資源を使いこなせる。
- 多様な資料からの情報と考えを統合できる。
- 実際に存在した人々、出来事、技術等に関する歴史的に正しい情報源を使って自分の主張する考えを支持できる。
- 歴史上の特定の時代に生きていた人の視点から歴史上の情報を紹介できる。
- 特定の時代に存在した多様な生き方を、総合的に、正確に、説明することができる。
- プレゼンテーションの真実性を高めるために、その時代に使われていたものや衣装、言葉や言い回しを使うことができる。
- 情報源を、標準的な形式で示すことができる。

関連する到達目標
歴史：
生徒は次の能力を含めた歴史的に分析するスキルを身につける。
- 1877年以降のアメリカ合衆国の出来事やライフスタイルについて、一次資料と現代のメディアの両方から情報を収集し、分析し、解釈し、一般化する。
- 異なる視点は、愛国心、人種、民族、宗教によって影響されていることを認識し、説明する。

英語：
生徒は物語、解説、説明を書く。
- 中心となる考え、構成、詳細、一貫性をもたせるための核を決める。
- 中心となる考え、主張、言い回しを強化するために、言葉や情報を選ぶ。
生徒は書くことをすべての教科で学ぶためのツールとして使いこなす。

第5章　総括的評価：生徒の学びをユニットの主要なポイントで測る　153

・新しい考えや概念をつくり出すために、情報を整理統合する。

生徒に与えられた課題

「一番いいとき」

　歴史を通じて、（社会的、技術的、芸術的、その他の）進歩はある人々に自分たちが生きている今こそが「一番いいとき」と信じさせる一方で、今こそが「最悪のとき」と信じる人々もいます。特別な年にタイムワープしてみてください（教師が、あなたが戻る適切な年月日を指定してくれます）。あなたは誰になるでしょうか？

　自分の役柄をつくり出してください。あなたは男ですか、それとも女ですか？　あなたの人種は何ですか？　民族的背景は？　どこに住んでいますか？　あなたの家族はこの地域にどのくらい住んでいますか？　あなたは雇われていますか？　仕事は何ですか？　あなたがもし子どもなら、あなたの夢は何ですか？　大きくなったら何をしたいですか？

　あなたと同じような人の過去と比較して、今の あなたの暮らしのいい点にはどんなものがありますか？　あるいは、あなたと同じような人の過去と比較して、今のあなたの暮らしの悪い点にはどんなものがありますか？

　あなたの新しい役柄の視点から、今が「一番いいとき」か「最悪のとき」かをクラスメイトに説得するために、クラスの前で発表するエッセイを書くか、一人芝居をつくりなさい。それをする際、自分の暮らしを次の六つから少なくとも三つの領域と関連づけて説明しなさい。

・（演劇、ダンス、音楽などの）芸術
・公民権／社会運動
・経済的な状況
・軍事的な衝突
・新しい発明／技術
・政治

　このプロジェクトのために情報収集する際は、どんなオンラインの資料や紙媒体の資料を使ってもかまいません。教科書だけにとどまらず、一次資料から豊富

に引用することをお薦めします。自分が使った情報の参考文献リストをつくると同時に、それらの入手方法も明らかにしてください。

評価の基準

あなたのプロジェクトは次のような基準によって評価されます。

- 歴史的な正確さ：あなたがタイムワープする時代に関する事実や他の情報は、どのくらい正確か？
- 視点：あなたが演じる役柄にあなたはどのくらい忠実か？　あなたが提示する考えは、あなたが描く個人の人生や暮らしにマッチしていたか？
- 説得力：あなたの読み手や聞き手は、あなたが異なる時代からの人であることを信じたか？　そのときが「一番いいとき」あるいは「最悪のとき」という、あなたの主張は納得がいくものか？
- 徹底さ：芸術、公民権、経済的な状況などの三つの分野をどれだけ扱えて、それらが、自分が経験している生活の質についての見方をどのように形成していたかを示せていたか？
- リサーチ・スキル：情報収集にどれくらい多様な方法を使ったか？　一次資料と二次資料の両方を使ったか？　多様な資料から考えや情報を効果的に統合することができたか？
- 引用のスキル：どの程度、標準化したフォーマットで引用した資料を明示していたか？

あなたの課題を評価するルーブリックを右ページに添付しておきます。

事例 1 ではどのように一人ひとりをいかしているか

この課題は、三つの形で一人ひとりをいかしていました。まず、レディネスでは、多様な読みのレベルの資料が用意されていましたし、個々の生徒の読みのレベルに合わせた情報収集のために教師とメディア・スペシャリストがサポートしました。英語を習い始めている生徒たちのためには英語以外の資料も用意しました。英語の資料の翻訳や、生徒が母語で書いたものを英語に翻訳する支援が、ELL スペシャリスト[注14]からあります。

第5章　総括的評価：生徒の学びをユニットの主要なポイントで測る　155

「一番いいとき」の採点ルーブリック

基準	期待以上	期待を満たす	期待以下
歴史的な正確さ 採点＿＿＿	その時代に実際に存在した人々、あった出来事や技術などを適切に使っている。しかも、それらを十分に詳しく、正確に捉えている。	その時代に実際に存在した人々、あった出来事や技術などを適切に使っている。しかし、その時代の雰囲気を損なうほどではないが、若干の間違いがある。	その時代に実際に存在した人々、あった出来事や技術などは、不正確、不完全、あるいはその時代のものと食い違っている。
視点／見方 採点＿＿＿	表明された考えや意見は、その時代と人物の状況を一貫して反映している。	表明された考えや意見は、その時代と人物の状況を適切に反映している。その時代の雰囲気を損なうほどではない若干の間違いがある。	表明された考えや意見および人物の時代背景や状況等に、一貫性がない。
説得力 採点＿＿＿	人物が本物であるように読み手／視聴者を説得するために多様な方法（言葉、言い回し、衣装など）が効果的に使われている。	人物がその時代からの人であるように読み手／視聴者を説得するために一つ以上の方法（言葉、言い回し、衣装など）が使われている。	人物がその時代からの人であるように読み手／視聴者を説得するための努力がほとんどされていない。
徹底さ 採点＿＿＿	ユニットの三つの本質的な理解が明確に提示され、芸術、公民権／社会運動、経済的な状況、軍事的な衝突、新しい発明／技術、政治の中から最低でも三つが選ばれて、それについて詳細が述べられている。	ユニットの三つの本質的な理解が正確に提示され、芸術、公民権／社会運動、経済的な状況、軍事的な衝突、新しい発明／技術、政治の中から三つが選ばれて、それについてある程度詳細が述べられている。	ユニットの三つの本質的な理解が明確に提示されておらず、芸術、公民権／社会運動、経済的な状況、軍事的な衝突、新しい発明／技術、政治の中から一つか二つについて詳細が述べられている。
リサーチ・スキル 採点＿＿＿	使っている資料は課題に適切である。教科書以外の多様な一次資料と二次資料を参考にしており、ユニークな情報収集の方法も使われていた。使われた資料の多くは一次資料で、集めた資料を効果的に統合する形で情報をつくり出していた。	使っている資料は課題に適切である。教科書以外の情報収集は行われたが、そのほとんどは二次資料だった。つくり出された情報は必ずしも資料をうまく統合したものとは言えない。	情報収集は教科書に限定されていたか、使われた資料は課題に適切ではなかった。情報はうまく統合されておらず、いくつかの資料から「コピペ」をしただけと思えるぐらいである。
引用のスキル 採点＿＿＿	出典は、標準的なプロの様式で明らかにされている。	出典は明らかにされているが、常に標準的なプロの様式を使っているわけではない。	出典は明らかにされていない。

読み、表現、クリティカルな思考[注15]で進んだレベルにある生徒たちは、自分が選んだ三つの領域が選んだ生徒自身、生徒の家族、そして友だちなどにとってどのように「一番いいとき」や「最悪のとき」になる可能性があるのかを見てみるように言われました。方向性の若干の修正は、設定されたときにおける「自分のような」人たちに影響を与え得る要素を少なくとも二つの視点から見ることを要求します。それによって、考える視点が与えられ、より複雑な思考をすることが求められたのです。

　二番目の一人ひとりをいかす方法は、興味関心に関するものでした。生徒たちは、長い文化的な側面のリストから三つを選ぶことができたのです。

　三番目の一人ひとりをいかす方法は、学習履歴への対応に関するものでした。生徒たちは、文書か口頭のいずれかの発表形態を選べました。

〈事例２〉中学校理科の考えを組み立てて反応する評価

（評価の説明）テーマ：素晴らしい実験？　それともいい加減な科学？

目的と根拠

　この評価[◆35]は、生徒が実験について理解していることを表現する機会を提供します。これは、変数が一つだけの実験についての生徒たちの初期の理解を測り、変数についての活発な話し合いを行うためにつくられました。中学校の生徒たちは、小学生が自分で行った実験について書いた原稿を提示され、その小学生のしたことを評価するように求められます。

　評価は、次の学習目標としての知識・理解・スキルを扱います。

注14：ELL は、English Language Learner の略で、「英語を第二言語として学んでいる人」のことです。ELL スペシャリストは、その人たちに教えるプロのことです。

注15：クリティカル・シンキングは一般的に「批判的思考」と訳されますが、それは全体の３分の１とか４分の１ぐらいのウェートしか占めていません。クリティカルには「大切な」「重要な」という意味もあり、より大きなウェートを占めているのは「大切なものを選ぶ能力」であり「大切でないものは排除する能力」です。批判的思考とはニュアンスがかなり違ってしまうことが理解していただけると同時に、なぜ「読み、表現、クリティカルな思考」の三つが並んでいるのかも納得していただけると思います。

第5章　総括的評価：生徒の学びをユニットの主要なポイントで測る　157

知識：
- 鍵となる言葉：実験、リサーチ・クエスチョン[注16]、独立変数、従属変数、反復測定、定数、試行[注17]、結論

理解：
- 科学的実験のすべての部分が、正確で信頼性のある結論を導き出す上で、重要な役割を果たす。
- 科学的実験をどこかで不適切に行ってしまうと、実験的な誤差を起こす率を高めてしまう。

スキル：
- 特に、リサーチ・クエスチョン、独立変数、従属変数、定数、実験の回数、結論の妥当性などについて、簡単な科学的実験を評価することができる。
- データの表を解釈できる。
- 国際単位系（メートル法[注18]）を正しく解釈できる。
- 実験的なエラーの原因を明らかにできる。
- 結論を支持する詳しい説明を使いこなしながら、評価の結論を手紙の形式で効果的に表現できる。
- 教室での話し合いでは、効果的に発言し、敬意をもって聞くことができる。

関連する到達目標

生徒は、次のことができる。
- 実験を計画し実施すること。
- 繰り返し行った実験の結果と平均値を表にまとめたデータを正しく解釈できること。
- 変数を正しく定義すること。
- 国際単位系（メートル法）を正しく使い、解釈すること。

注16：実験や探究をする際の鍵となる質問のことです。

注17：これは、例えば「振り子」の周期を測定する実験であれば、同じ実験（測定）を数回しますが、その1回1回の実験のことを言っているのだと思います。

注18：アメリカは日常生活でこの地球上ではぼ唯一、長さを測ったり、重さを測ったりするときにヤード・フィート・ポンドなどをいまだに使っている国なので、科学の世界では世界標準に合わせざるを得ないので大変です！

- 予想する際に基準を設定すること。
- 実験的な誤差の原因を明らかにできること。
- 独立変数、従属変数、定数を明らかにできること。
- 仮説を検証する際に、なぜ変数をコントロールする必要があるか、そして
  なぜ実験は繰り返し行う必要があるのか説明できること。
- 同じデータの異なる解釈を評価したり、擁護したりすることができること。
- 誰かとのやり取りやグループでの話し合いの中で、情報を提供したり、求
  めたりできること。
- 中心的な考えを詳細に述べながら、うまく構成された形で説明文が書ける
  こと。

評価の基準
- 研究を評価し、その評価の根拠を説明する。
- 考えを書いて伝える。
- グループでの話し合いに貢献する。

生徒に与えられた課題
テーマ：「素晴らしい実験？　それともいい加減な科学？」

　　あなたは、子ども自身が他の子どもたちのために書く、新しい科学雑誌の編集
アシスタントです。あなたの役割の一つは、提出された原稿を読んで、それらが
出版するのにふさわしいか否かを判断することです。インディアナ州に住む5年
生のジェフリー・デイヴィスが、ある実験について説明した原稿を提出してきま
した。それは、観葉植物の土の中にミミズを入れたら、植物がよく育つという実
験でした。

　　あなたの仕事は、以下のことをすることです。

1. 添付された原稿を読んで、自分がそれを雑誌に載せたいかどうかを判断する。
2. 実験の一部に言及しながら、自分が判断を下した理由を説明する手紙をジェフ
   リーへ書く。

あなたの判断は、次の三つのうちのいずれかです。

A.実験はよく計画されて、実施されていました。あなたの原稿は雑誌の次号に掲載されます（実験の強みを説明する）。

B.実験はとてもいいアイディアでしたが、いくつかの問題がありました。あなたはそれらを修正することで、原稿を再提出することができます（修正を求める点と、それらがなぜ大切なのかを説明する）。

C.実験にはたくさんの欠陥があります。あなたの原稿を雑誌に載せるわけにはいきません（問題点を指摘する）。

今日はあなたにとって初日なので、編集長があなたの仕事を監督します。彼女はあなたがジェフリーの原稿の主要な要素をしっかり評価しているかどうか、そして見いだした問題についてあなたが説明できているかチェックします。あなたが仕事をしやすいように、寄稿者たちの実験の評価用紙が添付されています（160〜161ページを参照）。あなたは、その評価用紙と手紙を提出しなければなりません。と同時に、あなたは自分が発見したことを他の編集アシスタントたちとの話し合いで共有することが求められています。

課題の要約

・ジェフリー・デイヴィスが書いた「ミミズは偉大だ！」を読む。
・実験の評価用紙を完成させる。
・ジェフリーの原稿に対するあなたの判断を説明した短い手紙を書く。
・ジェフリーの作品とそれに対するあなたの判断の理由を話し合う会議に参加する。

あなたの編集長は、あなたの仕事を点検するために添付のパフォーマンス評価シート（162ページ）を使います。

ミミズは偉大だ！　　ジェフリー・デイヴィス

ミミズは偉大です！　ミミズは植物が育つのを助けます。私はそう思ったので、実験をしてみました。私のリサーチ・クエスチョンは「植物の成長へのミミズの

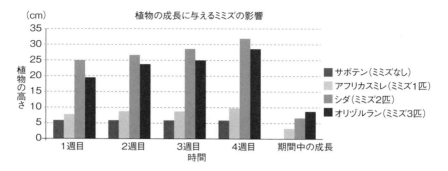

影響は何か?」でした。学校にある庭の一つから何匹かのミミズを掘り出しました。そして家にあった観葉植物の土の中にそれを入れました。アフリカスミレ(別名、セントポーリア)に1匹のミミズを入れました。シダには2匹入れました。オリヅルランには3匹入れました。私の対照群はサボテンで、これには1匹のミミズも入れませんでした。同じ量の日光が当たるように、すべての植物は同じ窓敷居に置きました。そして水も毎週、同じ量を与えました。そのとき、それぞれの植物の高さを測りました。その結果は上の図で見ることができます。

　図からわかるように、サボテン(ミミズなし)はまったく成長しませんでした。オリヅルラン(ミミズ3匹)が最も成長しました。アフリカスミレ(ミミズ1匹)は、シダ(ミミズ2匹)ほどは成長しませんでした。その結果、ミミズを観葉植物に入れれば入れるほど早く成長します。

実験の評価用紙

リサーチ・クエスチョン
　作者は、自分が答えようとしていることを明確に質問の形にしているか?
　　＿＿＿＿はい　　リサーチ・クエスチョンは、＿＿＿＿＿＿＿＿＿＿＿＿＿＿＿＿
　　＿＿＿＿いいえ　提案:

独立変数
　筆者は、一つの独立変数を操作するために明確にしているか?
　　＿＿＿＿はい　　独立変数は、＿＿＿＿＿＿＿＿＿＿＿＿＿＿＿＿＿＿＿＿＿＿＿
　　＿＿＿＿いいえ　提案:

第5章　総括的評価：生徒の学びをユニットの主要なポイントで測る　161

従属変数

　筆者は、従属変数を測るために明確にしているか？

　＿＿＿＿はい　　　　従属変数は、＿＿＿＿＿＿＿＿＿＿＿＿＿＿＿＿＿＿＿＿＿＿＿＿

　＿＿＿＿いいえ　　　提案：

定数

　筆者は、独立変数以外のすべての変数を、すべて自分のコントロールの下にお
いて定数としているか？

　＿＿＿＿はい　　＿＿＿＿いいえ

定数化している変数　　　　　　　　　定数化していない変数

＿＿＿＿＿＿＿＿＿＿＿＿＿＿＿＿　　　＿＿＿＿＿＿＿＿＿＿＿＿＿＿＿＿

＿＿＿＿＿＿＿＿＿＿＿＿＿＿＿＿　　　＿＿＿＿＿＿＿＿＿＿＿＿＿＿＿＿

＿＿＿＿＿＿＿＿＿＿＿＿＿＿＿＿　　　＿＿＿＿＿＿＿＿＿＿＿＿＿＿＿＿

＿＿＿＿＿＿＿＿＿＿＿＿＿＿＿＿　　　＿＿＿＿＿＿＿＿＿＿＿＿＿＿＿＿

実験の回数

　筆者は、結果が偶然ではなく、明確になるように十分な実験の回数を確保して
いるか？

　＿＿＿＿はい　　　　実験の回数＿＿＿＿＿＿＿

　＿＿＿＿いいえ　　　提案：

結論

　筆者は、実験の結果どのような結論を導き出しているか？

　筆者の結論は、実験の結果によって支持されているか？

　＿＿＿＿はい、作者の結論は実験結果によって支持されている。

　＿＿＿＿いいえ、結果に対しては他の理由づけが可能と思われる。

　例えば、＿＿＿＿＿＿＿＿＿＿＿＿＿＿＿＿＿＿＿＿＿＿＿＿＿＿＿＿＿＿＿＿

パフォーマンス評価シート

編集アシスタントの名前：＿＿＿＿＿＿＿＿＿＿＿＿＿＿＿＿＿＿＿

基準	十分熟達している（3点）	かなり有能（2点）	再考する必要がある（1点）
研究の検討 点数＿＿＿	ジェフリーの原稿をとてもよく検討している。ジェフリーの研究に関して、少なくとも三つの重要な問題点を指摘し、それらに対して詳細な説明を提供していた。	ジェフリーの原稿をよく検討している。ジェフリーの研究に関して、少なくとも二つの重要な問題点を指摘し、自分の批判に対して説明を提供していた。	検討する際は、もっと注意深くする必要がある。ジェフリーの研究の重要な間違いを見過ごしていた。彼への間違いの説明も十分でない。
書面でのコミュニケーション能力 点数＿＿＿	ジェフリーに対する手紙はとてもよかった。彼の実験の強みと弱みの両方を明確かつ詳細に説明することによって、原稿を出版するか否かの判断を明快に伝えていた。改善に向けての提案も含めていたのもよかった。とてもよく構成されていて、丁寧で、プロとしてのあり方を示していた。	ジェフリーへの手紙はよかった。彼の原稿を出版するか否かの判断を説明し、実験を改善するためのいくつかの提案もしていた。手紙はよく構成されていた。	ジェフリーへの手紙は改善する必要がある。文は構成されておらず、彼の原稿を出版するか否かの判断についても説明をしていなかったし、改善に向けての提案もなかった。あなたの文章はわかりにくい。
グループでの話し合いへの貢献 点数＿＿＿	ジェフリーの原稿についての話し合いでの貢献はすばらしかった。彼の実験についていくつかの重要な点について共有していた。他のメンバーの考えもよく聞いて、敬意をもって熟慮した反応をしていた。	私たちのジェフリーの原稿についての話し合いでのあなたの貢献はいい出来だった。あなたはいくつかの価値ある考えを共有してくれた。あなたは人の話にじっと耳を傾けて聞ける人だ。	あなたのグループでの話し合いのスキルは改善が必要だ。あなたは自分の考えを共有しなかった。あなたは人の話も考えもよく聞けていなかった。

事例2ではどのように一人ひとりをいかしているか

　この事例には、生徒の興味関心と学習履歴に対して一人ひとりをいかす方法は含まれていませんでした。レディネスに対しての一人ひとりをいかす方法は二つありました。一つは、英語を学習している生徒と書くことで表現することに難しさを感じている生徒に対するサポートです。英語の学習者に対しては、まず母語で書き、後で翻訳する選択肢が与えられていました（あるいは、もし

翻訳を手伝う人がいれば、最初から一緒に書く）。もう一つは、書くアイディアを構成するのに苦労しているか、実験の要素を思い出すのに苦労している生徒は、課題への取り組みを進めやすくするために実験の評価用紙を受け取りました。他の生徒は、何もサポートなしに要求されていたジェフリーへの手紙を書きました。この生徒たちの指示には実験の評価用紙に触れていませんでしたが、むしろ、生徒たちに、ジェフリーの原稿では実験のデザインに必要な要素がどの程度適切に用いられているのかをジェフリーに説明することや、その際に、自分の判断の根拠となっているジェフリーの書いた原稿やグラフの例を取り上げることを、要求していました。

〈事例３〉小学２年生の理科の総括的成果物

（評価の説明）　　　　　　　テーマ：ペットは私たち

目的と根拠

　この総括的評価は、小学２年生のクラスの年度末に近い時期に行われました。子どもたちの学習の焦点は継続して学習してきた動物についてで、今回はペットに注目しています。教師はこれまで動物について学んできたことを、自分が飼っているペットやいつか飼いたいペットと関連づけてほしいのです。国語の学習目標も評価に統合されています。評価は二つの鍵となる部分で構成されています。一つは、学校で他の子どもたち（１〜３年生）と共有するペットについて雑誌を協力してつくり出すことです。もう一つは、子どもたちは親、管理職、教職員を対象に自分たちがしたことを紹介します。そこで、自分たちがつくり出した雑誌が動物についての「大事なテーマ」を示すものであることと自分たちが学んだスキルを説明するのです。プロジェクトは約６週間続きました。この期間は、理科と国語に割り当てられたかなりの時間を使いました。

　教師は、年間を通して繰り返し子どもたちと何種類もの子どもの雑誌のコピーを共有してきました。子どもたちは、雑誌の特徴、記事がどう書かれているのか、読者はどういう人たちか、作者は記事に使った情報をどうやって入手したのか、編集者やイラストレーターたちはどのように雑誌に貢献しているのか

などについて話し合ってきました。「ペットは私たち」のプロジェクトが始まったとき、教師は再びたくさんの雑誌を教室に持ってきて、子どもたちに自分が好きな雑誌や好きな記事を見つけるように促し、自分が選んだ理由をクラスのみんなと共有するように求めました。そして、教師はみんながこれから数週間は、学校の1〜3年生を対象にしたペットに関する雑誌の編集者になることを告げたのです。教師が編集長の役をし、子どもたちが雑誌のスタッフ役になるのです。子どもたちは、誰がどんなペットの専門家になるのかを決めました。自分が今飼っているペットか、前に飼っていたペットか、いつか飼いたいペットかのいずれかです。

　子どもたちは、雑誌の名前、印刷費を効果的に使うにはどうしたらいいか、締め切りはいつかなどを協力して決めました。一人ひとりの子どもは三つの記事を書きます。

　一つ目は、自分のペットと、それと同じ科の野生動物との比較の記事です。教師はこの課題のためにひな形（テンプレート）を配りました。それを使うことで、生徒全員が、ペットと野生動物の特徴を同じ観点で比較できるようになっていました。

　二つ目は、すべての子どもは雑誌のための特別企画のテーマについての記事です。例えば、ペット製品の宣伝、ペットについてのおもしろい話、ペットたちを比較する図、ペットの雑学知識、キャプション付きのペットのいい写真、ペットが登場するいい映画の紹介、ペットの絵やイラスト、ペットの漫画などです。これらの記事は、読者のペットに対する理解を助け、クラスの「注意深く書くときの規則」を使って書いた本物の記事でなければなりません。

　三つ目は、それぞれの子どもの興味関心と現時点での言葉のスキルを踏まえて、教師が割り当てる雑誌の特集記事です。そのテーマとしては、特別なペットをかわいがるためのガイド、ペットが人をどのように助け、人がペットを助けているかを思い出させる記事、ペットを訓練する際のヒント、ペットには向かない動物とその理由、他の国々でペットとして飼われている珍しい動物、学校の教職員たちが飼っているペット、ペットは障害者をどのように助けているか、盲導犬を訓練している家族、獣医の仕事と獣医になるための訓練に関する獣医へのインタビュー、ペットにまつわる本のおすすめリスト、スポーツに関

係しているペット、ペットについての自作の詩、ペットが抱える一般的な健康上の問題とその対処法、ペットがヒーローだった本当のストーリーなどが含まれます。

すべての特集記事は、少なくとも三つの資料からの情報を使い、正しい情報を提供し、ペットと人間は相互依存関係にあることを示し、読者にペットをよりよく理解してもらう助けにし、「注意深く書くときの規則」を使って書きます。子どもはイラストをつけられますが、それは義務ではありません。教師は、学校のメディア・スペシャリストの助けも借りながら、子どもたちが必要となる情報（ウェブサイト、ビデオ、雑誌、本、インタビューする人）を提供します。

子どもたちがつくり出す記事の数が多いので、雑誌は1冊ではなく3冊出すことにしました。子どもたちは、三つのチームのいずれかに入って、協力して雑誌づくりをすることになりました。雑誌が完成すると、子どもたちは次のいずれかをすることになりました。①1〜3年生のクラスの一つに雑誌のコピーを持っていき、雑誌の紹介をして、雑誌についての印象・感想を書く用紙を配る。②雑誌と用紙を回収するためにクラスに行き、読んでくれたこととフィードバックを書いてくれたことを感謝する。子どもたち自身がフィードバックの用紙をつくり、雑誌の記事を編集し、校正し、教室を訪ねたときのプレゼンテーションの練習もしました。

最終的に、すべての子どもが（保護者、管理職、教職員で構成された）「雑誌の読者とペットのファンの委員会」のための口頭のプレゼンテーションの準備をしました。それは、自分たちの雑誌がペットと人間は相互依存関係にあること、ペットは野生動物とは似ている点とそうでない点があること、動物のからだのつくりがその機能を左右していることなどを明らかにしなければなりません。プレゼンテーションではまた、雑誌の記事を書くためにたくさんの情報を使ったことを説明しなければなりません。さらに、説明する際は、完成した文章と詳細な資料を使わなければならないのです。「雑誌の編集長」は子どもたちの雑誌づくりに対して総括的なフィードバックと成績を出しました。「専門家委員会」は子どもたちに口頭のプレゼンテーションでの総括的なフィードバックを提供しました。まだ2年生なので、教師が出した成績は、「とてもよい」「よい」「まだ努力が必要」の3段階でした。もちろん、伝統的な成績の出し方

や、学習目標としての知識・理解・スキルの三つの項目でチェックを入れるような出し方も可能でした。

また、対象が小学2年生だったこともあって、特定の課題シートもありません。その代わりに、教師は「何をするか」を示したリストを教室の壁に貼り出して、子どもたちが何を、いつまでに、どういう基準で、他の課題をするための若干の詳細も含めて思い出せるようにしてありました。

評価は、次の学習目標としての知識・理解・スキルを扱います。

知識：

- 鍵となる言葉：環境、相互依存、生態系、家畜化された動物、構造と機能、生きるためのニーズ、比較対照
- 動物が生存し続けるための基本的ニーズ：食料、棲み処、危険からの防御
- ペットが野生動物と似ている点、異なる点
- ペットと人間の相互依存のあり方

理解：

- ペットは健康で、幸せに暮らせるためには基本的なニーズが満たされている必要がある。
- 動物のからだのつくりは、その機能を左右する。
- ペットは、自らの暮らしや健康に影響を与える生態系の一部である。
- ペットは、自らの健康と生存を人間に依存している。
- ペットと人間は、互いの暮らしをよりよくし合える。
- 人間は、自分たちの暮らしに持ち込んだペットを世話する責任がある。

スキル：

- ペットを動物の科で分類し、なぜその科に属するのか説明できる。
- ペットを、同じ科の野生動物と比較対照できる。
- 特定の読者に向けた説明文を書ける。
- 出来事の詳しい説明か、考えや感情を論理的な順番で説明する物語を書ける。
- 聴衆に対して重要な考えを、それを支持する詳細とともに、口頭で説明する。
- 書くときや話すときは、完成した文章を使える。

第5章　総括的評価：生徒の学びをユニットの主要なポイントで測る　167

関連する到達目標

生徒は、

・説明文を理解できる。

・テーマを紹介し、事実や定義を使って主要な点を展開し、最後に結論を述べる説明文を書ける。

・詳細を明確な出来事か短く配列した出来事を物語の形で書ける。その際、行動および、そのときの考えや感情の詳細を含み、出来事の順番を示す言葉を使い、しっかり最後も終われている。

・適切な事実や関連する詳細を交えて物語を話せる。明解な文章をよく聞こえる形で話せる。

・必要な詳細や説明を提供するために、課題や状況に応じて完全な文章をつ

編集長からのメモ

記者の　＿＿＿＿＿＿＿＿＿＿＿＿＿さんへ

情報収集と、それらのまとめ方はどうでしたか？	動物に関する大切な考えを伝えられましたか？	「注意深く書くときの規則」は守れていましたか？
・少なくとも、三つの情報源を使ったか？ ・正しい情報を集めて使ったか？ ・読者が理解できて、学べるように、論理的に考えを説明できたか？ ・考えを支持する詳しい説明を提供できたか？ 成績	・あなたのペットと同じ仲間の野生動物を比較対照したか？ ・ペットと人間はどのような依存関係にあるかを示せたか？ ・動物のからだのつくりがその機能にどのように影響しているか示せたか？ ・読者にペットをより理解し、その価値を認められるようにできたか？ 成績	・完全な文章を使っていたか？ ・文の初めは大文字を使い、適切な名詞も使えていたか？ ・アポストロフィー（'）は、省略する際や所有をあらわすときに使えていたか？ ・文章の最後は正しい句読点が使えていたか？ ・正しいスペルが使えていたか？ ・よりよい記事にするために書き直しをしたか？ 成績
次の点は、さらに取り組み続けるといいでしょう：	次の点は、さらに取り組み続けるといいでしょう：	次の点は、さらに取り組み続けるといいでしょう：

専門委員会のフィードバック・シート

記者／プレゼンターの＿＿＿＿＿＿＿＿＿＿＿＿＿＿＿＿さんへ

あなたはどのくらい上手に…	私たちのコメント
大切な考えを説明できていましたか？ ・ ペットと人間は相互依存関係にある。 ・ ペットは野生動物と似ている点と異なる点がある。 ・ 動物のからだのつくりがその機能に影響している。 　これら三つはすべてよくできていた＿＿＿＿＿ 　やっていたが、明確でない部分があった＿＿＿＿＿ 　どれもやれていたとは言い難かった＿＿＿＿＿ **自分の文章を正確で面白くするために、どのように資料を使っていたか説明していましたか？** ・ 記事が正確で、面白くするために資料をどのように使ったか話す。 ・ 説明するときは完全な文章で話す。 　これら二つともよくできていた＿＿＿＿＿ 　完全な文章で話していたが、資料をどう使ったかははっきりしなかった＿＿＿＿＿ 　資料をどう使ったかはある程度話していたが、完全な文章を使っていなかった＿＿＿＿＿ 　どちらもうまくできていなかった＿＿＿＿＿ **委員とコミュニケーションはとっていましたか？** ・ 自分の考えを論理的に、わかりやすい形で紹介していた。 ・ 必要な詳細を使いながら説明していた。 ・ はっきりと大きな声でわかるように話していた。 　三つすべてよくできていた＿＿＿＿＿ 　基本的にはできていたが、わかりづらいところがあった＿＿＿＿＿ 　三つとも弱かった＿＿＿＿＿	

くり出せる。

・ 必要に応じて書き直しや校正で、作品に磨きをかける。

事例3ではどのように一人ひとりをいかしているか

　子どもの興味関心に応じた一人ひとりのいかし方は、二通りで行われていました。まず、子どもたちは自分の関心でどんな記事を書くか選びました。二番目は、教師が特集記事の分担を与えたとき、彼女は一人ひとりの興味関心を踏まえながら提供していました。

　学習履歴に応じた一人ひとりのいかし方は、イメージ、図や表、音楽、文章、その他の選択肢で各自が短い記事を書けるようにしていたところにあらわれていました。

　レディネスに応じた一人ひとりのいかし方は、いくつかの方法で行われていました。①多様なレベルの思考や文章の複雑さで書ける短い記事の選択肢を、教師は提供していました。②子どものレディネスとテーマの複雑さに応じて、教師は特集記事を割り振っていました。③リサーチに使う資料は、様々な形態と多様な読みのレベルのものを提供していました。④記事を書き直すためのグループと口頭のプレゼンテーションを練習するグループには、同じレベルの子どもたちのときもあり、異質なレベルの子どもたちのときもあるように、教師はグループ分けを意図的にしていました。そうすることで、子どもたちは多様なクラスメイトからフィードバックを得られるだけでなく、多様な作品も見られるからです。⑤専門委員会に口頭のプレゼンテーションをする際、考えをうまくまとめて表現することができない子どもたちは教師から提供された様式を使っていました。それに対して、自分の考えをまとめて表現できる子どもたちは、「やるべきことのリスト」を参考にするだけでした。

　どの場合においても、どのような選択肢が選ばれようが、学習目標としての知識・理解・スキルないし内容面の目標は同じでした。

　以上の三つの総括的評価の事例を実践した教師は、かなり異なる状況と異なる内容を扱う中で仕事をしています。しかしながら、生徒の学びを総括的に図る際にいくつかの大切な原則は3人とも忠実に守っています。評価はとても豊

かな内容をもっており、子どもたちの理解を引き出し、学んでいることを応用させるもので、単に知識やスキルを再現させるものではありません。

　三つの紹介した総括的評価の事例は、学習目標としての知識・理解・スキルで子どもたちにも明らかで、指導もこれを反映したものになっています（ひっかけ問題ではありません）。子どもたちはみな、身につけている同じ鍵となる知識・理解・スキルをはっきり示すことが求められています。しかしながら、ユニットの中でそれぞれの子どもが学んだことをできるだけ示せるよう、そして各自の違いが反映されるように、評価の形態はできるだけ柔軟になっています。さらに、教師は子どもを相互に比べるのではなくて、子どもの作品や成果物を共通のルーブリックや基準で評価していました。このように総括的評価の原則を使いこなすことは、原則を無視した評価に比べて、教える－学ぶサイクルの中のこの部分をより見えやすく、意味があり、子どもが関われるものにします。これら三つの事例は、質の高い総括的評価は質の高い教え方そのものだということを示しています。

第**6**章

一人ひとりをいかす評価と成績

　ほとんどの子どもは話さないが、多くの場合、悪い成績をつけられることで自
分がバカだと思わされている。しかし、それは正しくない。一方で、よい成績を
もらった子どもは自分ができると思うのだが、それも正しくない。そして、子ど
もたちはみんな競争し始め、互いに比べるようになる。（中略）本来は子どもたち
を助けるはずの大人は、助けない。彼らはより多くの圧力を加え、そしてよりた
くさんのテストをつくり続けるだけだ。

アンドリュー・クレメンツ◆14

　私（キャロル）が教師になって 3 年目のことです。とても落ち着きと勇気の
ある小さな男の子が、学校が始まって 6 日目の教室を移動するための休み時間
に廊下で私にささやきました。彼のあまりはっきり発音されたとは言い難い言
葉は、2 時間目と 3 時間目の間に廊下を移動する数百人の生徒たちのおしゃべ
りとエネルギーにかき消されてしまったのです。彼に少し大きな声でしゃべっ
てもらい、それを私がよりしっかり聞こうとした努力が何度か失敗した後、よ
うやく彼の言うことが聞き取れました。彼はロッカーを開けるのを助けてほし
いとでも言っているのかと、私は思っていました。それが、中学校とロッカー
のことに不案内^{注1}な新入生の中学 1 年生にはありそうな質問だからです。しかし

注1：アメリカ等の中学校は、小学校と違って、担任制ではなく、生徒たちが教科の部屋に毎時間移
　　動する形になります。常にすべての教科で必要なものを持って歩くのは大変なので、生徒たちは、
　　廊下に並べられた各自のロッカーにしまっておくことになります。

ながら、言おうとしていたことは、私たち両者にとってもっと深刻で、挑戦的な課題だったのです。彼が、初めて見た長身の女性教師にささやいたのは、「僕は読めません」でした。彼は 15 歳でした。彼のしわくちゃの時間割表からわかったことは、彼は私の 35 人の 12 歳児たちで構成されている中学 1 年生の英語（日本で言う国語）のクラスに加わろうとしていたのでした。彼は、最初の一週間欠席していたのです。彼は、まだすべてのアルファベットを書くこともできません。

　たくさんの質問が私の頭の中で湧いてきました。読めないのに、どうやって中学 1 年生まで来たの？（的外れな質問。彼はすでに私の生徒です。）読み方をどうやって教える？（これも、的外れな質問。そんなことをいま考えている時間はない。後で考えなさい。）彼が特別なニーズをもっていることを他の子どもたちに知らせるべきか？　それとも、隠しておくべきか？（15 歳の読めない生徒にどうやって読むことが基本の中学 1 年生のクラスの一員だということを感じてもらえ、かつ尊厳を維持してもらえるのか？）彼を教える時間はどうやって確保するのか？（彼に教えるために、他の 34 人を無視したらどういうことになるだろうか？）彼をどこに座らせればいいのか？（彼を助けることができるいい読み手の隣？　それとも、私がすぐに助けられるように私の机の近く？）彼が読めるようになるために私はどんな教材を使ったらいいのか？（私の教室においてあるのはほとんどすべてが中学 1 年生を対象に書かれたものばかり！）

　私の頭の中で一瞬のうちにひらめいたこれらの質問は、いまは「一人ひとりをいかす教え方」と呼ばれるもののベースになる質問です。その後 18 年間、私は公立中学校で教え続けました。そして私は、それらの質問に対して可能な限りいい答えを見つけるべく努力をし続けました。その後、私は大学教師として「第二の人生」を過ごしました。同僚たちや世界中の教師たちと一緒に同じ質問に答えられるように努力し続けました。

　男子生徒の名前は、ゴールデン（黄金）でした。彼はその名のごとく、私に教師としての素晴らしい機会を提供してくれたのです。彼が私の世界に登場する前にすでに明らかだった生徒たちのレベルの違いという現実に、私が対処しないといけないことの引き金になってくれたのです。彼は私に小さな声で告

第6章　一人ひとりをいかす評価と成績　173

白をするという行為を通して、私への信頼を示してくれたと理解しました。も
はや、私のクラスに存在する多様なニーズを無視することはできなくなったの
です。彼の存在が、残りの生徒たちも抱えていた問題に積極的に対処するよう
にしてくれたのです。私はその年、十分な睡眠をとることはできませんでした。
しかし、よりよい教師になれました。そしてそれ以降は、生徒たちが学校に持
ち込んできたものを、よりよくケアできるようになりました。

　その学年が終わるまでに、ゴールデンは確実に小学3年生レベルで読めるよ
うになっていました。すべての生徒は、たとえ出発点がどこであろうと、設定
された到達目標を年度末までには満たしていないといけないという要件に照ら
し合わせれば、ゴールデンは落第者であり、私も、です。しかしながら、私の
教師としての最も偉大な業績は、ゴールデンと一緒に継続的に努力したことで
す。私たちはわずか1年間で、読み手として3年分も成長することができたの
です。[注2]

　ゴールデンの存在が私に呼び起こした質問の中に、他のものよりも答えるの
が難しいものがありました。それは、「私はどういう成績をつけたらいいのか？」
です。

　最初から、私は「伝統的」な、ときには崇拝されている成績づけのシステム
と通知表が、学校で彼が達成している進歩を台無しにしてしまう見えない力と
なってしまうのではないかと心配しました。それを理解した上で、彼と正直に
接するためには、私は真実を伝えなければなりませんでした。「あなたが読め
るようになるのを、私は助けたいです。それを実現するために、私は最善を尽
くします。あなたにも、私と一緒に最善を尽くすと約束をしてほしいです。でも、
次の点はあなたに伝えておかなければなりません。それは、あなたがどんなに
がんばろうとも、このクラスで合格することはできないということです。合格
するためには、この1年間努力してもたどり着けないレベルまで行かなければ
ならないからです。でも、学ぶことを本当に楽しむために、毎日学校に来続け
てくれることを願っています」。もちろん、このまま彼には伝えませんでしたが、

注2：これと似たストーリーが、『イン・ザ・ミドル　ナンシー・アトウェルの教室』の第1章のはじ
　　めの部分により詳しく紹介されています。こういう生徒との出会いこそが、教師の教え方と学び方
　　を飛躍的に伸ばすことがよくわかります。優秀な生徒によってではないのです。

実際言ったことは「真実の表明」に近いものでした。これが、学校の廊下を歩きながらいつも私の頭の中をよぎっている「本音」だったのです。

　ゴールデンや、私のところに毎年やって来る、学ぶことに苦労しつつも着実に進歩し続ける生徒たちにとって、成績はどのような役割を果たすべきでしょうか？　一方で、学年レベルよりも１〜２年あるいはそれ以上、先に行っている生徒たちにとってはどうでしょうか？　私たちが成績をつけて、通知表を出すという仕組みには、生徒たちに対して何か罪の意識が含まれていないでしょうか？^{注3}

　本章の目的は、成績の一般的な理論と実践を概説することではありません。その代わりに、どのような成績のつけ方がいいのかを明らかにします。それは、どのように成績とその通知の仕方を考えたらいいのか（考えてはいけないのか）を理解しようとする教師の手引きとなるものです。そしてそれは、ゴールデンのような生徒、先を行っている生徒たち、そしてその間の生徒たちみんなにとって役に立つ成績のつけ方です。

背景的なことを少々

　ミシガン州立大学のポール・ドレッセルが提供してくれた成績をつけることの定義は、あらゆるレベル（小学校から大学院まで）の多くの教師がキャリアのどこかで成績をつけていたときに物思いにふけった経験のあることを表現していました。それは、成績とは「全体がどれだけなのかがはっきりしない内容のうちの未知の部分に関して、生徒が漠然としたレベルで身につけている範囲を対象に、偏っていて気まぐれな判定者が曖昧に判断した不適切なレポートである」^{◆18}というものです。

　成績は私たちの学校で、成績をつけられる人々（つまり、生徒）の生活の中で、極めて大きな力をもっています。私たちが成績について語るときはどこか神聖化されているように聞こえることがあります。つまり、制度を変えてしま

注3：この部分に対して、「その通りです。何十年教師をやってきて、一番苦痛な仕事は成績をつける仕事です」とコメントをくれた協力者は一人だけではありませんでした。成績なしの教育実践を紹介している『成績をハックする　評価を学びにいかす10の方法』を参照してください。

ったら、耐えられないほど大きな崩壊を招いてしまうので、これまでのように
やり続けなければならないということです。実のところ、成績は人の目を通し
たものです。成績は、主観的なものです。乱雑なものです。成績にまつわるや
り取りに畏敬の念をもち続けるよりも、上記のドレッセルの見解を信じた方が
おそらく健全です。[18]

　（筆者の一人の）トンヤは、成績をつけることにも、一人ひとりをいかす教
え方にも何の問題はない、というのが持論です。問題は、一般的な成績のつけ
方が乱雑すぎて、成績に何かを加えると問題になってしまうということです。
それにもかかわらず、成績を注意深く研究している専門家によって書かれた成
績の成功事例に関する文献は、たくさんではありませんが存在はします。成績
と一人ひとりをいかす教え方を考えたいなら、その分野の専門家によって定義
されたものを使って、少なくとも成績の目的についての簡単な説明から出発す
べきだと考えます。その後に続く成績と一人ひとりをいかす教え方は、「それが、
いつも私たちがしてきた方法」から出発するのではなく、測定や評価の領域で
明らかにされている健全な成績の最良の知識を反映したものであるべきです。

　最後の点に関して、ケン・オコーナーがとても示唆的な観察を提供してくれ
ています。「人がどう学ぶのかということについてはたくさんのことを知り得
ているにもかかわらず、伝統的な成績のつけ方が存続している（中略）それは、
効果的でないコミュニケーションをもたらしているだけでなく、子どもたちに
対して害を及ぼし、彼らの学んでいることを不正確に伝えている」。[38][注4]

　厳密に言えば、成績の目的は「生徒の学力達成度に関する情報を伝えるもの
で（中略）成績は、教師が評価のデータを生徒のパフォーマンスに関する意味
のある情報に変えて、生徒、保護者、その他に伝えられるプロセス」です。こ
の短い説明は、覚えておくべき三つの要素を強調してくれています。

　一つ目は、成績の主要な目標は保護者と生徒（および、その他の関係者）に、
生徒が現在の学力達成度という観点でどこにいるかを知らせるものだというこ
とです。ここでの達成度は「個々のパフォーマンスを、すでに認められ公表さ

注4：成績が、このようなものであったり、上記のドレッセルの定義が正しいとしたら、成績は確実
　につけない方がいいとしか言いようがないと思います。日本には、これらに反論できる人がいる
　のでしょうか？

れている到達目標や学習成果に照らし合わせたもの」[38]です。言い方を換えると、ある特定の時期に、生徒が知っていること、理解していること、できること（知識・理解・スキル）を明確に伝えることです。

二つ目は、成績の目的を達成するためには、伝えられる情報と方法の両方が受け取る側に理解されなければならないということです。

三つ目は、成績をつけるプロセスは、生徒の取り組みを管理したり、フィードバックを提供したり、採点をしたりすることなどとは切り離された、別の評価の段階だということです。

この最後の点について、オコーナーは「採点をする」と「成績をつける」を明確に分けています[38]。彼によれば、採点は生徒が取り組んだことに対して教師が数字や文字をつけることで、それが後に成績の一部になるかもしれません。それに対して、成績は特定の指定された時期に、生徒のパフォーマンスの総括的な報告として伝えられる「記号」です。

成績は生徒、保護者、その他の情報が必要な人に伝えるために存在すると表明されたとしても、実際は多様な目的のために使われています。その目的は、生徒の現時点での学業のパフォーマンスを伝えるためだけではないのです。他の目的には、①生徒の順位づけ（例えば、学年での順位をあらわしたり、卒業生総代を決めたり）、②勉強する動機づけとして、あるいは懲らしめとして、③能力に応じたグループ分けや選別、④指導計画を立てる情報を教師に提供するため、⑤教員評価やプログラムの評価などが含まれます[8・38]。これらの成績の使い道は、相矛盾しており、それが成績に対して異なるアプローチを求める理由にもなっています。成績を上にあげた目的すべてのために使うことは、いずれか一つの目的に使う際にその成績の妥当性が問われることを意味します。もっと肝心なことを言えば、多様な目的のために使える成績によってつくり出された困難な状況は、特定の目標に対して、ある時期に生徒が何を知っていて、理解していて、できるのかを理解することと、その情報を使って生徒の学びをサポートすることの両方を、保護者と生徒にとって不可能にしているのです。

そうなると、指導−学習−評価のサイクルの中で成績を肯定的で建設的な要素にすること、教師およびその他の教育関係者が効果的な成績の基本的な原則を理解し、成績と通知のプロセスの両方でその原則が反映されるようにたゆま

ぬ努力をし続けることは、極めて重要です。次の節では、効果的な成績の基盤となる大切な四つの概念である誤差、信頼性、妥当性、そして教師の偏見について説明します。

効果的な成績の基盤

　誤差、信頼性、妥当性、そして教師の偏見の四つの概念を理解した上で、取り組むことは、安定した成績のプロセスの土台となる四つの足を提供します。これら四つは、教師が評価について計画し、処理し、検討し、そして通知するすべての段階で考える際に存在している必要があります。その目標は、信頼性と妥当性を上げ、誤差と教師の偏見を下げることです。

　ジェイミーは爬虫類が大好きで、それについてたくさんのことを知っています。昨日、彼は理科の授業で爬虫類に関するテストを受けました。そのとき、彼はテストの一部の指示を誤解したせいで、75点しか取れませんでした。ジェイミーが指示にきちんと従っていたら、そのテストでもっといい点を取れたでしょう。彼は、テストが明らかにしてくれるよりもはるかにたくさんのことを知っていたのです。

　この短い例は、誤差の概念をよくあらわしています。評価は人間によってつくられ、その評価の対象も人間なので、テーマについての生徒がもっている知識を常に不完全にしか測定できないのです。評価の点数とテーマについて生徒が本当に知っていること、理解していること、できることとの間の違いを誤差といいます。誤差はいくつかの理由で起こり得ます。問題の言葉の使われ方が下手だったり、評価の指示が書かれている言語を生徒がまだよく解せなかったり、生徒に学習障害や注意力不足の問題があったり、質問に答える時間が不十分だったり、生徒が空腹だったり、気持ちが悪かったり、家のことを心配していたり、教師自身が生徒に威圧的だったり、といった理由が含まれます。効果的な評価の目標は、誤差をなくそうと努力することです。そして努力してもなお、誤差が残ることを理解することです。生徒たちの真の点数にできるだけ近づくことができる評価を計画し、処理することこそ、教師の目標でなければなりません。本章の残りの部分の多くは、評価と成績における誤差を減らすため

の原則と実践にスポットライトを当てます。

　ダニエルは数学のテストでＡを取りました。彼女は授業が終わったときに友だちに言いました。「ワオ〜、この前のテストでＡがとれて、私のラッキーな日だわ。板書の内容を全部覚えていて、それを私の頭から答案用紙にコピーしただけだったから、たぶんうまくいったんだ。でも、もし今日、同じテストを受け直したら、見事に落第するよ！」。

　ダニエルの経験は、彼女が受けたテストの信頼性に疑問を投げかけています。彼女は自分が学んだことを理解していなかったので、明日、あるいは翌週、あるいは他の先生のクラスでテストを受け直したら、彼女の点数は大きく異なることでしょう。信頼性は、結果の一貫性ないし安定性に問題を提起します。同じ学習目標としての知識・理解・スキルについて繰り返しの評価で生徒の点数が安定ないし一貫していたら、その測定は信頼性が高く、教師がその評価から導き出せる予測も高い信頼性をもつことになります。多様な評価の形態を使うことと、特定のテーマやユニットで何を評価することが最も重要なのかを同僚と協力して合意に達することの二つが、信頼性を高めるための方法です。

　マヤは、翌週の大切な生物のテストのために、前年度そのテストを受けた生徒たちの話を聞こうと思っています。教科書を勉強すべきか、それともノートかを、その生徒たちは知っているはずだからです。ノートであることを期待しています。彼女は、ノートに書いたことなら、それがどういうことかある程度説明できます。しかし、授業でノートを取っていると、彼女は自分が正しいことを書き写しているのか不安になります。教師が何を求めているかを把握するまで、テストのためにどのような準備をしたらいいのかよくわからないのです。生物のテストのためにマヤがしようとしていることは、妥当性、ないし教師が測定したいと思っていることを正確に測定できる評価になっているかという問題を提起します。もし教師がユニットの学習目標としての知識・理解・スキルを明らかにし、それらを念頭に置いて教え、そしてそれらを測定するためにテストをつくっていたなら、マヤがテストで合格する確率は高いでしょうし、テストの妥当性もあると言えます。「逆さまデザイン」◆64 注5 を使うことで、学習目標としての知識・理解・スキルが何であり、それらが指導にどう反映されているのかを生徒に明確に自覚させること、それらの知識・理解・スキルに関する形

成的なフィードバックを提供し続けること、そして知識・理解・スキルに照らし合わせて評価項目、指示、そして基準を確認することなどが、評価の妥当性を高める方法です。

　フィリプとライザは、神話に関する総括的プロジェクトに対する、自分たちの成績とそれに記されたコメントを見ています。彼らは互いの作品に目を向けることはしませんでしたが、もし客観的な教師が両方を比較したなら、なぜフィリプの成績はライザのよりもそんなに高いのかという疑問をもったかもしれません。彼らは両方とも、文化の中で神話が果たしている役割を理解するための神話をつくり出しました。それがプロジェクトの指示だったからです。フィリプのイラストがとてもよかったのに対して、ライザの手書きの文章はきれいではありませんでした。その他にも、フィリプは授業でテーマに関する興味を示していましたが、ライザは退屈しているように見えました。フィリプの母親は、他の文化の神話についての資料を何冊か買い与え、彼がどれだけ一生懸命にプロジェクトに取り組んでいたかもコメントしていました。

　このような事例は教室で毎日繰り返されています。それは、教師が不公平でありたいからではなく、人間だからです。授業で熱心に取り組んでいるように見える生徒（や、熱心な保護者）を優遇したくなるのは無理もありません。一方で、授業中、教師に継続的なストレスを提供するような生徒に対しては、成績をつけるときに前向きになれないのも当然です。教師の偏見は、教師が感情、経験、期待をもった人間だからこそ生まれるのです。賢明な教師は、偏見の必然性を認め、それを最小限にするために努力しています。明確な基準やルーブリック、あるいは生徒がつくり出す作品の質の指標を設定し、それらに基づいて継続的なフィードバックや成績を提供することで、教師は偏見を減らすことができます。また、教室内での偏見とそれが教えることや学ぶことに及ぼす影響について意識のある同僚と協力し合うことでも、偏見を抑えることができます。

　この章の残りの部分では、効果的な評価と成績を実施するための原則と事例を紹介します。誤差、信頼性、妥当性、そして偏見に関する説明を、巻末の参

注5：「逆さまデザイン」については、141ページの注7を参照してください。

考文献で探してみてください。これらの概念を読者自身が置かれている状況との関連で考えてみてください。評価の信頼性と妥当性を高め、誤差と教師の偏見を減らすように絶えず努力することは、最良の評価を実践したいという意思のあらわれです。その努力はまた、一人ひとりをいかす教室に存在する評価と成績の実践にかかわる問題だと教師が考えているものの多くを、軽減することにつながるでしょう。

評価、成績、そして一人ひとりをいかす教え方に関連する課題

　一人ひとりをいかす教え方に関して、世界中の教育者から最も頻繁に尋ねられる質問は、「どのように評価したらいいのですか？」です。それは、一人ひとりをいかす教え方と成績の相性が良くないのではないかという誤解があるからです。こうした質問や認識に応じるには、評価、成績、そして一人ひとりをいかす教え方に関連する課題を二つの領域で考えてみることが役立ちます。一つは、単純なる誤解で、もう一つは、（その次の節で扱っている）一人ひとりをいかす教え方の哲学や目標に関連する課題です。

誤解
　評価、成績、そして一人ひとりをいかす教え方に関する二つの課題が、この誤解の領域に分類されます。一つは内容的な目標ないし学習目標としての知識・理解・スキルに関するもので、もう一つは成績をつけることと通知することのスタンダードに関するものです。
　教師の中には、一人ひとりをいかす教え方が異なる生徒に異なる目標を設定していると考えている人がいます。このような見方は教えることと学ぶことをややこしく、面倒なものにするだけでなく、成績をつけるという作業を悪夢にします。一人ひとりをいかす正当な教え方にとっては、同じ内容的な目標を達成するために、多様なルートと支援システムを提供するものであることを認識することが大切です。そうすることで、すべての学習者が同じ本質的な知識・理解・スキルで高いレベルの成功を達成できるからです。それ故に、一人ひと

りをいかす教え方を実践する教師は、異なる目標で生徒たちに成績をつけているのではなく、(障害をもった生徒を除いて) 同じ学習目標としての知識・理解・スキルを元に個々の生徒の状況に応じてフィードバックや成績を提供するのです。

　さらに、教師の中には、一人ひとりをいかす教え方は、もがいている生徒には「やさしく」、できる生徒には「きびしく」成績をつけることを教師に求めているという思いをもっている人もいます。これも、誤解です。一人ひとりをいかす教え方は、成績を小刻みに調整することではありません。本章の少し後で詳しく述べますが、一人ひとりをいかす教室ではほぼすべての生徒が明確に記述された同じ到達目標（知識・理解・スキル）に基づいて成績をつけられます。一人ひとりをいかす教室がすることは、それらの目標を達成する最大の機会を提供し、そして極力、それを乗り越えていく環境を提供することです。

中核的な課題

　評価、成績、そして一人ひとりをいかす教え方に関する課題の中には、取るに足りない問題もありますが、一人ひとりをいかす教え方の哲学と関連する少なくとも三つの課題（というよりも、「目標」と言ったほうがいいぐらい）は、評価と成績のつけ方の影響を直接的に受けます。

　一つ目は、一人ひとりをいかす教え方において、評価と成績を含めた教室での実践は、生徒と教師の成長マインドセットに貢献するように行われるべきであると提案しています。

　二つ目は、一人ひとりをいかす教え方は、生徒の成功と努力の相関関係を大事にしています。つまり、たとえ生徒の習熟のレベルがどんなものであろうと、一生懸命に努力すれば、それは見える形の成果としてあらわれるというものです。

　三つ目は、一人ひとりをいかす教え方は、チーム、コミュニティー、協働の感覚が生徒の成功に欠かせないと捉えています。生徒も教師も、敬意をもって協力して取り組むことで、全員の成長を最大限にサポートし合うのです。

　既存の成績のつけ方は、診断的評価（あるいは、それがやられていないこと）、形成的評価（あるいは、それが十分にやられていないこと）、総括的評価、そ

して通知表が関係していますが、これら三つの課題（ないし目標）とはまさに反対に作用しています。

　ほとんど語られることのない成績の影響についてコメントする中で、アールは次のように書いていました。「生徒の中には、学校で褒められることと成功することが麻薬のようになってしまっている子どもたちがいます。彼らには、よりたくさん褒められることと成功することが必要になります。一方、よりたくさんの生徒は、毎年『力不足』と言われ続けることが、知的な自信を損なわせ、退屈な停滞に陥っています◆20」。 そして、現行の評価と成績のつけ方は、これら二つのグループ以外の第三の生徒のグループに対しても非生産的です。それは、上記の真ん中に位置し、絶えず「平均」で、それが変わることはないというメッセージを受け続けている子どもたちです。

　言うまでもなく、これら三つのグループが学校の生徒のほとんどを占めています。私たちの教え方、評価の仕方、成績のつけ方のせいで、たとえ自分たちが努力をし、よいサポートのシステムがあったとしても、学校でほとんど何でも学べるという信念を育てることができなくなっているのです。私たちの教え方、評価の仕方、成績の出し方は繰り返し、一部の生徒たちには努力しても意味がなく、別の生徒たちには努力しなくてもいい成績がとれてしまうということを、それとなく示しています。これら両方のメッセージは生徒のやる気には致命的です。

　私たちの教え方、評価の仕方、成績の出し方は教室の中に勝ち組と負け組をつくり出し、互いに教え合い、学び合った方がよりよくなれるという価値を低下させています。したがって、一人ひとりにいかす教室は、生徒たちの多様なニーズに応える教え方と協調しつつ、評価の仕方、成績のつけ方に力を入れています。ニーズに応える教え方とは、多様な生徒が一生懸命に努力することを積極的に支援し、貢献するものです。

　さらに、多様な生徒たちの能力を最大限にすることで実現する教室での成功は、教えるということのすべての要素でベストのものの上に築かれると私たちは信じています。それらの要素には、学習環境、カリキュラム、指導、学級経営、そして評価と成績が含まれます（第1章、特に3ページの図1.1および『ようこそ、一人ひとりをいかす教室へ』を参照）。そうなると、本章で鍵となる質問は「評

第6章　一人ひとりをいかす評価と成績　183

価と成績の最良の実践を反映すると同時にサポートし、また一人ひとりをいかす教え方の基礎ともなる方法は存在するのか？」です。

私たちの結論は、現実に行われている評価と成績の最良の実践は、一人ひとりをいかす教え方と完全に互換関係にあり、その目標もサポートするというものです。つまり、教師が測定の分野の専門家のアドバイスを受け入れて実践したなら、評価と成績に関して一人ひとりをいかす教え方の哲学と実践と矛盾することは一切ないということです。実のところ、評価と成績の最良の実践は、確実に一人ひとりをいかす教室を促進し、強化します。

成績をつけることとそれを通知することは、計画、教えること、学ぶこと、フィードバック、評価というサイクルの中で定期的に来る特別な時期と捉えるのがいいでしょう。教えることと学ぶことが、教室の主要な焦点であるべきです。診断的評価と形成的評価は、教えること／学ぶことのプロセスに欠かせない情報を提供します。ユニットのいくつかの重要なポイントで、総括的評価は学習目標としての知識・理解・スキルに向けた（さらには超えた）生徒の成長として測定され、その結果が通知表に評点として記入されます。指定された採点期間の最後に、教師はすでに書き出されている評点を成績に変換し、通知表を通してそれが伝えられることになります。成績をつけることと通知することは、よい教室での実践を反映し、また支援すべきであって、その逆（よい教室での実践を縛るもの）であってはなりません。

効果的な成績の原則

効果的な成績の特性は何かということに関して、測定と評価の専門家たちはおおむね合意しています。例えば、成績はクラスを超えて学年レベルで一貫性があるべきです。[10]成績のベースとなる同じ学習目標としての知識・理解・スキルへの焦点は、一つの教室を超えて一貫性があるべきです。つまり、例えば一つの4年生の算数のユニットで最も大事だとされた指導と評価は、4年生の他のクラスでの同じユニットの指導と評価でも最も大事にされるべきだということです。

成績はまた正確であるべきです。言い換えると、生徒の実態として不正確な

イメージをもたらしてしまう「数学的なゆがみ」があってはいけないということです。

成績は、それを受け取る者にとって意味のあるものでなければなりません。

最後に、成績は学習をサポートするものでなければなりません。つまり成績は特定の時点で生徒が知っていること、理解していること、できることを可能な限り正確に伝えることが大切です。[38]

一貫性があり、正確で、意味があり、学習をサポートする成績は、必然的に、評価と成績のプロセスの中で信頼性と妥当性を高め、誤差と教師の偏見を最小限にしようとする教師の努力を反映しています。

以下で紹介する九つの原則は、一貫性があり、正確で、意味があり、学習をサポートする成績に貢献するものです。[6・20・28・38・55・61] 原則には必然的に形成的評価と総括的評価、および「成績をつける時期」が含まれます。それは、それらがすべて評価のサイクルの大事な要素を占めているからです。それぞれの原則の簡単な説明をした後に、その原則が効果的な成績の主要な概念(信頼性、妥当性、誤差、偏見)と、効果的な成績の記述の観点(一貫性があり、正確で、意味があり、学習をサポートする)にどのように貢献しているのかを明らかにします。記述の中では、一人ひとりをいかすことに関連する目標である、①成長マインドセットを育てること、②生徒の努力と達成される成功とのバランスを図ること、③学びのコミュニティーをつくり出すことについても言及します。

1. はっきり特定した学習目標をもとに成績をつける

これは単純なアイディアです。つまり、生徒がよくわかり、しかも変更されたりしない学習目標は達成することができます、というものです。[49] アイディアは明らかでも、それを教室で実際にすることは困難が伴います。一週間のうちに(あるいはユニットで)生徒たちがカバーすることや、生徒たちがどのような順番で学ぶのかはほとんどすべての教師が詳しく説明することができます。しかしながら、その期間内に生徒が何を知り、理解し、できるようになるのかを自信と明確さをもって説明することができるのはほんの一握りの教師しかいません。ユニットが始まる前にその明確さをもてないと、カリキュラムは漠然とした情報の集まりになり、授業は進路から逸れ、評価は正解当てっこゲーム

になってしまいます。

　それに対して、教師にとって知識・理解・スキルの学習目標が明確であり、また、それら三つをうまく関連させながら生徒が学習内容から意味をつくり出し、使いこなせるように助けられるのかが明確であれば、生徒たちもまた、それらの学習目標としての知識・理解・スキルが何かについて明確にわかっていることを確かめるのは、難しいことではありません。その時点で、個々の授業は目的をもち、生徒たちはその目的を理解します。評価は、生徒がすでに知っているそれらの目標にどれだけ近づいているのかを見えるように助け、それらの目標に向けて、さらには目標を超えて成長を続けるための透明性のある手段となります。そして、当然のことながら、成績は明記されている目標に照らし合わせた生徒の状況を知らせるものになります。

　学習目標としての知識・理解・スキルを明確にすることなしに、そしてそれらをすべての指導計画で効果的に使わなければ、学習目標は視界から消えてしまいかねないのです。「生徒たちは、教師の指導を包括的な根拠が提供されないままに、気まぐれな順番で提示される授業として受けることに慣れっこになっています」[6]　その結果、成績はかなり重視されている一方で、曖昧な価値しか認められていない不可解な数字や文字であり続けています。

　効果的な成績への貢献　学習目標としての知識、理解・スキルを明確に記述するこの原則は、教室間の一貫性を提供することで、信頼性を高めます。また、評価で意図したものを測れるので、妥当性も高めます。生徒と教師に何が最も大切なのかに焦点を当てさせることで、誤差を減らすことができます。どのように成績づけは行われるべきかという基準が提供されることで、偏見も減ります。

　一人ひとりをいかす目標への貢献　明快な目標と成功のための基準が明らかにされるので、この原則は、生徒の学びと評価への参加を増し、その結果として成功ももたらします。また、明快な学習目標は生徒が効果的に、自信をもって取り組むことも可能にするので、成長マインドセットも育てます。さらに、共有された目標と基準が明確になるので、生徒たちは互いに助け合って成長し合えるので、学びのコミュニティーづくりにも貢献します。

2. 比較や相対評価ではなく、規準をベースにした（絶対評価の）成績を使う

　生徒たちは互いに比較されると、個人の成長ではなくて競争することが目的なのだと考えるようになります。その結果、出来の悪い生徒は自分が成功するための能力が欠けているのだと思うようになり、出来のいい生徒は成功を権利であり、関わり方や努力の結果ではないと結論づけます[6]。教師の役割は、選別したりランクづけたりするのではなく、すべての生徒が明記された目標と成功の規準を達成できるようになるために、できることは何でもすることです。

　明記された規準に関して、より多くの生徒が成功することによって、教師は教師としての仕事を徐々にうまくやれるようになります。「データのみに頼った治療」を信じているような医者に任せる人は少ないと思います。「データのみに頼った成績づけ」、つまり相対評価も同じです。それは、「有効な到達目標と何の関係ももたいない人工物でしかなく、実際のところ、その教室にいる生徒たちの個々の達成度を測定したものとはとても言えないのです[61]」。それは、「教室内での生徒の順位の情報は提供してくれるかもしれませんが、その生徒がどのようなことを達成したのかということに関しては何も伝えてくれません[34]」。

　効果的な成績への貢献　この原則は、確固とした達成目標を提供することで、信頼性を高めます。個人的な変数ではなく、成績が内容的な目標をベースにしたものであることを確かなものにすることで、妥当性も高めます。教師が生徒を比較しようとすることによって生じる偏見を減らします。また、教師が生徒を比較しようとするのではなく、むしろ設定された評価規準をもとに生徒の学習（成果物）を評価することによって生じる誤差も減らします。

　一人ひとりをいかす目標への貢献　この原則は、生徒に「自分自身と競争する」ことを可能にします。より出来のいい生徒と比較されることでいつも嫌な思いをすることに耐えたり、あるいは常に「集団のトップ」にいなければならないというプレッシャーに脅えたりするのではなく、確固とした目標を達成する努力に集中できるからです。成長することに焦点を合わせられると、生徒全員に成長マインドセットになることが促せます。競争ではなく、個人の成長を強調することで、努力と達成される成功とのバランスがとれます。また、競争を減らし、勝ち組と負け組に分けることを回避することで、コミュニティーづ

第6章　一人ひとりをいかす評価と成績　187

くりにも貢献します。

3. 何でもかんでも成績の対象にはしない

　挑戦しがいのある（真に学ぶことで意味をつかみ、使い道があり、応用可能な）内容を学習することは、努力とたくさんの練習を必要とします。このような深い学びの途上では、出だしの失敗、間違い、方向修正などが必然的に起こります。生徒がすることすべてを成績の対象にしてしまうと、複雑な思考や真の理解に必要な取り組みを妨げてしまいます。そうなると、生徒たちが学校や家で練習させられていることと彼らの成績面での成長との関連を見えやすくしてあげることが大切です。生徒の練習の質と能力の発達の関連です。若い人たちは、バスケットボール、サッカー、楽器を弾くこと、絵を描くことなどに関しては、うまくなろうと日常的に激しい練習に取り組みます。彼らは本当に、練習することが彼らを前に進めてくれると思っています。彼らはすべての練習に対して成績を期待していませんし、欲しがってもいません。それは、練習こそが（試合、水泳の競技会、ピアノの発表会等で）「成績をつけられるとき」によりよくしてくれることがわかっているからです。

　多くの教師が口癖のように言う「私たちが成績をつけない限り、生徒たちは勉強をしないのです」と指摘していることは、教師がしていることと生徒の頭の中の成果との間に大きな開きがあることを示しています。問題を解決せずに、生徒がすることのすべてに成績をつけることは問題を持続させてしまうのです。成績は、形成的評価からではなく、あくまでも総括的評価をもとにつけていかなくてはなりません。生徒が学んでいる間に私たちが成績をつけてしまうと、生徒は学ぶことが終わったと思ってしまいます。◆28

　効果的な成績への貢献　この原則は、生徒の学びをより確実なものにするので、信頼性と妥当性を上げます。学んだことを時期尚早に判断してしまうのではなく、学んだことが強固なものになるまで練習の時間を提供することで誤差は減少します。

　一人ひとりをいかす目標への貢献　この原則は、時期尚早の判断ではなく、学ぶことに生徒の焦点を当てるので、成長マインドセットを促進します。能力をさらに伸ばす機会を得ることで、努力と達成される成功とのバランスを保つ

前に「点数を失う」不安を気にせずに意味のある学びにチャレンジすることを奨励します。

4. 効果的な評価法のみを使う

効果的な評価法は、生徒の高い達成度と関連があります。[6]それは、それらの評価法を使う教師の計画や指導の質も高いからかもしれません。あるいは、そのような評価は学びのプロセスに生徒のより積極的な参加を奨励するからかもしれません。評価がすでに生徒に事前に明確に提示された学習目標に対する生徒の達成度を測り、また評価で教えることと学ぶこととが入念に一致していたときに、評価は効果的と言えます。生徒を引っかけるような質問は必要ありません！

もう一つ大切なことは、私たちが評価したいと思う学びにマッチした評価の方法を選んでいるということです。例えば、よく考えてつくられた多肢選択式や穴埋め式のテストは生徒の知識を測定するのには向いています。パフォーマンス評価や、よくデザインされた成果物をつくり出す評価は、生徒の内容理解や、理解していることを活用したり応用したりする力を測定するのに向いています。もちろん、評価は生徒の特定の内容についての習熟度を明らかにする十分な機会も提供すべきです。言い換えると、大切な考えであるにもかかわらず一つの項目しか立てないと、その質問を生徒が誤解してしまえば、本人は理解しているのに、結果としては理解していないことを証明しかねないということです。評価に関連する課題が存在し、それは誤差を高める可能性があることも忘れてはなりません。例えば、指示を読むことができないためにそれに十分従うことができないかもしれません。評価は五つのステップで行われるのに、その指示が理解できないかもしれません。評価を完成させるのに常に時間の延長が必要かもしれません。成果物をつくり出す評価を完成するのに、家で得られるサポートが欠落しているかもしれません。保護者がどれだけサポートできるか（あるいは、できないか）も成績の誤差を高める要因です。これらの場合は、大事な内容にまつわる生徒が知っていること、理解していること、できることを明らかにしたいにもかかわらず、それができないことを意味します。

効果的な成績への貢献　この原則は、クラス間の信頼性を高めます。また、

最も重要なことに評価の焦点を絞ることで、妥当性も高めます。重要な知識・理解・スキルの十分なサンプルを得ることで、ひっかけ問題は取り除くことで、そして、生徒の熟達を見誤らせる状況には適切に対処することで、誤差は減らせます。

一人ひとりをいかす目標への貢献　この原則は、本質的かつ生徒がすでに知っている明示された目標に焦点を絞ることで、それらに関する十分なサンプルを得ることで、そしてパフォーマンスをゆがめる生徒の状況にしっかり対処することで、努力と達成される成功とのバランスと成長マインドセットに貢献します。

5.「不透明な成績」をできるだけ減らす

　不透明な成績は、「教える－学ぶ－評価し成績をつける」サイクルの中で、成績の意味や明確さを混乱させる何かを教師がしたときに起こります。成績はある特定の時点で生徒が知っていること、理解していること、そしてできることを可能な限り明確に、生徒、親、そしてその他の関係者に伝えられるべきものであることを思い出してください。「教える－学ぶ－評価する」のサイクルの中の成績をつけるはるか前の段階で、不透明な成績は出始めています。

　例えば、提出物がきれいでない、提出が遅かった、生徒が自分の名前を書かなかったなどの理由で、教師が評価から点数を差し引いたときです。不透明な成績は教師が追加の点を与えたときにもあらわれます。例えば、出席数、グループの成績、生徒の態度、宿題などを成績に加えたときです。これらの比較的一般に行われていることが、成績として伝わる生徒の学業の習熟のレベルをかなりぼやけたものにしてしまいます。学期末の総括的な試験でAを取った生徒が、通知表ではCだったということも珍しいことではありません。その理由として、その生徒はたまにしか宿題を提出していなかったというのです。一方で、読む力が弱いにもかかわらず、熱心に取り組んで追加の点数をもらえる課題を提出した生徒が、通知表の国語の欄でBを取るということもまったくないわけではありません。彼の実際のスキルはCかC−[注6]であるにもかかわら

注6：viiiページの注7を参照してください。

ずです。成績が多様な評価の観点を同時に満足させようとすると、どの評価の観点も満足させられない、という事態が起こります。もしあなたが「でも、宿題は責任ということを教えるのに役立ちます」や「生徒がグループの中で効果的に振舞えることは大切です」などと考えているとしたら、私たちは同意しますが、その点については、原則の8番目で扱う「三つのP」による成績で詳しく扱います。

効果的な成績への貢献　この原則は、評価の結果と成績を重要で事前に明らかにした学習目標に焦点を当てることで、信頼性と妥当性を高め、誤差を縮小します。より重要でない生徒の変数ではなく、重要で明示されている学習目標に成績の焦点を絞ることで、教師の偏見も縮小できます。

一人ひとりをいかす目標への貢献　この原則は、学ぶこととは無関係の変数ではなく、学ぶこととその成果に焦点を当てることによって、と同時に成績を賞罰と捉えることを最低限に抑えることで、生徒たちの成長マインドセットを育てるのに役立ちます。

6.「成績の数学的な不透明性」を排除する

　成績をつける際に使われる二つの数学的な処理法が、生徒の学びについての不正確な情報と生徒のやる気をなくさせる原因になっています。一つは、生徒の成果物が行方不明だったり、生徒がテストでカンニングをしたりしたときに、ゼロが与えられることです。「証拠となるものが見つからないとか、犯した罪に対する処罰として、生徒の通知表にゼロが記入された瞬間に成績は意味のないものになってしまいます。（中略）代わりの方法を使ってください。例えば、真の到達度を明らかにするために再評価をしたり、その部分に関しては『ゼロ』ではなく『まだ完成していない』『まだ不十分な証拠しかない』ということで『I』と表示したりしておくのです」[38]。　そして足りない成果物を補うための計画を立てるために、生徒を助けるのです。カンニングなどの違反行為に対するゼロの代わりに、罰の償いとなる代替案をつくり出してください。

　ゼロは三つの理由で問題が大きいです。一つ目は、単純にそのインパクトの大きさです。生徒が復活できないほどにダメージを与えてしまいます。二つ目は、生徒に自分がやるべきことをするための責任を教えるのではなく、ゼロを

受け入れられるなら、やるべきことをしなくていいというメッセージを発信してしまいます。残念ながら、やる気をそがれた生徒の多くはゼロを受け入れてしまい、やるべきだったことを自分のものにする機会も同時に失ってしまいます。三つ目は、ゼロは学びのプロセスに打ち込むことを削いでしまいます。それは、すでに学校をよく思っておらず、学業で成功を修める可能性が低い生徒にとって、極めて犠牲の大きい結果です。

　二つ目の成績の数学的な不透明性の原因は、成績を平均化することにあります。生徒の「平均」の得点をもとにつけられる成績は、生徒に対して「卑劣」であると、オコーナーは断言しています。[◆38][注7]平均はそれから外れた点数（一般的には低い点数）を過度に強調し、実際生徒が学んでいることを通知表に反映しなくなるからです。評価によっては、他のものに比べて易しいもの（あるいはより複雑なもの）が含まれているので、成績を出す際には違ったウェートづけが必要なときもあります。同じように、評価によっては、他のものに比べてより重要な概念を測定しているかもしれません。他の例としては、パフォーマンス評価は同じ時期に実施された多肢選択式のテストに比べて、生徒の内容の理解をより正確にあらわすことができるかもしれません。このように、成績をつける期間中に実施されるすべての評価は重要度が異なるので、成績を出す際に同じウェートで計算することはおかしいことになります。

　平均を出すよりも、生徒の中央値（真ん中）の点数か、生徒の最頻値（最も頻繁に得ている）点数を使った方がいいかもしれません。[注8]実際のところ、成績の専門家たちは成績を計算する際に機械的な公式を使うことは賢明でないと言っています。[◆24・38・61]彼らは、成績をつけることは価値判断をベースにしたものであり、ある時点での生徒の達成度を最も適切にあらわす成績を決定する際は、最良のプロとしての判断が要求されていることを教師が理解することを求めています。通知表に書かれた文字であらわされた成績は決定的で客観的に見えます。しかしながら、それはさらけ出して論じられる必要があるたくさんの判断、曖昧さ、問題点を覆い隠しているのです。[◆61]

効果的な成績への貢献　この原則は、学びのサイクルの鍵となるポイントに

注7：英語では、「平均」も「卑劣」も、両方とも「mean」で同じです。

注8：平均（average）に対して、中央値は median、最頻値は mode と言います。

おいて、生徒が知っていること、理解していること、できることに焦点を当てることによって、成績の信頼性と妥当性を高めます。同時に、特定の目標に対する生徒のより正確な習熟度を提供することによって、誤差も下げます。また、態度と成績を切り離すことで、教師の偏見も抑えます。

　一人ひとりをいかす目標への貢献　この原則は、学びに焦点を維持することで、成長マインドセットと努力と達成される成功とのバランスを培うことをサポートします。また、成績から態度を切り離すことで、困難で、疎外されて、権利を奪われている生徒たちにさらにやる気を失わせることを回避します。

7. 成績のサイクルの前よりは後の方で成績をつける

　この原則は原則3で扱った、学習には練習が必要であることを、若干違った角度から見ています。この原則の意義は、以下で紹介するデリックの例がよくあらわしてくれています。デリックは、低所得の家族の一員で、学校ではなかなか勉強ができずに苦しみました。大したもので、彼はもがき続けながらも、最終的には大学に入ることができ、しかもそこではかなりよくやっていました。大学生になった彼は、高校までの自分が友達とは違って耐えることがつらかったことは何かを振り返ってくれました。思い出しながら、最もつらかったのは、何度も教師たちに彼の通知表の成績が期待していたよりも低かったと言われたことだそうです。教師たちのコメントは次のようなものでした。「あなたは最終テストではAを取りましたが、学期の最初の方のテストの点数が低くて、成績を下げてしまいました」これに対して、デリックは「いつも自分は罰せられていたように感じました。ずっとそうでした」と言いました。そして、教師が次のように言ってくれたらよかったのにと言いました。「あなたが頑張ったので、報われたのです。学期の最初の方では、あなたの点数は低かったですが、あなたは学期を通して頑張って、期末試験までにはしっかりと内容を身につけました。学ぶ必要があることはすべて学んだと証明してくれました。とてもよかったです」。

　生徒が学期の終わりの方でいい点数を上げるということは、二つの成功の指標である努力と成長の証です。同じ内容に関する初期の欠陥が、生徒の成長を損なったり、粘り強さを削いだりするようなことになってはまずいです。学期

が進むにつれて生徒がより多くを学んだということは、生徒が当初の困難を乗り越えて、よりよく学べるように、教師が教えたことの証でもあります。

効果的な成績への貢献　この原則は、学ぶことが完了する前ではなく、学ぶ機会をしっかりと確保した後で生徒のパフォーマンスを評価することによって、成績の妥当性を上げます。生徒の学びの早まった評価を避けることで、誤差も下げます。

一人ひとりをいかす目標への貢献　この原則は、生徒の粘り強さを認めることで、生徒の成長マインドセットと努力が成功につながる可能性を高めます。また、生徒の初期の欠陥に焦点を当てるのではなく、生徒の成長に注目することで、教師の成長マインドセットも向上させます。

8. 通知表の段階では、「三つのP」を使う

　この章の最初に、教師は成績にたくさんの（ときには、相矛盾する）要素を入れ込みすぎていることを指摘しました。その結果、生徒が知っていること、理解していること、できることに関して明確にコミュニケーションを図るという意味では、成績が実質的に使い道のないものになってしまっています。多くの成績の専門家によって受け入れられているこの現実は、しかしながら、教師が生徒の成長を多様な形でサポートしたいという事実を否定するものではありません。生徒の成長の中には、責任を取ること、クラスメイトと協力すること、いい結果を出そうと努力することなどが含まれます。これらの中には、成長マインドセットを培い、成功する学習者になるのに大事な要素も含まれています。成績や測定の専門家たちは、生徒の成長についての多様な情報を提供することが保護者と生徒にとって役立つということに関しては合意しています。彼らの意見が分かれるのは、一つの成績という記号の中にあまりにたくさんの情報を一括してまとめてしまうことです。「一つの成績に生徒の多様な特徴を入れ込んでしまおうとするとき、成績はそのどれをも反映しないものになってしまいます」[49]。　スティギンズは、このようなやり方がごちゃ混ぜの成績がわかりにくい混合物をつくり出し、解釈するのが不可能で、生徒の習熟に関して不正確な情報を発信していると主張しています[50]。

　この矛盾への一つの解決法は、「三つのPの成績」という方法を使うこ

◆25・50・61
とです。 それは、三つのPを分けて成績を出すという方法です。

- パフォーマンスないし成果物（performance/product） 生徒が知っていること、理解していること、できることに関して私たちがもっている最良の情報）
- プロセス（process） 思考の習慣や物事のやり方で、それらが世の中で成功したといわれる人たちがもっている特徴であり、私たちはそうした特徴を生徒たちにもってもらいたいものです）
- 成長（progress） この成績をつける期間中の特定の学習目標としての知識・理解・スキルにおける生徒の成長）

　言うまでもなく、この三つのPを平均して一つの成績にするということはあり得ません。そうではなく、それぞれが別々に報告され、それぞれが何をあらわしているのか明確な指標と一緒に提示されます。パフォーマンスないし成果物の成績は、学習目標としての知識・理解・スキルに対する生徒の状況のみが明快に報告されます。プロセスの成績には、困難なときにどのようにやり通せるか、改善するのにどうフィードバックをいかしているか、必要に応じて確認の質問ができるか、課題に対して多様な視点を求められるかなどが含まれます。もし宿題が生徒に適切なチャレンジを提供し、生徒の学業面での成長を促すのに役立っている（さらに、親の助けなしに、生徒だけの力で宿題をした）と教師が判断すれば、指定された宿題に対して責任を受け入れたという指標とともに、それもプロセスの成績に含めることができます。
　三つのPで成績をつけるアプローチは、成長マインドセットと一致しています。つまり、個人が努力して特定の目標を身につけるために賢く取り組む（プロセス）と、その人は目標に向かって成長し続け（成長）、少なくともそれらの目標をマスターするまで（パフォーマンスないし成果物）あるいはそれをはるかに超えて取り組むのです。三つのPで成績をつける効果的な方法は、教

注9：この成績のつけ方なら、この章の冒頭で紹介されたゴールデン君も、少しは救われた可能性はあります。パフォーマンスないし成果物のPでは物足りない部分があったとしても、残りの二つのPでは確実に進歩を見せ続けたわけですから。

師が自分の教えている教科内での成長を段階的に連続したものとしてあらわしたものを熟慮して考え、共有することが求められます。それは、第４章ですでに紹介したような学習の連続した成長を書き出すことから始まります。加えて、建設的な思考の習慣ないし取り組み方（プロセス）の特徴を説明したルーブリックないし指標もつくり出し、共有することが大切です。思考の習慣と成功との関係を理解すると同時に、思考の習慣を記述する観点を考える際のいい資料は、このテーマに関するアート・コスタとベナ・キャリックの一連の本です。[16]さらに、本書を通じて強調してきたように、教師はパフォーマンスの目標のわかりやすい記述の観点を提供することが大切です。そうすることで、生徒と保護者は学校での勉強と家での宿題の計画も、そしてパフォーマンスないし成果物につけられる成績の意味についても、理解できるからです。学びのプロセスについての生徒の理解と有効性、および成績の意味についての保護者の明確な理解を高めることに加えて、三つのＰ（プロセス、成長、パフォーマンス）の理由を明確に記載した記述の観点を使うことで（特に、その記述の観点が教室の枠を超えて共有されていた場合は）、教師が成績の信頼性と妥当性を上げ、誤差と偏見を下げるのを助けます。

　三つのＰで成績をつける際は、努力とプロセスを区別するといいでしょう。成長マインドセットをもっている教師は、学業面で成長するために、生徒たちに一生懸命に取り組むことや努力することを奨励します。そのように奨励することは、成功の中で努力が占める重要な役割という十分な根拠に基づいています。しかしながら、成績のことになると、使う言葉は少し変える必要があります。努力を正確に観察することは不可能です。したがって、観察できないものを成績に含めることはできません（含めようとしてはいけません）。なので、三つのＰで成績をつけるという枠組みでは、私たちは「努力」という言葉を使う代わりに、「プロセス」という言葉を使うのです。私たちは、生徒が自分の作品を改善するために進んで修正をしたかどうかは観察できます。取り組んでいて行き詰まったときに助けを求めたかどうかは観察できます。複雑な課題をやり遂げるのに計画を立てて、それを着実に実行したかどうかは観察できます。こうした「思考や取り組み方の習慣」は、成功を修める人たちに関連づけられる「賢明なプロセス」の指標です。効果的な成績には、見える指標が必要です。

教師が生徒に「一生懸命に勉強すること」や「努力すること」を話すだけでは不十分で、どんなことをすればパフォーマンスのレベルが上がるのかという具体的な取り組み方がわかるようにしてあげることが大切です。そして、生徒たちがそれらの取り組み方を身につけ、使いこなせるように導いてあげるのです。

　教師は、三つのＰを使って通知表をつくることは当然できます。すでにそういう通知表がなければ（教育委員会が興味をもてなければ）、教師たちは三つのＰをベースにした成績について親や生徒と話すべきです[注10]。それが、それぞれの領域で生徒の状況を理解すること、そして、その情報を使って生徒の成長をサポートできることの価値を伝えるのです。そして実際には、通知表のコメント欄や保護者との電子メールでのやり取り、仕事が終わった後の夜に行われる保護者会、生徒のポートフォリオ、生徒が自分でつくったレポートを通してなど、多様な媒体を通じて（大切な点は、学期末だけではないということ！）、教師は生徒の三つのＰに関しての情報を提供することができるのです。

　効果的な成績への貢献　この原則は成績の妥当性を高め、パフォーマンスをプロセスと成長から切り離すことで誤差も下げます。

　一人ひとりをいかす目標への貢献　この原則は、すべての生徒に対して、一生懸命に賢く取り組むことは成長につながり、重要な目標を最終的には身につけ、さらにはそれを超えて学ぶことさえできるというメッセージを強めます。

9. 評価と成績のプロセスをオープンにする

　成績をつけることと通知するプロセス、および診断的評価と形成的評価に生徒を巻き込むことは大切です。子どもたちはたとえ小さくても、自分たちの学習目標、教室と家で学ぶこと、総括的に取り組まないといけないことなどと、成績や通知を関連づけられるはずです。彼らは、思考や取り組み方の習慣が自分の成長に役立っているときやいないとき、そして自分の成長をもたらすために何に努力の焦点を当てたらいいのかといったことを、自分に、教師に、そして親に説明することができるはずです。

　さらに、生徒の学びについて親や生徒と話し合う際に通知表を唯一の媒体に

注10：当然のことながら、まずは学校の教師たちの合意が得られることが前提です。そのためには管理職、特に校長の役割が大きいです。通知表は、学校単位ですから。

第6章　一人ひとりをいかす評価と成績　197

しないでください。生徒の個人的な側面と学業面の成功について継続的に共有し合うことが、誰に対しても生徒の成長に、情報に基づいて貢献できるようにする機会を提供します。成績から曖昧さを取り除くことはできるのです。そしてさらに重要なことは、学びのプロセスが自分のものであるという感覚を共有することができるのです。そのためには、教師が学びを補強するフィードバックを重視し、学期末の成績には重きを置かないようになることが前提です。[注11]

　効果的な成績への貢献　このオープンなやり取りを可能にする原則は、教師、生徒、親が目標とプロセスに関する共通理解を得ることで、成績の妥当性を高めます。

　一人ひとりをいかす目標への貢献　この原則は、生徒に学びのサイクルを通しての評価と通知の理解、責任、パートナーシップを得るようにさせることで、成長マインドセットを促進します。

成績と一人ひとりをいかす教え方についての再度の確認

　成績が教室の主要な問題を何らかの形で解決してくれるという考えに屈することは容易です。例えば、多くの教師は成績があるからこそやる気のない学習者も少しは勉強をする気になっているという期待をもち続けています。あるいは、成績のいい生徒たちの積極的な取り組みを引き出していると信じています。一方で、「いつもぼーっとしている」生徒たちには、より注意を払うようにしていると思っています。しかし実際は、成績は遅れがちの生徒には絶望感を味わわせ続け、よい成績を上げている生徒には、学ぶことよりももっとよい成績を取るように仕向け、そして自分で計画を立てて学ぶことのできる生徒にとってはまったく意味のないものになっています。

　生徒たちは多様な学業面での傾向、学校の中と外での経験、興味関心、好みの学び方のアプローチ、基盤となる言葉のスキルなどをもって教室に来ます。

注11：「成績なしの評価」ないし「成績のガラス張り化」という考え方および実践が、アメリカでは徐々に広がりつつあります。成績をつけることに費やす効果があがっていない上に、それをつけている教師たちを単に忙しくしているだけだからです。『成績をハックする　評価を学びにいかす10の方法』を参照してください。

こうした個人差にもかかわらず、よほどの障害がある場合を除いて、すべての生徒が同じ内容の到達目標を身につけることが期待されています。子どもたちには違いがあるという現実は、教育者に二つのことを同時に求めることになります。一つは、そうした違いを認め、敬意を示すクラスをつくることです。もう一つは、共通の内容の到達目標を満たすために生徒たちにそれを可能にする多様な方法を提供することです。

　生徒の違いに適切に配慮することは、生徒により高いレベルの習熟度を達成することを可能にさせ、学ぶ際にリスクを冒すことを可能にする環境を提供します。また、日々の努力が大切な目標に向かって少しずつ結果をもたらすという楽観できる理由も生徒たちに提供します。成績が生徒たちの違いを決める効果的な仕組みであるとは認めるどのような証拠も、また常識もありません。成績に関する最良のシナリオは、成績が生徒と親に対して正確で理解しやすい生徒の成長に関する説明を提供することです。その成長とは、しっかりと全体の状況の中で捉えられ、異なるレディネス、興味関心、学び方のアプローチに対処しつつ、すべての努力が生徒を教科の中で今いるところからできるだけ目標に近づくところまで（場合によっては、それを越えて）行けるように助けるものです。

　測定の分野では、指導とは生徒たちが受ける「治療」と捉えられています。個々の学習者の能力を最大限にするための治療の仕方を計画することが、一人ひとりをいかす教え方の中心的な使命です。それは、教育活動の中心的な使命でもあるべきです。効果的な成績のつけ方はその使命を促進するものではありますが、教育活動に取って代わることはできません。

一人ひとりをいかす教室での効果的な成績〜まとめ

　成績は、「教える−学ぶ−評価する」というかなり長い期間のサイクルの中の指定された特定のタイミングで行われるプロセスです。成績の目標は、はっきり説明された学習目標との関連での生徒の状況を、生徒、親、その他の関係者と明確にコミュニケート[注12]することです。成績は人間によってつけられるので、それには判断、主観、そして誤差が伴います。その現実を認めることは大切で

す。その事実は、生徒たちにとって得るものと失うものの両方があります。評価と成績において最良の実践をしたいと思っている教師は、自らが行う評価と成績で信用性と妥当性を高め、誤差と偏見を減らす努力をしています。

いくつかの原則が、効果的な成績とそれに関連する評価の仕方を後押しし、信頼性と妥当性を高め、誤差と偏見を減らすのに役立ちます。それらの原則は、望ましい成績や評価の仕方を反映しているだけでなく、一人ひとりをいかす教室の三つの目標も支えます。三つの目標とは、生徒と教師の間に成長マインドセットを育てること、努力と達成される成功とのバランスを維持すること、そして教室に学びのコミュニティーをつくることです（181 ページを参照）。ここで明らかにした原則を改めて掲げると、次の通りになります。

1. はっきり特定した学習目標を元に成績をつける
2. 比較や相対評価ではなく、規準をベースにした（絶対評価の）成績を使う
3. 何でもかんでも成績の対象にはしない
4. 効果的な評価法のみを使う
5. 「不透明な成績」をできるだけ減らす
6. 「数学的な不透明な成績」を排除する
7. 成績のサイクルの前よりは後の方で成績をつける
8. 通知表の段階では、「三つの P（パフォーマンス・プロセス・成長）」を使う
9. 評価と成績のプロセスをオープンにする

四つの事例

以下に紹介するのは、成績にまつわる四つの事例です。最初の三つの事例には、シナリオで説明された成績をつけるという状況についてのあなたの考えを

注12：「コミュニケート」とは、一方通行ではなくて、両方通行を意味します。この基本的なことが、長らく日本では理解されていないようです。成績は、依然として教師（ないし学校）の専権事項であって、教師や学校は一方的に伝えるもの、生徒や親は一方的に受け取るものと捉え続けています。

進化させるのに役立つ、選択肢が提供されています。あなたの好みの回答としてどちらを選ぼうと、本章で紹介したガイドラインに照らし合わせながらあなたが選んだ回答の理由を述べてください。四つ目の事例は、たくさんの変数を含んでおり、完全にオープンエンドなので、より複雑です。ここでも、効果的な成績をつけることについてあなたの理解を検証してください。その理解を基礎にして、事例中の教師に対するアドバイスを考えてみてください。

〈事例１〉高校の歴史

　10年生のアメリカ史のクラスでは、ライト先生の1学期の後半（9週間）の成績は、四つの小テスト、二つの試験、30％のウェートを占めている教室外でするプロジェクトでつけられます。カーターは小テストと二つの試験で平均A－を取りましたが、プロジェクトの成果物を提出していません。ライト先生の繰り返しの催促にもかかわらず、すでに3日遅れです。ライト先生は、（a）カーターのプロジェクトにはゼロをつけて、成績の対象になっている三つを平均して、成績としてDをつけるべきだ。（b）プロジェクトを締め切り通りに提出しなかったことを差し引いて、カーターにはA－よりも低い成績をつけるべきだ。（c）この期間の成績を出すのに、プロジェクトの成績は含めないで計算するべきだ。（d）他に何かできることをすべきだ。

〈事例２〉中学校の理科

　ヘルナンデス先生は、能力差のある7年生の理科を教えています。ゾイは、秩序立てて考え、思慮深い質問をし、よく書ける、とてもよくできる生徒です。ゾイの最近の取り組みを見て、ヘルナンデス先生は彼女がベストを尽くしていないことに気づきました。それでも、クラスの他の生徒たちと比較したら飛びぬけています。彼女はほとんど努力をしていないのです。しかし、彼女は能力があるので、他の生徒と比較したら、まったく悪くないのです。このような状況で、ヘルナンデス先生は、（a）ゾイが努力していないので、低い成績をつけるべきだ。（b）彼女が熱心に取り組むことを期待して、低い成績をつけるべきだ。（c）彼女の取り組みの質に応じて成績をつけるべきだ。（d）他に何かできることをすべきだ。

〈事例3〉 高校の数学

　バレット先生は、能力差があるクラスで数学を教えています。二つの試験の結果が9週間の期間の成績を決定します。ホゼの成績を計算しているとき、バレット先生はホゼが最初の試験ではCだったのに、2回目の試験ではAを取ったことに気づきました。このような状況でバレット先生は、(a) 二つの試験の平均なので、ホゼにはBをつけるべきだ。(b) 彼は2回目の試験で上達したので、Aをつけるべきだ。(c) 他に何かできることをすべきだ。

〈事例4〉 小学校の国語（読み）

　アトキンソン先生は3年生を教えています。彼女のクラスには、読むスキルの伸びが遅い子たちが何人かいます。ティアはアメリカに移住してきたばかりで、英語を習い始めています。とても内気で、授業に参加するのも難しい状態です。サミーとチェイスは、この年齢の子と比較すると未熟な印象を受けます。授業に集中することができません。熱心に取り組もうとしている他の子たちの邪魔をします。また、かなりの催促なしには課題を完成することもできません。ダニエルは少ない語彙しかもっていません。彼は内容を読み取るのはまあまあで、一生懸命取り組みますが、語彙の少なさは特にノンフィクションを読むときに問題になります。ミリーにはまごつかされます。スラスラ読めるときもあるのですが、彼女は小グループで音読したり、教師と一対一で読んだりするのを拒否するのです。彼女の書いた作品は、よい理解度は示していないのですが、授業で他の誰もが答えられない読解の質問に答えられることもあるのです。

　成績をつける時期が来たとき、自分の通知表を見て、生徒たちがみな同じような点数になっているのにアトキンソン先生は気がつきました。でも、個々の生徒を見ていくと、ティアが他の子たちよりも低い読みのレベルであることは間違いありません。ダニエルの努力をもっと促してあげたいので、それを成績に反映させたいとも思いました。しかし、ミリーのバラバラな出来にはどう対処していいのかわかりません。サミーとチェイスは、現状よりははるかにいい取り組みができると思っています。あなたはこれらの生徒にどんな成績をつければいいとアトキンソン先生にアドバイスをしますか？[注13]

　子どもたちに教える機会を効果的に提供する役割が私たちにあるのなら、私

たちは、教職のキャリアを通して、子どもたちを大切にする確固とした哲学を育て、それに基づいて働き続ける必要があります。その哲学のもとで、私たちは、思慮深くて、やりがいのある、支持的（サポーティブ）な教え方で生徒たちを教えるのです。十分な情報が与えられ、説明ができ、生徒を大切に育てる教室実践の原則から離れることなく、原則を振り返り拡張するものとして、成績をつけることを捉えるように気をつけることが、私たちには必要です。

注13：訳者の考えをお知りになりたい方は、pro.workshop@gmail.com までご一報ください。

第**7**章

後ろを振り返り、前を見る

何か価値のあることを成し遂げるのに不可欠な三つの重要なものとは、努力すること、根気強さ、そして常識です。
トーマス・エジソン

　あなたはいつか建てたいと思っている家のためにお金を貯めていると思ってください。あなたが考えてきた家のプランのアイディアについて建築家に話に行きました。そして、その建築家に次のように言われてしまったのです。「うーん、それはなかなかいいですね。でも、私は平屋の家しか設計しないので、それはあなたが考えていたのとは違います」。気分が悪くて医者に行ったと想像してください。しかし医者には次のように言われてしまいました。「あなたが言わんとしていることは十分に理解しました。でも、今日私は一つの症状しか治療する用意ができていないのです。それは、残念ながらあなたの症状ではありません」。一種類の納税申告用紙を埋めることしか知らない税理士、メニューに一品しか載せず、それを決まったやり方でしか出さないレストラン、あるいはツツジしか植えない庭師を想像してください。そして今度は、誰かの子ども（ひょっとしたら、あなたの子どもかもしれません）が教室に入り、教師に次のように言われた（言葉ではなく、行動で）と想像してみてください。「私は一種類の子どもしか教える準備ができていません。そしてそれは、あなたではないのです」。

　効果的に実践されたら、一人ひとりをいかす教え方は教師としてのあなたの幅を広げます。それは、確実に私たちをプロの教師に近づけてくれます[注1]。私た

ちの教室に入ってくるすべての生徒に次のようなメッセージを伝えることを可能にしてくれます。「あなたのままで、ここで学ぶことができますよ」。

　最近、学校での実習を終えたばかりのバージニア大学の大学院生が、私の一人ひとりをいかす教え方のコースを取りました。そのコースの早い時期に一人ひとりをいかす教え方の概念を彼がどのように理解したのかを話してくれました。彼は、一人ひとりをいかす教え方を「生徒を第一」に据えたアプローチで、その中で教師は常識的な判断をし続けます、と言い始めました。そして、彼が考える判断とはどんなものかを説明してくれました。

　まず、教師はすべての生徒を招き入れるクラスの環境づくりに継続的に焦点を当てていなければなりません。そういう環境でこそ、生徒たちは学ぶリスクに向き合うからです。これができなければ、そのあとにすることすべてが弱められてしまいます、と彼は言いました。

　彼が次に言ったのは、教師は自分が教えるカリキュラムを巧妙につくり上げ、そして磨き続けていくということです。それがあってこそはじめて生徒たちは熱中して取り組めることができると同時に、自分の身の回りの世界を理解し、そして必要な行動をとる準備ができるからです。もしカリキュラムをつくり出せなければ、私たちは人間の能力を無駄にしてしまうでしょう注2。

　さらに彼が言ったことは、生徒と教える内容を大切にする教師は、学びがどのように個々の生徒の中で起こっているのかを知りたがります、ということでした。つまり、教師は個々の生徒がどのような状態にあるのかを知るために、形成的評価を頻繁に行います。もしそれをしないと、私たちは目隠しをして教えるようなものです。

　次に彼が結論づけたことは、教師は、形成的評価が明らかにしたことに関する何かをするだろう、ということでした。言い換えると、教師は生徒たちのレディネス、興味関心、好みの学び方等に関心を向ける形で多様な教え方をする

注1：一人ひとりをいかす教え方については、『ようこそ、一人ひとりをいかす教室へ』をご覧ください。
注2：ということは、日本の教科書＝カリキュラムは、教師がカリキュラムを考えて、つくり出すのを放棄させているので、「人間の能力を無駄にしている」ということでしょうか？！　生徒たちが熱中して取り組めるカリキュラムをつくれるのは教師しかおらず、他の誰も（当然、教科書会社も！）それはできません。教師の目の前にいる生徒たちのことを知らないのですから。

のです。それは、個々の生徒が学業面で最大限に成長するために不可欠だからです。これが達成されないと、生徒たちの成功は否定されてしまいます。

　そして彼は最後にこのように言いました。教師は、必要があれば同時に一つ以上のことが順調に、効率的に起こっているクラスを運営することを学ばなければなりません。もしこれが実現できないと、前に紹介した他の四つの要素が使い物にならなくなってしまいます（詳しくは、第1章を、特に図1.1を参照してください）。

　このように一人ひとりをいかす教え方の「常識的な」定義を提供してくれた大学院生が、自分で説明を書き出したのにはわけがあります。彼は自分が一人ひとりをいかす教え方の理解を深めているときに何か大事な要素を抜かしてしまっているのではないかと不安になったからです。そして、一人ひとりをいかす教え方の枠組みをより理解していて、とてもわかりやすい説明もできていたというフィードバックを受け取ったとき、彼は当惑した表情を浮かべました。不機嫌な表情とさえ言えました。そして、こう言ったのです。「これが一人ひとりをいかす教え方のすべてなら、なぜみんなやっていないのですか？」と。

　一人ひとりをいかす教え方の核の部分として彼が理解したアイディアは、とても理にかなっているので、彼はなぜ教育実習をしていたときにもっと頻繁にこの教え方を訪問校で見なかったのか不思議でたまらなかったのです。最終的に、自分の思いを次の最後の質問で終わらせました。「これらの五つの要素の中で、教師が最も重要性を感じないのはどれかな[注3]？」。

　答えを必要としない彼の問いかけに対する正解は、ほとんどの教師はすべての要素は道理にかなっていると思うことでしょう。常識と捉えるかもしれません。しかしながら、これらの常識は、古い習慣や世の中への対応を求められたりすることによって見えなくなっているのです[注4]。アイザック・アシモフは、自

注3：「これも校内研修で使いたい。評価を考えることは指導を考えること。今まで、指導に関わる研修は多かったのですが、この問いかけの方が深く考えることができそうです」という協力者のコメントがありました。

注4：学校の中にある「古い習慣」や外の世界への対応に振り回されていることとして、どんなものが挙げられますか？　ちょっと気をつけて考えてみると、その多さに驚くでしょう！　なお、アシモフのこの小説『アイ・ロボット』は小田麻紀訳（角川文庫、2004年）以外にも、小尾芙佐訳『われはロボット』（ハヤカワ文庫、2004年）、伊藤哲訳『わたしはロボット』（創元推理文庫、1982年）もあります。また、ウィル・スミス主演の映画『アイ、ロボット』（I, Robot）にもなっています。

分の 1950 年の小説『アイ・ロボット』の中で、当たり前のことを見るのが最も難しいと振り返っています。彼は、私たちが見失っているのは自分たちの顔にある鼻と同じくらい明らかだと警告します。あなたは自分の鼻をどれだけ見ることができますか、と彼は思案しました。「誰かが顔の前に鏡を置いてくれないと、見えないでしょう！」。

　本書が、あなたに一人ひとりをいかす教室における評価の常識的な役割を少しでも見えやすくしたことを願っています。あなたの実践のどの部分が最良の評価の仕方と一致していて、どの部分が一致していないのかを、少しでも見えやすくするものとなっていれば幸いです。また、五つの要素が一人ひとりをいかす教室でどのように相互に関連し合って、多様な学習者にとって最適な学習環境を提供するものになるか、あなたがしっかりと理解することも願っています。

　本書は、一人ひとりをいかす教え方の五つの基本的な要素のうちの一つである、評価を使って指導計画に情報を提供すること、に焦点を当てています。表7.1 に、本章で紹介した要点を整理しました。教師の仕事とは、生徒たちの学びをモニターし（自分の出来具合を観察し）続ける必要性を感じ、生徒たちがたどっている多様な学びの旅に意味のある形で対応するために自分の教え方を修正することだと考えるのは、言うまでもない常識です。評価を形成的と言えるのは、教師が評価の結果を自分の教え方をより効果的にするのに使ったときのみです。そうすれば、評価の情報をもたないか、もっていても使わなかったときに比べて、教え方は改善されるのです。診断的評価と形成的評価を効果的に使うには、情報に基づいた仕事の仕方、自分の仕事を継続的に振り返ること、そしてそれを持続することなどが必要です。それは、ジムでやるエクササイズにちょっと似ています。トレーニングをしに 1 〜 2 回行ったところで何も達成できません。

　生徒の成功を支援することは大切なことですが、指導に情報を提供する評価は、一人ひとりをいかす教室を運営する上でそれだけが独立した要素ではありません。形成的評価を効果的に使うことは、明確に示され、熱中でき、そして周到に考えられた学習目標としての知識・理解・スキルなしでは不可能です。そして、その両者が密接に配置されていなければなりません。言い換えると、

表7.1　指導のサイクルを通しての評価のまとめ

	診断的評価	形成的評価	総括的評価	生徒の自己評価
なぜ	・ユニットが始まるにあたっての、学習目標に設定した知識・理解の状況（レディネス）と、生徒の興味関心および学び方の好みを明らかにするため。	・設定された学習目標との関連での生徒の学習ニーズをモニターすること。同時に、生徒の興味関心および好みの学び方で機能している面と、していない面をモニターするため。	・ユニットの鍵となる時期に、設定された学習目標をそれぞれの生徒がどのレベルでマスターしているかを把握するため。	・生徒が自分の努力や成長を関連づけるのを助けるため。 ・生徒が自分の成長とニーズについて考えられるようにするため。 ・自分の学びのサポートになる方法を考える助けにするため。
どのように	・設定された学習目標との関連での生徒の状況を見えるようにするために、様々な形態（フォーマルやインフォーマル）の多様な方法を使う。	・設定された学習目標との関連での生徒の状況を見えるようにするために、様々な形態（フォーマルやインフォーマル）の多様な方法を使う。	・プロセスと成果物の両方を評価するために、様々な形態（選択肢やパフォーマンスなど）の多様な方法を使う。	・ユニットの鍵となる時期に、自分のパフォーマンスに関する振り返りやメタ認知を引き出す。
質	・明確に定義された学習目標（知識・理解・スキル） ・学習目標との一致	・明確に定義された学習目標（知識・理解・スキル） ・（フォーマルな方法が使われた場合は）説明的で詳細なフィードバックが各生徒に提供される。	・質の高い情報に基づいた正確さ、一貫性、公平性。 ・明確に定義された学習目標（知識・理解・スキル） ・間違いのない通知	・生徒は自分をモニターし、プロセスを修正することを含めた振り返りに取り組む。 ・生徒は自分自身の学びにチャレンジする。
使い道	・ユニットが始まるにあたって、一人ひとりをいかす教え方を導く情報を提供する。	・各生徒に対する正確で説明的なフィードバックが提供される。 ・教師と生徒の間で行われる話し合いの情報が提供される。 ・一人ひとりをいかす教え方を計画する情報を生み出す。 ・生徒の学びに関する教師や親に対する説明的な情報を提供する。	・学習サイクルの重要なポイントで、設定された学習目標に対する各生徒の状況を示す。 ・成績のもとになるものを提供する。	・単に正解で間違いかではなく、学びのプロセスに焦点を当てさせる。 ・教師と生徒の間で行われる話し合いの情報が提供される。 ・個別学習を支援する。

強力なカリキュラムなしでは、形成的評価は退屈で、焦点も絞れないものになりがちです。ここでも、常識は明らかです。教えることと学ぶことに情報を提供する評価のパワーは、カリキュラムのパワーに由来し、それが学習者を学びに熱中させ、その教科で重要な概念についての理解と行動に導くのです。繰り返しますが、質の高いカリキュラムを確保するには継続的な努力が必要です。

指導は、形成的評価とカリキュラムの両方に依存しています。効果的な指導はカリキュラムによって形づくられます。平板で表面的なカリキュラムは、平板で表面的な指導しか生み出しません。効果的な指導はまた、「集団」としてではなく、個人としての学習者のためのものです。したがって、効果的な指導は、絶え間ない指導のための評価、あるいは指導をしている最中の評価によってつくり出された情報に支えられなければなりません。それは、クラスの中に存在する多様な生徒たちの成長し続ける学びの軌道が進化し続けるイメージを教師に提供するために、欠かせないものです。

指導のための評価ないし指導をしている最中の評価は、一人ひとりをいかす教え方の強力な触媒です。しかしながら、それらの評価の効果を測定することはとても難しいです。そして、たとえ私たちの教え方が素晴らしいものであったと確信していたとしても、一つの授業ないし一連の授業を受けた生徒たちが学ぶことはとても幅がある、という事実に目を背けるわけにはいきません。その時点で、一人ひとりをいかす教え方は、追加の時間があるときにしか考えることのない「付け足し」ではなくなっています。そうではなく、一人ひとりをいかす教え方は、単に教え方の理にかなった常識的な次の段階と捉えられるようになるのです。[20]

指導計画は、カリキュラムおよび評価と密接に関連しているべきです。評価の内容は、何が本質的な知識の構成要素か、どのスキルが学習の焦点か、そしてどの理解が知識とスキルを引き付ける「磁場」として使うことができるのかという、カリキュラムの特異性によって決定づけられます。こうして、評価の結果は、それらの各要素の生徒の状況を明らかにします。そして最終的に、その結果は教師の具体的な指導方法や、教え方・学び方の順番の選択肢を提供します。例えば、生徒の中には重要な語彙をマスターした者がおり、一方でなじみのない新出語彙に苦労している者たちがいるかもしれません。生徒たちの中

には比較対照をしたり、自分の考えを主張したり、仮説を検証する方法をデザインしたりする者がいる一方で、それらのスキルを身につけられるようにまだ努力している者もいます。生徒の中には、「数学は、自分たちの世界を説明する言葉だ」という思慮深い理解を提供できる者がいる一方で、まだ目の前の具体的な問題の説明しかできない者やまったく何も説明できない者もいます。このような現実が、教師がどんな教え方をしたらいいのかを決める際の判断材料を提供してくれるのです。

　これらの現実は、学級経営を、カリキュラム、評価、指導に結び付けてくれます。日によっては、教師は小グループの生徒たちと会う必要があります。教科で使う用語を事前に教えるために、書く課題のチャレンジのレベルを上げるために、前日教えたスキルを自分のものにできなかった生徒たちに教え直すために。日によっては、生徒たちは段階的活動[注5]に取り組ませたり、一人で、あるいは二人か三人一組で活動したりする選択肢を提供するのが賢明なときもあります。さらに日によっては、生徒たちが多様な紙やデジタルの情報源を使ったり、多様な複雑さのレベルで提供されるこれまでの生徒の作品を見本として示されたりすることによって、学びに好影響を及ぼすことがあります。こうしたすべての事例とその他多数な可能性の中で、柔軟な学級経営は欠かせません。

　そのような中で、個々の学習者を常に前に推し進めるために、教師には二つの役割があります。一つは、教室の中で同時に二つ以上のことが起こっているのを可能にするルーティンとプロセスをつくり出すことです。そして、それは効率的かつ効果的に行われなければなりません。二つ目は、クラスを構成するメンバー全員にとって役立つ学びのコミュニティーをつくり続けることの理解と協力を子どもたちから得ることです。常識が私たちに教えてくれることは、もし子どもたちは学び手としてみんな違うという証拠があるなら（私たちは、その証拠をもっています！）、全員に同じことをさせるようなやり方をしていては、ほとんどの生徒が失敗するということです。

　一人ひとりをいかす教室の学級経営は、教師にオーケストラの指揮者になる

注5：段階的活動は、レディネスに基づいて何段かに分かれた異なる活動の選択肢を提供して取り組むことができる活動で、獲得する知識、理解（概念）、スキルはいずれも同じです。詳細については、『ようこそ、一人ひとりをいかす教室へ』の157～164ページを参照してください。

ことを求めます。もちろん楽譜全般がわかっていて、深い読み込みもできているのですが、同時に、オーケストラの個々のセクションの役割と相互につくり出すダイナミックなものにも注意を向け、オーケストラ全体のパフォーマンスの成功に貢献できるように、個々のセクションがしっかり機能するように必要なガイダンスを提供するのです。簡単に言えば、一人ひとりをいかす教室を運営することは、教師にリーダーとなることを求めます[注6]。それは、独裁者や新兵訓練係の軍曹となることではありません。効果的な学びをつくり出すという共有された目標に向かってチームないしコミュニティーをつくることを教師に求めます。また、生徒たちに対しては、そのチームに適切に貢献できるようになるために必要なスキルやプロセスを教えることも求めます[注7]。

　一人ひとりをいかす教室を運営する最後の要素は、諸要素の中で最も強力な学習環境です。真の学びにはもがきが必要です。そして、ある種のもがきは、これから先に次のようなことが起こるかもしれないという思いに、私たちを直面させます。自分は失敗するかもしれない。バカか、無能か、できないと思われるかもしれない。自分の周りの世界を理解し、支配するという人間的な特性を最も特徴づけることを満たせないかもしれない。仲間は私をからかうかもしれない。どんな年齢の学習者にとっても最も影響力のある教師が私のことをよく思わないか、私が提供できるもの以上を期待しているかもしれない。すべての生徒を招き入れ、学びのプロセスを刺激するクラスの環境をつくり出すことは、教師にリーダーとなることを求めます。ここで、リーダーはチャレンジすることとサポートすることとのバランスをうまくとります。学び手と学ぶことの両方を大切にします。また若さのもろさと傷つきやすさもよく理解しており、したがって「学びに伴うリスクから学習者を守る港」を提供します[注8]。この点に

注6：教師を含めて、あらゆる組織のリーダーに求められる資質やスキルや態度等についてわかりやすく書いてある『校長先生という仕事』を参考にしてください。また、いい学校のつくり方が書いてある『いい学校の選び方』にも、いいリーダーのあり方についてのセクションがあります。しかし、オーケストラの指揮者という役割を演じられるようにするために一番参考になるのは『「学びの責任」は誰にあるのか』と『効果10倍の教える技術』（特に、第5章）です。

注7：具体的な項目としてどのようなものがあるかは、「作家の時間、WW の思わぬおまけ」を検索することで見られます。

注8：筆者は、どのように学べばいいか迷ったときに立ち寄る「港」を提供することをイメージしているようです。そうすると、「学び」は航海のようなもの、という比喩が使われていることになります。

第7章　後ろを振り返り、前を見る　211

ついてヴァン・マーネンがうまく表現してくれています。

　指導するとは先に行くという意味です。先に行くということは、私を信じてく
れていいのです。なぜなら、私は氷を試し済みだからです。私は生きているのです。
大人になることのいい点と悪い点の両方を知っています。大人として成長するこ
と、つまり自分のために一つの世界をつくることの証だけでなく、その意味につ
いてもわかっています。先に行くことは、（世界にはリスクと危険が伴うので）成
功することは保証しませんが、教えること・学ぶことに関しては、本質的なレベ
ルでの保証をします。たとえ何が起ころうと、私はここにいます。信じてくれて
いいのです。◆58

　教師が生徒の信頼を勝ち取るだけでなく、互いに信頼できるようになること
を教えれば、ほとんどなんでも可能になります。教室のすべてのことは、見せ
かけではなくて、本気で考えられるようにデザインされているのです。
　多くの教師にとって、一人ひとりをいかす教え方の五つの原則（とそれらが
もたらしてくれるパワフルな教え方）に基づいて計画したり、考えたり、その
重要性を受け入れたりすることは大変なことのように思えます。それにもかか
わらず、それらの原則の常識を語ってくれた大学院生は抵抗し難い説明をして
くれました（204 〜 205 ページ）。価値があり、それゆえ複雑にならざるをえない、
あらゆる考えの場合と同じように、大切なことは、その考えを受け入れ、試し、
そして経験から学ぶことではないでしょうか。
　本書は、教え方のための評価と教え方としての評価をよく考えて実践するこ
とが一人ひとりをいかす教え方を始めるとてもいいスタート地点だと論じまし
た。ローナ・アールは私たちに「生徒たちを学習者として、そして人としてよ
く知ることが一人ひとりをいかす教え方の鍵だ」と思い出させてくれます。◆20 彼
女は、一人ひとりをいかす教え方は一人ひとりの生徒に異なる指導案を準備す
ることでも、教師が悩まなくてもいいように生徒の違いを減らすための能力別
のグループに分けることでもないことを説明してくれています。そうではなく

注9：長年の経験から、張っている氷の厚さなどをしっかり把握しており、割れないで向こう岸まで
　渡れることが約束されている、という意味かと思います。

て、一人ひとりをいかす教え方は、生徒一人ひとりはユニークな個人であるという現実を認識して受け入れ、個々の生徒について明らかにできたことを使って、子どもたちの学びを最大限にするための指導を計画することだと、彼女は言います。「生徒についての詳しい知識をもつと同時に、生徒たちが何を学ぶべきかはっきりした考えを教師がもっていたら、一人ひとりをいかす教え方はいつでも生み出せるのです」[20]。まったくその通りです。そして、教えることと学ぶことに大切な情報を提供する評価の実践に、ともに取り組んでいきましょう。

文　献

1. Airasian, P. (1997). *Classroom assessment* (3rd ed.). New York: McGraw-Hill. （引用は、p.261）
2. Allen, J., Gregory, A., Mikami, J., Hamre, B., & Pianta, R. (2012). *Predicting adolescent achievement with the CLASS-S observation tool*. A CASTL Research Brief. Charlottesville, VA: University of Virginia, Curry School of Education.
3. Asimov, I. (1950). *I, robot*. New York: Bantam Dell.
4. Ausubel, D. (1968). *Educational psychology: A cognitive view*. New York: Holt, Rinehart, &Winston.
5. Berger, R. (2003). *An ethic of excellence: Building a culture of craftsmanship with students*. Portsmouth, NH: Heinemann.
6. Black, P., & Wiliam, D. (1998). Inside the black box: Raising standards through formative assessment. *Phi Delta Kappan, 80*, 139–144, 146–148. （引用は、p.143、p.142）
7. Black, P., & Wiliam, D. (2009). Developing the theory of formative assessment. *Educational Assessment, Evaluation, and Accountability, 21*(1), 5–31. （引用は、p.140）
8. Brookhart, S. (2004). *Grading*. Upper Saddle River, NJ: Merrill/Prentice Hall.
9. Brookhart, S. (2012). Preventing feedback fizzle. *Educational Leadership, 70*(1), 25–29.
10. Brookhart, S. (2013). Grading. In J. H. McMillan (Ed.), *SAGE handbook of research on classroom assessment* (pp. 257–272). Los Angeles: SAGE.
11. Brown, A. (1994). The advancement of learning. *Educational Researcher, 23*, 4–12. （引用は、p.9）
12. Chappius, J. (2012). How am I doing? *Educational Leadership, 70*(1), 36–41.
13. Chappius, J., Stiggins, R., Chappius, S., & Arter, J. (2012). *Assessment for learning: Doing it right, using it well (2nd ed.)*. Upper Saddle River, NJ: Pearson. （引用は、p.87）
14. Clements, A. (2004). *The report card*. New York: Simon & Schuster. 　小学校教師を経て、児童文学作家になる。読み・書き関連をテーマにした本が多いが、引用されている文章は『ユーウツなつうしんぼ』アンドリュー・クレメンツ著、田中奈津子訳、講談社、2005年に含まれている。
15. Coffield, F., Moseley, D., Hall, E., & Ecclestone, K. (2004). *Should we be using learning styles? What research has to say to practice*. London: Learning and Skills Research Centre.
16. Costa, A., & Kallick, B. (2008). *Learning and leading with habits of mind: 16 essential characteristics for success*. Alexandria, VA: ASCD.
17. Courey, A., Balogh, J., Siker, J., & Paik, J. (2012). Academic music: Music instruction to engage third grade students in learning basic fraction concepts. *Educational Studies in Mathematics*. DOI

10.1007/510649-012-9395-9.

18 Dressel, P. (1983). Grades: One more tilt at the windmill. In A. Chickering (Ed.), *Bulletin*. Memphis: Memphis State University, Center for the Study of Higher Education.

19 Dweck, C. (2008). *Mindset: The new psychology of success*. New York: Ballantine.

20 Earl, L. (2003). *Assessment as learning: Using classroom assessment to maximize student learning*. Thousand Oaks, CA: Corwin. （引用は、p.87）

21 Eliot, L. (2009). *Pink brain, blue brain: How small differences grow into troublesome gaps and what we can do about it*. New York: Houghton Mifflin Harcourt.

22 Ginott, H. (1972). *Teacher and child: A book for parents and teachers*. New York: Macmillan.

23 Gurian, M. (2001). *Boys and girls learn differently: A guide for teachers and parents*. San Francisco: Jossey-Bass.

24 Guskey, T. (1996). *Communicating student learning: The ASCD yearbook, 1996*. Alexandria, VA: ASCD.

25 Guskey, T. (2006). Making high school grades meaningful. *Phi Delta Kappan, 87*, 670–675.

26 Hansberry, L. (1958). *A raisin in the sun*. New York: Random House.

27 Hattie, J. (2009). *Visible learning: A synthesis of over 800 meta-analyses relating to achievement*. New York: Routledge. （引用は、p.159、p.239）邦訳は、『教育の効果：メタ分析による学力に影響を与える要因の効果の可視化』ジョン・ハッティ著、山森光陽監訳、図書文化社、2018 年

28 Hattie, J. (2012a). *Know thy impact. Educational Leadership, 70*(1), 18–23. （引用は、p.137）

29 Hattie, J. (2012b). *Visible learning for teachers: Maximizing impact on learning*. New York: Routledge. （引用は、p.98、p.110、p.145）邦訳は、『学習に何が最も効果的か：メタ分析による学習の可視化』ジョン・ハッティ著、原田信之他訳、あいり出版、2017 年

30 Hess, K. (2010, December). *Learning progressions frameworks designed for the Common Core State Standards in Mathematics, K–12*. Dover, NH: National Center for the Improvement of Educational Assessment (NCIEA).

31 Hess, K. (2011, December). *Learning progressions frameworks designed for use with the Common Core State Standards in English Language Arts & Literacy K–12*. Dover, NH: National Center for the Improvement of Educational Assessment (NCIEA).

32 LePage, P., Darling-Hammond, L., & Akar, H. (2005). Classroom management. In L. Darling-Hammond & J. Bransford (Eds.), *Preparing teachers for a changing world: What teachers should learn and be able to do* (pp. 327–357). San Francisco: Jossey-Bass.

33 Lisle, A. M. (2006). *Cognitive neuroscience in education: Mapping neuro-cognitive processes and structures to learning styles, can it be done?* Retrieved from http://www.leeds.ac.uk/educol/documents/157290.htm.

34 Marzano, R. (2010). *Formative assessment and standards-based grading*. Bloomington, IN: Marzano Research Laboratory. （引用は、p.17）

35 Moon, T., Callahan, C., Brighton, C., & Tomlinson, C. A. (2002). *Development of differentiated*

performance tasks for middle school classrooms. (RM 02160). Storrs, CT: University of Connecticut, NRC/GT.

36 National Research Council. (2000). *How people learn: Brain, mind, experience, and school.* Washington, DC: National Academy Press. 邦訳は、『授業を変える：認知心理学のさらなる挑戦』米国学術研究推進会議編著、21世紀の認知心理学を創る会訳、北大路書房、2002年

37 National Research Council. (2001). *Knowing what students know: The science and design of educational assessment.* Washington, DC: National Academy Press.

38 O'Connor, K. (2011). *A repair kit for grading: 15 fixes for broken grades* (2nd ed.). Boston: Pearson. （引用は、pp.xi-xii、p.7、p.95）

39 Pashler, H., McDaniel, M., Rohrer, D., & Bjork, R. (2008). Learning styles: Concepts and evidence. *Psychological Science in the Public Interest, 9*(3), 106–119.

40 Perricone, J. (2005). *Zen and the art of public school teaching.* Frederick, MD: Publish America. （引用は、p.68）

41 Popham, J. (2007). The lowdown on learning progressions. *Educational Leadership, 64*(7), 83–84. （引用は、p.26、p.83）

42 Salomone, R. (2003). *Same, different, equal: Re-thinking single-sex schooling.* New Haven, CT: Yale University Press.

43 Schlechty, P. (1997). *Inventing better schools: An action plan for educational reform.* San Francisco: Jossey-Bass.

44 Skinner, E., Furrer, C., Marchand, G., & Kindermann, T. (2008). Engagement and disaffection in the classroom: Part of a larger motivational dynamic? *Journal of Educational Psychology, 100,* 765–781.

45 Sousa, D. A., & Tomlinson, C. A. (2011). *Differentiation and the brain: How neuroscience supports the learner-friendly classroom.* Bloomington, IN: Solution Tree Press.

46 Sparks, S. (2012, September 26). Studies probe power of "personalizing" algebra. *Education Week.* Retrieved from http://edweek.org/ew/articles/2012/09/26/05personalize_ep.h32.html?print=1

47 State Collaborative on Assessment and Student Standards. (2008). *Attributes of effective formative assessment.* Washington, DC: Council of Chief State School Officers. （引用は、p.3）

48 Sternberg, R., Torff, B., & Grigorenko, E. (1998). Teaching triarchically improves student achievement. *Journal of Educational Psychology, 90,* 374–384.

49 Stiggins, R. (2001). *Student-involved classroom assessment* (3rd ed.). Upper Saddle River, NJ: Pearson. （引用は、p.441）

50 Stiggins, R. (2006). Making high school grades meaningful. *Phi Delta Kappan, 87,* 670–675.

51 Storti, C. (1999). *Figuring foreigners out: A practical guide.* Yarmouth, ME: Intercultural Press.

52 Tannen, D. (1990). *You just don't understand: Men and women in conversation.* New York: Ballantine.

53 Tomlinson, C. A. (2003). *Fulfilling the promise of the differentiated classroom: Strategies and tools for responsive teaching*. Alexandria, VA: ASCD.

54 Tomlinson, C. A., & Imbeau, M. (2013). Differentiated instruction: An integration of theory and practice. In B. Irby, G. Brown, R. Lara-Aiecio, & S. Jackson (Eds.), *Handbook of educational theories* (pp. 1081–1101). Charlotte, NC: Information Age Publishing.

55 Tomlinson, C. A., & McTighe, J. (2006). *Integrating differentiated instruction and Understanding by Design: Connecting content and kids*. Alexandria, VA: ASCD.

56 Tomlinson, C. A., & Moon, T. (2013). Differentiation and classroom assessment. In J. H. Mc-Millan (Ed.), *SAGE handbook of research on classroom assessment* (pp. 415–430). Los Angeles: SAGE.

57 Trumbull, E., Rothstein-Fish, C., Greenfield, P., & Quiroz, B. (2001). *Bridging cultures between home and school: A quick guide for teachers*. Mahwah, NJ: Lawrence Erlbaum.

58 Van Manen, M. (1991). *The tact of teaching: Toward a pedagogy of thoughtfulness*. Albany, NY: State University of New York.〔引用は、p.38〕

59 Vygotsky, L. S. (1978). *Mind in society: The development of higher psychological processes*. Cambridge, MA: Harvard University Press.

60 Wiggins, G. (1993). *Assessing student performance*. San Francisco: Jossey-Bass.〔引用は、p.18〕

61 Wiggins, G. (1998). *Educative assessment: Designing assessments to inform and improve student performance*. San Francisco, CA: Jossey-Bass.〔引用は、p.248、p.12〕

62 Wiggins, G., & McTighe, J. (2008, May). Put understanding first. *Educational Leadership, 65*(8), 36–41.

63 Wiggins, G. (2012). 7 keys to effective feedback. *Educational Leadership, 70*(1), 11–16.

64 Wiggins, G., & McTighe, J. (1998). *Understanding by Design*. Alexandria, VA: ASCD. 邦訳は、『理解をもたらすカリキュラム設計』グラント・ウィギンズ、ジェイ・マクタイ著、西岡加名恵訳、日本標準、2012 年

65 Wiliam, D. (2011). *Embedded formative assessment*. Indianapolis, IN: Solution Tree.〔引用は、p.3〕

66 Wiliam, D. (2012). Feedback: Part of a system. *Educational Leadership, 70*(1), 31–34.

67 Willis, J. (2006). *Research-based strategies to ignite student learning: Insights from a neurologist and classroom teacher*. Alexandria, VA: ASCD.

68 Willis, J. (2007). *Brain-friendly strategies for the inclusion classroom*. Alexandria, VA: ASCD.

69 Yeh, S. (2011). *The cost-effectiveness of 22 approaches for raising student achievement*. Charlotte, NC: Information Age.

●注で紹介した日本語の教育関連文献

『イン・ザ・ミドル　ナンシー・アトウェルの教室』ナンシー・アトウェル著、小坂敦子他訳、三省堂、2018 年

『マルチ能力が育む子どもの生きる力』トーマス・アームストロング著、吉田新一郎訳、小学館、2002 年

『ジグソー法ってなに？』エリオット・アロンソン他著、昭和女子大学教育研究会訳、丸善プラネット、2016 年

『「考える力」はこうしてつける・増補版』ジェニ・ウィルソン他著、吉田新一郎訳、新評論、2018 年

『遊びが学びに欠かせないわけ』ピーター・グレイ著、吉田新一郎訳、築地書館、2018 年

『成績をハックする　評価を学びにいかす 10 の方法』スター・サックシュタイン著、高瀬裕人他訳、新評論、2018 年

『言葉を選ぶ、授業が変わる！』ピーター・ジョンストン著、長田友紀他訳、ミネルヴァ書房、2018 年

『PBL　学びの可能性をひらく授業づくり』L.トープ他著、伊藤通子他訳、北大路書房、2017 年

『ようこそ、一人ひとりをいかす教室』キャロル・トムリンソン著、山崎敬人他訳、北大路書房、2017 年

『「学びの責任」は誰にあるのか』ダグラス・フィッシャー他著、吉田新一郎訳、新評論、2017 年

『読書家の時間』プロジェクト・ワークショップ編著、新評論、2014 年

『作家の時間・増補版』プロジェクト・ワークショップ編著、新評論、2018 年

『一般システム理論』L.フォン・ベルタランフィ著、長野 敬他訳、みすず書房、1973 年

『教師　その役割の多面性』E.V.ピュリアス・J.D.ヤング著、都留春夫訳、文教書院、1970 年

『いい学校の選び方』吉田新一郎著、中公新書、2004 年

『校長先生という仕事』吉田新一郎著、平凡社新書、2005 年

『効果 10 倍の教える技術』吉田新一郎著、PHP 新書、2006 年

『テストだけでは測れない！』吉田新一郎著、NHK 生活人新書、2006 年

『「読む力」はこうしてつける・増補版』吉田新一郎著、新評論、2017 年

『たった一つを変えるだけ』ダン・ロススタイン他著、吉田新一郎訳、新評論、2015 年

索引

あ
RAFT 課題による作文　19
ICT の活用　16
あしばかけ　12
アンケート調査　34
安心で支持的な学習環境　vii

い
いい教え方（effective teaching）　26
いい教室（effective classroom）　26
いい教室の特徴　26
一貫性　183
五つの教室要素　56
意味のあるもの　184
入口チケット　38, 52, 53, 105
インタビュー　60, 61, 103
インフォーマル　33
インフォーマルな診断的評価　46, 47, 60
インフォーマルな会話や観察　59

う
ウェートづけ　191

え
絵を描く　39
演奏　94

お
大きなかたまり　54
オーケストラの指揮者　209
教え・学ぶプロセス　89, 99
教える－実践する－フィードバックするのサイクル　94
教える－学ぶ－評価し成績をつける　189
音楽　71

か
階層的　55
階層的な診断的評価　56
ガイダンス　210
概念　52
概念図　52, 60
会話　103
科学的思考　133
科学的な探究のプロセス　52
鍵となる問い　77, 108, 120, 127
学習環境　2, 7, 21, 44
学習サイクル　57, 118, 136
学習スタイル　18, 68
学習センター　17
学習ニーズ　130
学習に関する発達的な見方　111
学習の効率　70
学習の状況　115
学習のための評価　101
学習の動機づけ　70
学習のパートナー　89
学習のプロセス　ix, 116
学習のユニット　33
学習のリスク　21
学習の履歴　18
学習のループ　42
学習プロセス　118
学習へのアプローチ　7, 20, 68
学習目標　142
学習履歴　22, 116
学習履歴の評価　69
学習をサポートする　184
書くプロセス　54
学力達成度　175
学力テスト　145
課題シート　166
学級規模　92
学級経営　2, 7, 23, 44

学校ごっこ　　iii
カバー　　8, 37
カリキュラム　　2, 7, 8, 110, 204
カリキュラム・コンパクティング　　17
カリキュラムの三つの特徴　　8
考える習慣や作業（Process）　　146
観察　　33, 60, 103
感情　　21
カンニング　　190
「管理」に抗う　　23

き

機会　　6
基礎練習　　95
教育的評価　　91
教育内容　　32
教室での天候　　5
教室での評価　　30
教室に根ざした評価　　32
教室ルーティン　　14, 43
教師と生徒との感情的なつながり　　5
教室のコミュニティー意識　　118
教師の偏見　　177, 192
教師の明確さ　　92
共通基礎スタンダード　　x
協働　　181
興味関心　　1, 7, 16, 116, 119, 128
興味関心センター　　19
興味関心の調査　　61
興味関心のもち方　　115

く

クイズ形式の質問　　52
クラス運営　　205
クラスに存在する多様なニーズ　　173
クラスの環境づくり　　204
クリティカル・シンキング　　156
クリティカルで創造的な思考スキル　　107
クリティカルな思考　　47, 156
クリティカルな思考者　　21
クリティカルな分析者　　62
グループづくり　　20
ぐるっと一巡　　105

け

形成的なフィードバック　　178
形成的評価　　xiii, 31, 87, 89, 204, 207
形成的評価における生徒の役割　　99
形成的評価の効果　　91
形成的評価の中心目標　　93
形成的評価のデータ　　93
形成的評価の特徴と影響　　90
形成的評価の目的　　117
継続的　　206, 208
継続的な評価　　90
契約　　17, 114, 130
KWL チャート　　59

こ

効果的な成績の原則　　183
効果的な評価法　　188
効果的なフィードバック　　96
コーチ　　134
コーチング　　6, 89
コーナーの活動　　81
誤解　　50
国語　　71, 150, 201
九つの原則　　184
誤差　　177, 192, 195
個人の目標　　16
コネクター（接続）役　　90
好みの学び方　　18
コミュニケーション　　29
コミュニティー　　14, 23, 89, 102, 181, 210
コミュニティー中心　　26
コメント　　34

さ

採点　　93
採点システム　　150
採点をする　　176
最頻値　　191
逆さまデザイン　　140, 178
誘い　　5, 6
サポート　　72
算数　　65, 71, 77, 140, 144
3－2－1カード　　105

し

地固めの活動　19, 53
ジグソー　19
試験　133, 135
思考の習慣　195
思考や取り組み方の習慣　195
思考様式　101
自己修正　91, 102
自己申告　60
自己評価　58, 89, 91, 102, 207
質的な評価　89
質の高いカリキュラム　44
質問の順序　54
指導　7, 14
指導－学習－評価のサイクル　176
指導計画　31, 208
指導した結果の評価（assessment of instruction）　35
指導としての評価（assessment as instruction）　35
指導としての評価　137
指導と評価のサイクル　99
指導についての評価　137
指導のサイクル　74
指導の質　92
指導のための評価（assessment for instruction）　35, 137
指導の流れ　41, 51, 104, 111, 113, 114, 115, 118, 130, 131
磁場　208
ジャーナル　vii, 19, 38, 53, 55, 60, 61, 90, 103
社会科　63, 150
自由研究　17
習熟度別グループ編成　92
柔軟性のあるグループづくり　72
柔軟な時間設定　16
柔軟な秩序　25
十分な評価　26
授業と学習の流れ断ち切る　vii
宿題　92, 104, 106, 114, 127
宿題チェック　34
小グループ　25, 86, 114, 129
小グループ指導　16

常識は見えにくい　205
小テスト　34, 61, 103, 106, 200
小論文　137
自立した学び手　99
自立した学びのツール　100
信条　5
診断的なプロセス　13
診断的評価　xiii, 33, 52, 207
診断的評価の計画を立てるときの問い　74
診断的評価の目標　62
診断的評価の要素と目的　74
信念　5
真の点数　177
進歩（Progress）　146
辛抱強い　11
信頼性　139, 177, 192, 195
神話のユニット　63

す

数学　49, 201
スキル　52, 107
図形のユニット　51
スタンダード　x
ストーリー　48

せ

正解当てっこゲーム　184
正確　183
成果物　3, 21, 22, 57, 95, 104, 114, 134, 137, 139, 146, 148, 149, 150, 163, 170, 186, 188, 190, 194, 195, 200, 207
成功の文化　102
成績　viii, xiii, 56, 95, 174
成績の数学的な不透明性　190
成績の目的　175
成績や通知表は嫌悪　iv
成長（progress）　194
成長マインドセット　5, 15, 24, 25, 42, 57, 102, 118, 181, 184, 185, 186, 187, 189, 190, 192, 193, 194, 195, 197, 199
生徒がつくり出したもの　104
生徒自身による評価　61

生徒中心　26
生徒に対する教師の対応　5
生徒の学習履歴　68
生徒の興味関心　65
生徒の信頼を勝ち取る　211
生徒の強みと弱み　83
生徒のニーズ　143
生徒のパフォーマンス　175
生徒を第一　204
生物　133
責任　197
責任をもつ　7
絶対評価　186
ゼロ　190
センター　114, 127
専門家グループ　66

そ
総括的評価　xi, 33, 136, 207
総括的評価の形態　137
総括的評価の特徴　135, 136
総括的評価の目的　149
相対評価　186

た
体系的な観察　61
対称や非対称の概念　49
代数　63
態度　192
互いに信頼　211
多肢選択式のテスト　191
多重知能理論　68
妥当性　139, 177, 192, 195
多様な教え方　204
多様な習熟度　50
多様なニーズ　14
多様な学び方のアプローチ　76
段階的学習課題　130
段階的指導　17
段階的な課題　128

ち
チーム　181, 210
チェックリスト　126

知識　52, 106
知識中心　26
知識・理解・スキル　106
地図　63
チャレンジ　149
チャレンジのある問題　144
中央値　191
直接的指導　86

つ
通知表　v, 173, 174
強み　64
強みや弱み　90

て
停滞マインドセット　5
テーマに関して素早く書く　34
出口チケット　34, 38, 52, 105
デザイン　24
テスト　x, 146
テストづくりの方法　iv
テストの信頼性　178
テストの長さ　iv
テストは点数をとるゲーム　iv
手の合図　34
手を使ったサイン　46

と
投資　5
統制（コントロール）　23
到達度　146
到達目標　x, 109, 117, 119
特別な学習ニーズ　147
特別なニーズ　172
隣に座る　31
取り組みがいのある課題　20
努力　195
ドリル学習　95

な
内容　21
内容に関する知識・理解・スキル　100
内容面の目標　149, 150

に

ニーズ　64, 89, 90
二面的　24
入試　145

ね

粘り強さ　6

の

能力のレベル　81

は

バスケットボール　94
パターンを見いだす　40, 64
発達の最近接領域　111
パフォーマンス　31, 95, 134, 194, 195
パフォーマンス課題　86, 128, 129, 137, 142
パフォーマンス作品　130
パフォーマンスのレベル　196
パフォーマンス評価　82, 85, 129, 130, 137, 142, 150, 191
パフォーマンス評価シート　162
パフォーマンス評価の原則　148
反応カード　59, 103
反応集計システム　58

ひ

筆記式の事前テスト　60
筆記試験　137
必要悪　vii
一つの「小さな」変化　89
一人ひとりをいかす（Differentiation）　iv
一人ひとりをいかす教え方　1, 69
評価　vii, viii, ix, 2, 7, 13, 90
評価基準　115, 130, 147
評価規準　103
評価-指導サイクル　100
評価情報　106
評価に対する否定的な感情　iii
評価の基準　154
評価の原則　xi
評価のサイクル　iv, 184
評価の状況　38

評価のための計画　36

評価のデザイン　144
評価のプロセス　116, 150
表現の仕方　115
氷山　15
標準化されたテスト　73, 116
標準的なテスト　31

ふ

フィードバック　v, viii, 1, 32, 36, 42, 55, 57, 72, 87, 88, 89, 91, 93, 94, 95, 96, 97, 98, 99, 101, 103, 106, 118, 126, 127, 130, 135, 146, 165, 168, 169, 176, 179, 181, 183, 194, 197, 205, 207
フォーマル　33
不透明な成績　189
フライヤー・ダイアグラム　34, 61, 62, 103
振り返り　6
プレゼンテーション　151, 165
プロジェクト　135, 137, 150, 153, 200
プロセス（process）　54, 91, 194, 195
プロセスの理解度　55
プロの教師　203
文学　65
分数　39

へ

偏見　195
ベンチマーク　x

ほ

方法　21
ポートフォリオ　137
没頭　11
本質的な問い　xiii
「本当」にある問題解決　149
本物の試合　95
本物の評価　19, 95

ま

マインドセット　3
学び方についての知識・理解・スキル　100

学び方の好み　1
学びとしての評価　90，137
学びの入り口　48，83，114
学びのコミュニティー　185，209
学びのための評価　90，137
学んだ結果の評価　136，137
満足感　11

み
見える化シート　3，59，60，105，123，124，
　　　　125，126，138
見せながら説明する　61，103
三つの能力　18
三つのＰ　145，193，195
三つのＰの成績　193
見通し度チェック　58，105
ミニ・レッスン　128，129，130

む
夢中で取り組む　10

め
メタ認知　99，107
メディア・スペシャリスト　148
メモ　34，38

も
もがき　210
目標の明確化　106
目標の明確さ　8
モデル　101
モニタリング　110
問題セット　60

ゆ
豊かな高みを設定して教える　12，44
ユニット　iv
指の本数　59
指の本数による反応　103

よ
幼稚園　49，57
予想・観察・説明法　105
予備知識　62

予備的知識　50
よりよい学び手　14

ら
羅針盤　13

り
リーダー　210
理科　38，53，54，63，65，150，163，200
理解　107
理解と実践のためのパートナーシップ　42
理解のはしご　111
理解への焦点化　10
リスク　210
リハーサル効果　101

る
ルーティン　14，15，23，24，25，43，44，
　　　　57，64，103，209
ルーブリック　85，88，130，139，154，155，
　　　　170，179，195

れ
レディネス　1，7，15，53，113，116，129，
　　　　130
レディネス・レベル　119
レディネスの診断的評価　50
レベルの違い　172
レポート　135
練習－フィードバック－本番のループ　95

ろ
論理的思考　146

訳者あとがき

　2018年の3月に高等学校の次期学習指導要領が告示され、「主体的・対話的で深い学び（アクティブ・ラーニング）」を目指す、幼稚園から高等学校までの次期学習指導要領が出揃ったことになります。しかし、学習指導要領はカリキュラムや指導法を考えるための指導事項を提示したものにすぎません。「主体的・対話的で深い学び」は、学習者の学びのプロセスを「見取る」ことと、それを学習者にフィードバックする方法を工夫しながら形成されるものです。

　そうなると、学びを生み出すカリキュラムや指導法だけでなく、評価の考え方がとても重要になってきます。自分のしたことを評価するためには、そもそも自分がなぜそれをしようとしたのか、それがどれぐらいできたのかを振り返る必要があります。そうしたことを自らできるようになるためには、教師や友人という他者がサポートして、その人がなぜそれをしようとしたのかを気づかせ、そのうえで、どれぐらいできたのかを見極め、その人自身の自己評価を深めていかなくてはなりません。評価という営みをそのように考えると、これは、その人を深く理解するための営みだということになるでしょう。誰かがこしらえた外部の基準によって判断したり、平均点のような基準との偏差に基づいたりするものではないということになります。

　本書『一人ひとりをいかす評価』には「教師と生徒は、人を分類することが誤った判断であり、そもそもその分類された人々の可能性を狭めてしまうことを理解しなくてはなりません」（18ページ）という考えが示されています。人を分類することで評価することが「誤った判断」であること、そして、評価は「人々の可能性」を広げるためのものであって、狭めるためのものではないということ、これが本書の著者たちの「評価」観の根底にある思想です。

　本書の訳稿をつくる過程で、共訳者と何度も（協力者とも）やり取りしながら、自分自身が（私も、大学という現場で教育活動に携わっています）、学習者をどのように「評価」しているのかということを、いく度も振り返りました。第3章から第5章にかけて詳しく考察がなされている「診断的評価」「形成的評価」「総括的評価」を自分がどのように行っているかということも考えてみました。

もちろん、期末試験で点数をつけたり、レポートを五段階の基準（秀・優・良・可・不可）で成績をつけたりしています。これは、本書で言う「総括的評価」の一部でしかありません。

　しかし、卒業論文の指導になると、点数や五段階の基準（もちろん、最終的にはそのような成績を出さなくてはなりませんが）で成績をつけるだけではすまされません。論文を書いてもらわなければなりませんから、何をテーマにするのか、どのような材料（資料）を集めるのかということを学生とやり取りすることからはじめて（診断的評価）、どのように構想をつくるのかを相談し、学習者が考察してつくった文章を読み、フィードバックをしていきます（継続的なフィードバックの繰り返しですから「形成的評価」の過程を踏むことになります）。

　私の場合、本書の第３章から第５章に書かれているような丁寧な指導と評価にはとうていなっていないと、訳稿をつくりながら、いく度思ったかわかりません。第３章から第５章にかけての内容は「一人ひとりをいかす」ことを意識しなくても読むことができます。が、著者たちの言うことを踏まえて実践していけばそれが「一人ひとりをいかす」になっていかざるをえません。教科書を指定した講義のような一斉に何かの知識を伝えるような形態の授業を基準に考えると、著者たちの述べていることをどのように取り入れていけばいいか戸惑うところも少なくないのですが、じっくりと一人ひとりのよさを見極めていかしていこうとしたときや、一人ひとりの「違い」をいかした授業を行ったときに自分が何をやっていたかを思い返すと、納得することのできるところがたくさんありました。

　そのような指導を行うなかで、いつも考えているのは、その学習者（学生）がほんとうは何を求めて書こうとしているのかということです。ほんとうにやりたいことは何かということです。そういうことを目指していながら、きちんと自分で調べて、調べたことをしっかりと理解しているのか、ということです。わかったことをもとにして、自分のやりたいことを説得力のある形で、私や他の学生に伝わる言葉で書くことができているか、ということです。

　そういう私がとても強いインパクトを受けたのは、本書の177ページにある「誤差」（「点数」と「テーマについて生徒が本当に知っていること、理解して

いること、できること」との間の違い）についての考察でした。著者たちは「効果的な指導の目標」はこの「誤差」をなくそうと努力することであると言いながら、一方で、努力しても「誤差」は残ることも理解しなければならないと言います。このことは、「理解」を伴う行為のすべてに当てはまることです。人生において、一つの考え方で完全ということはありえないという考えを読み取ることができます。「誤差」を解消することはできないけれども、多様な見方を採用し、同僚と協力して合意を形成することで、それをなくす努力はすることができる、という大切な考えをそこに見ることができるのです。

　そして「効果的な指導は、絶え間ない指導のための評価、あるいは指導をしている最中の評価によってつくり出された情報に支えられなければなりません」（208ページ）と書かれています。考えてみれば、上に書いた学生への私の論文指導で常に大切なのは「評価によってつくり出された情報」です。その「情報」がなければ、学習者（学生）との関係を築くことはできませんし、学生の示した文章に共感したり、改善策を示したりすることはできません。何をやろうとしたかということを理解しなければ、これからどうすればいいかということを一緒に考えることはできないのです。

　第7章の最後で著者たちは「学びに伴うリスクから学習者を守る港」としての教師像を描いています。210ページの注でも触れたように、「学び」という航海の途中で、どのように学べばいいか迷ったときに立ち寄る「港」という比喩です。この「港」は学習者にとっての母港であり、また迷ったときに目印になる灯台も備えていることでしょう。そして補給物資や燃料や新たな海図も得られるような存在です。この比喩は、「評価によってつくり出された情報」に支えられながら生徒に向き合う教師の姿を端的に表現しています。

　「一人ひとりをいかす評価」は、学びに関わる人同士が学びのプロセスと成果を共有し、やり取りしながら、学びという航海の道標となって、これから進むべき海路を案内する営みなのです。それは簡単なことではないでしょうけれども、自立した学び手を育てる大きなやりがいのある仕事です。

　本書は、Carol Ann Tomlinson & Tonya R. Moon (2013). *Assessment and Student Success in a Differentiated Classroom*. Alexandria. Virginia, USA: ASCD

訳者あとがき　227

を訳出したものです。2017 年に刊行した『ようこそ、一人ひとりをいかす教室へ―「違い」を力に変える学び方・教え方―』（C. A. トムリンソン著／山崎敬人・山元隆春・吉田新一郎訳、北大路書房）は、Carol Ann Tomlinson (2014). *The Differentiated Classroom: Responding to the Needs of All Learners* (2nd.). Alexandria, Virginia, USA: ASCD を訳出したものでした。その原著初版は 1999 年であり、本書原著は『ようこそ、一人ひとりをいかす教室へ』原著初版と第二版の間に刊行されたことになります。この『ようこそ、～』は、あらゆる学習者のニーズに応える、一人ひとりをいかす教室の姿を豊かな形で提案したものでしたが、本書はその「評価」編であり、強い関連を持っています。また、本文中で注釈を加えると煩瑣になるおそれがあるいくつかの用語については、わかりやすくするために訳者の判断で「訳者解説」を加えた箇所もあります。

　最後になりましたが、粗訳の段階で、多くの協力者に読んでいただき、貴重なフィードバックをいただいた、高瀬裕人さん、居川あゆ子さん、綱川和明さん、神部 智さん、糸井 登さん、宇野岳史さん、吉石卓也さん、志摩愛里さん、そして、『ようこそ、一人ひとりをいかす教室へ』に続いて、本書が日本の読者のみなさんの手に届くよう、尽力してくださった北大路書房の奥野浩之さんに、心より感謝します。

訳者を代表して

山元 隆春

著者紹介

キャロル・アン・トムリンソン（Carol Ann Tomlinson）

現在、ヴァージニア大学教育学部教授。多様な学習者のニーズに応えられる教え方を志向している米国内外の教育者たちをサポートし続けている。

就学前の幼児から高校生までを教えた21年間の経験がある。主に教えていた教科は、英語、ドイツ語、歴史。現在は学部、修士、博士課程の学生たちを対象に、カリキュラム開発と「一人ひとりをいかす教え方（Differentiated Instruction）」を教えている。一人ひとりをいかす教え方関連の本をすでに10冊以上書いており、12か国語に翻訳されている。

トンヤ・ムーン（Tonya R. Moon）

現在、ヴァージニア大学教育学部教授。主な研究テーマは、教育測定、研究、評価。

学会活動に熱心に取り組んでいる他には、授業改善と生徒の学びの改善のために、よりよい評価を活用することに教育委員会や学校と協力して取り組んでいる。

訳者紹介

山元隆春 （やまもと・たかはる）

1980年代に広島大学教育学部教科教育学科国語教育学専修卒業。『梁塵秘抄』と詩作に熱中。引き続き同大学大学院で読者反応理論とその教授法を中心とした文学教育研究に取り組む。鳴門教育大学で国語教育学と児童文学を教え，2006年より広島大学大学院教育学研究科教授。文学教育・読書教育の理論と実践に関する研究を進めている。広島大学附属幼稚園長を兼任した4年間は，「遊び込む」子どもの姿と，一人ひとりをいかそうとする保育者の姿に心動かされる日々を送る。趣味（？）は，片道2時間の通勤電車内読書。

山崎敬人 （やまさき・たかひと）

1980年代に広島大学理学部を卒業後，同大学大学院教育学研究科で理科教育学を学ぶ。中学校と高等学校で12年間，理科を教え，現在は広島大学大学院教育学研究科教授。理科の教師教育に関する研究（ここ数年は特に教師の省察的実践力に関心をもっている）と理科学習論や授業論に関する研究に取り組んでいる。

趣味は，自然の風景や生き物を対象とした写真撮影と各地の動物園めぐり。最近は学生や幼児と一緒に「光る泥だんご」づくりも楽しんでいる。

吉田新一郎 （よしだ・しんいちろう）

1970年代に，マサチューセッツ工科大学とカリフォルニア大学（UCLA）大学院で都市・地域計画を学ぶ。10年間の準備期間を経て，1989年に国際理解教育センターを設立し教育に関わりはじめる。2005年以降は，リーディング・ワークショップ（RW）やライティング・ワークショップ（WW），およびそれらの国語以外の教科への普及活動をしている。

趣味（こだわり）は，嫌がられない程度のおせっかいと日曜日の農作業と三つのブログ／フェイスブック（「PLC便り」「WW/RW便り」「ギヴァーの会」）。

● 本書の内容に質問のある方は……………………………………………
pro.workshop@gmail.com にご連絡ください。
また，関連情報が http://projectbetterschool.blogspot.jp/ ないし
https://www.facebook.com/PLCinJapan/ で入手できます。

一人ひとりをいかす評価
― 学び方・教え方を問い直す ―

| 2018 年 9 月 10 日　初版第 1 刷印刷 | 定価はカバーに表示 |
| 2018 年 9 月 20 日　初版第 1 刷発行 | してあります。 |

著　者	Ｃ．Ａ．トムリンソン
	Ｔ．Ｒ．ムーン
訳　者	山　元　隆　春
	山　崎　敬　人
	吉　田　新　一　郎
発行所	㈱北大路書房

〒 603-8303　京都市北区紫野十二坊町 12-8
電　話　（075）431-0361㈹
ＦＡＸ　（075）431-9393
振　替　01050-4-2083

編集・制作　本づくり工房　T.M.H.
印刷・製本　亜細亜印刷（株）

ISBN978-4-7628-3038-9　Printed in Japan　Ⓒ 2018
検印省略　落丁・乱丁本はお取り替えいたします。

・ JCOPY 〈㈳出版者著作権管理機構 委託出版物〉
本書の無断複写は著作権法上での例外を除き禁じられています。
複写される場合は，そのつど事前に，㈳出版者著作権管理機構
（電話 03-3513-6969,FAX 03-3513-6979,e-mail: info@jcopy.or.jp）
の許諾を得てください。